教你摆脱五种最常见的心理

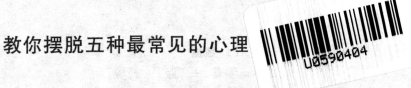

PSYCHOLOGY
CHANGE YOUR CONDITION CHANGE YOUR LIFE

心理自助

覃卓颖／编著

（上）

吉林人民出版社

图书在版编目（CIP）数据

心理自助／覃卓颖编著 . —2 版 . —长春：
吉林人民出版社，2011.8
ISBN 978－7－206－03879－2

Ⅰ.①心… Ⅱ.①覃… Ⅲ.①心理健康—基本知识
Ⅳ.①R395.6

中国版本图书馆 CIP 数据核字（2011）第 180642 号

心理自助

——教你摆脱五种最常见的心理困境

编　　著：覃卓颖
责任编辑：吴兰萍
吉林人民出版社出版发行（长春市人民大街 7548 号 邮政编码：130022）
网　　址：www.jlpph.com
全国新华书店经销
发行热线：0431－85395845　85395821
印　　刷：三河市兴国印务有限公司
开　　本：690mm×960mm　1/16
印　　张：25　　　　字　数：287 千字
标准书号：ISBN 978－7－206－03879－2
版　　次：2011 年 9 月第 2 版　　印　次：2016 年 5 月第 4 次印刷
定　　价：49.80 元（上、下册）

前　言
让快乐由心而发
::::::::::::::::::::

即使芦苇再茂密，在高远的天空下，也显得渺小而无助；即使人群再拥挤，在浩瀚的宇宙间，也永远宛若浮荡着的微尘。或许正因如此，法国哲学家帕斯卡尔说："人只不过是一根芦苇，是自然界最脆弱的东西，但它是一根能思想的芦苇。"然而，人的思想却是精深和博大的，思想的力量使人由内而外地生发出无尽的坚韧与强劲，依靠自助的本能，人类顽强地植根于生命的土壤——"境由心生"，从某种角度而言，你的心有多大，属于你的世界就有多宽广。

有点遗憾的是，人们往往在顾影自怜中无限地扩大着自己芦苇般的孱弱，却忽视了自身与生俱来的自助能力，否则，为什么总有那么多人在无奈地求助："谁能给我一份好心情？"你的好心情是如何消失殆尽的呢？当生活中的压力阀被打开，你就被随之而来的冲力击倒了；当不如意的事接踵而至，你的心就被焦虑感涨得满满的；当人生的愿望像泡沫般破灭，抑郁的狂澜会将你带入黑暗的深潭；当他人的"得意"映衬着你的"失意"，自卑就变成了一把悬在头顶的利剑；当为生存而战的"快节奏"生活令人无暇喘息，心理疲劳又与"亚健康"、"过劳死"结成如影随形的伙伴……压力、焦虑、抑郁、自卑、心理疲劳，似乎成了人们无法突破的心理困境。

这些挥之不去的心理现象困扰人们的时间也许和人类的历史一样长。《心理自助》一书中收录的近百个妙趣横生的"心理故事"告诉你：即便是那些挥斥方遒的"大人物"，也常被自身的心理疾患逼入绝境。秦始皇、拿破仑被政务缠身，每日生活于"高压"之下；著名影星嘉宝因患有严重的社交焦虑障碍而深居简出；著名作家川端康成、海明威都因抑郁症而自杀；美国前总统尼克松则因内心的自卑而谋划了自毁前程的"水门事件"……盛名之下，他们像芦苇一般无助，却浑然未觉"自助"的法宝其实就掌握在自己的手中。

你是否也处于这五种人类共生的心理困扰之中？不必着急，学会心理自助的技巧，就会永葆淡定从容的心理优势。诚如心理学家所言："如果你不能将自己内心的东西表现出来，那么这些不被表现出来的东西将摧毁你；如果你能将自己内心的东西表现出来，那么这些被你表现出来的东西将拯救你。"其中的"表现"，意即自助。心理治疗的精髓之一即在于"变"字，一种新方式会换来另一种可能。应该明确的是，作为一根"思想着的芦苇"，你不能期待宇宙的改变，换言之，如果你想过上自己想要的生活，如果你想长久地保持最佳的心理状态，就只能为自己设定好一种相对不变的"理想情境"，然后，将自己变成"会摇摆的芦苇"——改变自我，适应所需。

《心理自助》一书向你全方位地展现了心理自助的技巧，堪称为忙碌的现代人量身订做的最完整的心理调整指南。一书在手，你可尽知：

——压力的全解决方案，包括解压的心态调整方案、技巧方案、轻松工作方案及轻松生活方案；

——摆脱焦虑的 28 个心灵处方，为你提供随手可做的行为训练程序；

——抑郁症的 15 个自疗规则、著名的认知疗法及其实际应用方法；

——摒弃自卑的 64 个心理暗示，你会发现积极自我心里暗示将怎样改变你的生活；

——心理疲劳的调整策略，教你如何做到在全身心工作的同时，又享受快乐生活之道。

全书的五个篇章既可系统阅读，又可自成一体。这五种心理现象往往是同时出现的，互为因果，相辅相成。你可以通过本书全面掌握多种自助技巧；如果你深受其中某种现象之苦，又可重点体悟相应的章节。当你用自己的双手拨云见日，沐于温暖的阳光下，你会忘记自己芦苇般的弱小。你的快乐是由心而发的，因而你身在何处，何处就是你梦中的天堂。

CONTENTS
目　录 ♥♥♥♥♥

压力篇
压力的全解决方案

第4节　解压的技巧方案

第5节　轻松工作方案

第 6 节　轻松生活方案

焦虑篇
摆脱焦虑的 28 个心灵处方

第 3 节　常常见焦虑症状的应对之道

抑郁篇
抑郁症的自疗规则及认知疗法

第 1 节　抑郁之门

第 2 节　抑郁症的自疗规则

第3节　抑郁症的认知疗法

自卑篇
摒弃自卑的 64 个心理暗示

心理疲劳篇
轻轻松松每一天

压力篇
压力的全解决方案

古希腊一位哲学家说过："人类不是被问题本身所困扰，而是被他们对问题的看法所困扰。"人生活在社会中，不可能完全没有压力，有压力是正常的，就看你如何对待它。

压力——如果一个人的精神和肉体能够接受压力的挑战，那么压力对人就是一种催动力；如果一个人的心理承受能力较弱或压力过大，那么压力就会给身心健康带来危害。

压力——具有传染性，和一个正处于压力中的人一起生活和工作，会使你也觉得有压力感。

压力——生活中没有固定的模式可保证免受压力，但有许多方法可以减轻压力。

第1节
生命中不可承受之压力

压力与我们之间的关系是极为复杂的，它源于我们看待事情的观点，以及运用哪些自身优势来与压力共舞。从亚当夏娃开始，每个人都经历过压力，那是生命的一部分。但是，为什么两个人经历同一件事，却会有完全不同的反应呢？每个人看事情的方式及其感受压力的程度，直接受到某些因素影响，包括个人心态、健康情况、情绪好坏，以及来自亲朋好友的支持。

成年人中，40%以上因压力而影响到健康。并非所有的压力都是负面的，适当的压力可以扮演积极的正面角色。有些压力可以激发创造力，增强工作动机及工作效能。成功地处理压力，可以使你更深入地认识自我，更加自信地面对未来的挑战，并提升心理成熟度。你成功地运用压力还是被压力击溃，这完全取决于你自己，从某种意义上说，这是生活的艺术。

● 所谓压力

所谓压力就是我们判定一个事件具有威胁性、挑战性或对我们构成危害的过程，也是我们对这个事件做出生理、情绪、认知或行为反应的过程。简言之，当我们感到生活中的某个事件对身心健康构成潜在威胁，又无力去因应的时候，压力便产生了，并伴随出现一连串生理上和心理上的反应。每个人的生活都不可能完全避免压力，事实上完全没有压力的生活会因为没有了任何新鲜感和挑战性而成为一潭死水，给人造成精神上和身体上的痛苦。然而太多压力也会对身心健康甚至生命造成严重危害。

对于压力一个最简捷的解释为：它是对精神和肉体承受力的一种要求。如果承受力能满足这种要求，那么压力就是受人欢迎、有益无害的。反之，压力就会使人衰弱，就会成为不受欢迎、有害无益的。从中，我们可以看出：

——压力既有好的一面，又有坏的一面（或介于两者之间），能够造成压力的事件范围是非常广的；

——在很大程度上，决定我们是否受到压力的不是外界的诸种因素，而是我们对这些因素做出的反应；

——压力是一种对身体承受力的要求，正是这种承受力（即我们自身存在的某种东西），决定了我们对压力做出的反应。如果承受力强，我们的反应就会好；承受力差，我们就会垮掉。

心理故事

这个故事最早是一位禅师讲给弟子们听的。一个人被一只老虎追赶而掉下悬崖，庆幸的是在跌落过程中他抓住了一棵长在悬崖边的小灌木。

于是他就这样吊在那里，千钧一发，生死攸关。头顶上，一只老虎在虎视眈眈；低头一看，悬崖底下还有一只老虎，即使能躲过粉身碎骨的厄运，也会成为老虎腹中美食。同时，两只老鼠正忙着啃咬悬着他生命的灌木的根。突然，他发现附近有一些野草莓，伸手可及。于是，他拽下草莓，塞进嘴里，自忖道："多甜啊！"

故事解读

生命进程中，当不幸、危难和压力向你逼近的时刻，你是否还能想到应该享受一下野草莓的滋味？也许这个可怜的人过早夭折，没有机会将他的秘密与别人分享。但即使他无法告诉我们如何在此时此刻还能处之泰然，他也是临危不乱的典型范例。就在他被老虎追赶，就在他即将粉身碎骨之际，居然有时间去享受野草莓的滋味！无论外界因素是多么紧张、多么令人不快，都不是我们是否感受压力的主要原因，真正的决定性因素是我们自己。

● 压力，都市人的致命伤

生理信号：受到压力后表现出来的某些生理反应有可能是致命的，像高血压和心脏病。轻些的包括失眠、持续性的疲劳感、头痛、皮疹、肠胃不适、溃疡等，这些反应通常会在受到某种压力后一段时间才表现出来，另外一些则会立刻表现出来——诸如恶心、呼吸困难或是口干舌燥。

据统计，七成以上的疾病与压力有关。

——在皮肤方面：有神经性搔痒症、湿疹、口角炎、皮肤癣、脱发等。

——在呼吸方面：有气喘、过敏性鼻炎等。

——在心血管方面：有高血压、冠状动脉疾病、偏头痛等。

——在消化方面：有消化性溃疡、出血性溃疡、肠胃不适等。

——在肌体方面：有盗汗、紧张性头痛等。

——在精神方面：有失眠、疲劳、压力征候群、神经官能症及各种精神疾病。

压力能引发诸多疾病，现代人不得不去了解它，并时时刻刻提醒自己避免压力的困扰。保持强健的体魄是对抗压力的基本条件，而良好的饮食习惯、适当的睡眠、休息及运动等，是培养健康身体的基本要素。

情绪信号： 受压后最常见的反应还包括在矛盾的情况下，情绪变化的某些信号：

——变得异常激动或是具有攻击性；

——对个人仪表、其他人或从前感兴趣的活动丧失兴趣；

——注意力不集中，记忆力下降，无法做出决断；

——悲哀、内疚、疲乏、冷漠、强烈的不快和失落感；

——对自己丧失信心，通常伴随缺乏自我认同感。

过度压力带来的伤害及表现一览表

包括认知影响、情感影响和综合行为影响。

伤　害	表　现
认知影响	
专心和注意的范围缩小	难以保持聚精会神，观察能力降低。
注意力分散的范围增加	经常遗忘正在思考或谈论的事情，甚至刚进行一半就卡壳了。

伤　害	表　现
短期和长期记忆力减退	记忆范围缩小，对非常熟悉的事物的记忆和辨别能力下降。
反应速度变得无法预料	实际的反应速度减小；试图尝试弥补时却可能导致失当的决策。
错误率增加	上述因素所造成的后果便是在处理和认知事物时错误百出，不能做出正确的决定。
组织能力和长远规划能力退化	没有能力准确地估价现存的条件并预料未来的后果。
错觉和思维混乱增加	对现实的判断缺少效率，客观公平的评判能力降低，思维模式变得混乱无章。
情　感　影　响	
身体和心理的紧张感增加	使肌肉放松、感觉良好的能力以及抛却烦恼和焦虑的能力下降。
疑病症加重	幻想并夸张压力所带来的病痛，自我感觉失去健康的身体。
性格发生变化	爱清洁、很细心的人会变得邋里邋遢、马马虎虎；热心肠的人变得冷漠；平和的人变得独裁。
已经存在的性格问题增加	焦躁、忧郁、神经过敏、自我防范、充满敌意的性格更加恶化。
道德和情感准则削弱	对日常行为及性冲动的控制力减小（或变得不切实际地暴躁），感情爆发的次数增加。
出现悲观失望的心理	无精打采，对外界事物或内心世界产生失落感。
自我评价迅速下降	无能力、无价值的感觉增强。
综　合　行　为　影　响	
语言问题增加	说话结结巴巴，语义含糊不清。
兴趣和热情减少	人生目标不明确，兴趣爱好丧失。
旷工次数增加	由于假想病症的产生，为自己制造出许多借口，于是迟到、旷工成为家常便饭。
滥用毒品增加	对酒精、咖啡因、尼古丁吸嗜成瘾，非法吸毒现象更加明显。
精力不济	精力衰退、起伏不定，找不到明显原因。

伤　害	表　现
睡眠错乱	或失眠、或每四五个小时就瞌睡一次。
以玩世不恭的态度对待他人	处处向人发难："你能跟那种人做什么事？""他们又要倒霉的。""除我之外还有谁能成功？"
不接受新的事物及信息	可能把非常有用的新规则和新机遇拒之门外——"我这么忙，哪有功夫管那些事。"

🗨 心理故事

在麻省 Amherst 学院曾进行过一个很有意思的实验，他们用铁圈将一个小南瓜整个箍住，以观察当南瓜逐渐长大时，对这个铁圈将产生多大压力。最初，研究人员估计南瓜最大能够承受大约 500 磅的压力。在实验的第一个月，南瓜就已承受了 500 磅的压力；实验到第二个月时，这个南瓜已承受了 1500 磅的压力，当它承受到 2000 磅的压力时，研究人员不得不对铁圈进行加固，以免南瓜将铁圈撑开。当实验结束时，这个南瓜竟然承受了超过 5000 磅的压力后，瓜皮才破裂。

打开南瓜时发现它已经无法再食用，因为它的中间布满了坚韧牢固的层层纤维，试图突破限制它成长的铁圈。为了吸收足够的养分，它的根部甚至延展超过 8 万英尺，所有的根系向不同的方向全方位地伸展，最后这个南瓜几乎独自控制了整个花园的土壤与水分。

✚ 故事解读

南瓜尚能够承受如此巨大的压力，那么人类在巨大的压力下又能表现出多大的耐力？事实上，大多数人能够承受超过我们预想的压力，关键是要掌握摆脱压力的艺术。

⚫ 你的压力从哪里来？

造成压力的主要原因有三：来自工作；来自生活；来自个人性格。

造成压力的工作因素

工作量大与工作要求高常是造成工作压力的主要因素。尤其是当得到的报酬与个人的付出不成比例时，个人更容易觉得不公平，压力感也相对增加。

人际关系不良是导致工作压力的另一要素。由于许多工作讲求团队合作，若与团队中的其他成员无法愉快相处，会直接导致工作无法顺利进行，情绪受到影响之后，压力也随之而来。

工作上的角色冲突与混淆也会造成压力。当不同主管对某职位的角色要求不同时，在此职位者即面临角色上的冲突，该听命于谁？该依照何种准则行事？抉择间，压力也就产生了。另外，如果工作定位不明确或职务分工不清，也容易产生角色混淆，在这种不知何事该做、何事不该做的情况下，压力也就难免。

此外，工作场所的环境（如噪音、温度、污染等）、个人才能无法发挥、主管要求完美的性格等，也都是容易引发个人压力感的因素（具体的工作压力来源我们将在《轻松工作方案》一节中做出更详尽的解释）。

造成压力的生活因素

生活环境中偶尔会发生一些重大的事故（变动），例如亲友死亡、离婚、换工作、结婚、怀孕等都是构成压力的因素。

许多压力因素都与工作之外的事有关。综合研究表明，在许多情况下家庭压力与工作压力在造成人们生活困难方面势均力敌。一种没有压力、充满支持的家庭生活对驾驭外界压力是强有力的帮助。

家庭中或围绕着家庭的主要压力来源可以归纳为以下几点：来自伴侣的压力；来自孩子的压力；来自家庭安排方面的压力；由于环境对家庭的抑制而造成的压力。来自伴侣和孩子的压力主要是性格或兴趣方面的冲突造成的。由于家庭安排而带来的压力也常常与伴侣和孩子有关，这通常是家庭琐事过多而时间又过少的结果。环境压力是多种多样的，嘈杂的邻居、道路或建筑工程等威胁和影响个人生活、个人享受的因素以及由于无力支付房租等所带来的经济困扰均属环境压力范畴。

　　日常生活中也经常会面临一些小小的困扰，例如车子抛锚、赶时间却一路塞车、被老板批评等，单一事件对一个人也许并不会构成压力威胁，但如果这些困扰同时发生，对这个人而言可能就是不小的压力。

特别提示：家庭环境造成的压力

　　家庭应当是人们心理的减压舱，而家庭环境中的"毒素"，却可以引起头痛、疲劳、沮丧、神经紧张，加重你的心理压力，如果你能够清洁自己的环境，排除那些加压的因素，不让环境产生压力，你就会变得更加健康。

　　液体制剂令你产生压力。它包括摩丝、除汗臭剂、房间除臭剂、液体鞋油和液体喷漆等，液体制剂是家庭用品中毒性最强的物品，它含有烃类物质，如果你自感有较重的心理压力，最好和这些制剂说声"拜拜"。

　　电磁干扰也会生产压力。研究表明，在电线附近生活的成年人，比其他人更容易精神沮丧，产生心理压力。所以至少要保证在你的枕前没有电线，并且距离正在运行的电器至少 1 米远。

　　人造毛丝织物会引起各种各样的身体不适和莫名其妙的心理压力。一条基本原则就是不要使用被化学用品处理过的家具、地毯和人造纤维制品。一定不要在枕头中使用它。对于毛丝织物，你应该选择没有经过化学处理的天然纤维，如棉花、亚麻和羊毛。棉布和棉絮是构成床上用品的最好原料。

　　不完全的光谱照射会引起心理疾病。尤其是日光灯的不完全光谱照射可以引起头痛、目眩、疲劳和神经紧张，会使你的心理压力陡然加重。解决办法是在家中安装完全光谱照明的灯具。在选择完全光谱照明的日光灯时，应选择那些镇流器嗡嗡声较小的产品。

造成压力的个性因素

　　不能自我肯定。不能自我肯定的人就是自我价值感较低的人，这种人非常在意别人的看法，对于别人的评论很敏感，常因为别人的评价觉得自己一无是处，因此常不喜欢自己，认为自己被伤害、怨天尤人、怨恨自己不如人。不能自我肯定的人生活得很"累"，完成了十件事，即使有八件事被别人肯定，只有两件事不被赞许，他也会被未完成的两件事所带来的不舒服情绪所笼罩，完全忽略那八件事所应带来的兴奋。此外，这种人也因害怕得不到肯定而经常患得患失，容易处于忧郁、焦虑不安及自责中，处于巨大的压力之下。

追求完美。追求完美的人把每件事的标准都订得很高，原本只需一两个小时就可以完成的工作，往往为求尽善尽美，而多花几倍的时间。求完美者常觉得时间不够用，为了解决时间不足的问题，只得被迫牺牲睡眠、与家人相处、运动、休闲的时间，导致长期失眠、缺乏与家人沟通、终年处于紧绷状态。

缺乏冒险精神。它的程度因人而异、因压力种类而异。那些被心理学家称为敢于冒险和追求轰动效应的人需要大量的挑战和冒险，以加速脉搏跳动进入高度兴奋状态。然而对于那些缺乏冒险精神、不敢追求轰动效应的人而言，一个具有挑战性因素的职业对他们是致命的压力。他们会发现自己几乎不可能长期承受各种挑战和冒险给神经造成的严重挫折。如果持续时间过长，例如目睹一些比自己成功的人生活或事业中的大起大落，即使对于敢于冒险和追求轰动的人来说也有一个承受力的时间限制。

过分关注自我形象及自我身份。多数人是以职业来识别身份的，当回答自己是谁时，许多人会在说出自己名字后，说出他们的家庭地位及令人羡慕的职业，作为自我鉴别的手段。因而，很多人退休后感到很压抑，退休使他们失去了一部分身份，而且他们不能再轻而易举地创造新角色了。即使一个仍在工作的人，也很容易受到使人对职业能力产生怀疑的事情的影响，进而引起对自身价值的怀疑，并因此感到威胁和压力。

过分关注自我形象及自我身份令人孤独寂寞、缺少安全感、对自己缺乏信心，于是他们拼命地工作，以此来提高在自己以及在别人眼里的地位。其后果便是，如果这种职业自豪感受到挑战，他们就会变得极具侵略性或防范性，常常被围困于过多的毫无必要的受伤害的战斗中。他们的态度常常招致别人的攻击，如一些教师，过分强调职业尊严和地位会在孩子们面前降低威望，教师越是怒气冲天，学生越是不以为然。

自我谴责。有时，我们应该为职业生活中的错误受到责备，一个成熟的人能客观地说出谁该受谴责，否则，由此而产生的不公正感会无形中增加压力。尤其是有些人会为一些实际上超出了控制范围的事而坚持自我谴责，包揽一切错误：应该对紧急情况有先见之明，应该事先采取措施防患于未然，应该更多地承担义务，应该工作得再勤奋一些……自我谴责的理由是无穷无尽的。与此相反的则是因不能承认自己的错误而承受压力。因此，他们会指责是环境或其他人造成了他们本可以迅速避免或纠正的错误。

性别偏见。男性与女性谁的压力承受能力更强？这一点尚不明确。个人差异和潜在压力本身如此强大，以至于单纯从性别上划清界线是没有帮助的。统计数字表明感情错误的发生率在女性中较高，而与压力相关的疾病（心脏病、中风）所带来的过早夭折则更常见于男性。

一般而言，女性的压力表现于其在缺乏地位、不明确性、缺乏权力（包括性骚扰）、缺少多样化（如在家庭和职业责任之间的时间冲突）等方面面临更大压力。不同年龄的女性所承受的压力来自不同的方面。年龄在 21～26 岁之间的人，压力主要来源于不能达到期望的目标以及急于求成的心理。处于 28～35 岁年龄段的人则对成就感要求强烈，60% 以上的人都希望自己有所成就，如果没有实际结果时就产生挫折感。这个年龄段的女人产生压力的原因主要有：所从事的工作不是自己感兴趣的，期望与现状差距太大，工作迟迟没有新的起色，职业发展空间不大，生活负担较重等等。而年龄在 35～45 岁之间的女人，压力的主要来源是组织管理和家庭，比如工作报酬少、得到的鼓励少、工作时间长、自主性差、家庭生活不和谐、休闲娱乐时间太少等等。就对压力的反应而言，女性通常被允许流眼泪、退缩和软弱。

而男性所要背负的社会压力要比女性大，根据统计，男性抽烟、酗酒甚至车祸死亡的比例都要高于女性。男性在面对失业或工作不安定的情况下，压力更大。男性的压力大多来自于：不利于交际的时间、与上司的矛盾、与同事的冲突以及在职业责任方面承受更大压力。男性对压力的反应常常是愤怒、反击和自我保护。为了对抗压力，男性的身体会分泌出肾上腺素，使自己振作，并以行动对抗。

◯ 心理故事

银行的出纳台前，等着存钱或取钱的储户排起长龙。出纳员熟练而迅速地为储户办理着手续。突然，缓进的长龙停顿下来，原来站在柜台前的一个老年人取出一大迭现金，动作迟缓地填写存款单。于是，排在后面的小王轻声咒骂起来，怒气冲冲地用脚碾着烟蒂，同时又点上了另一支烟。小王身后的老张眼看要误了开会时间也怒火中烧，但自知无可奈何，只好看着窗外马路上的车水马龙。紧挨着老张的李小姐似乎知道今天银行里人一定很多，所以并不着急，稍稍调整了一下姿势，继续翻阅手中的时装杂志。

✚ 故事解读

小王、老张和李小姐都在经历同一个普通的生活事件，每个人每天都会遇到类似的情况，但为什么反应竟如此不同？有些人把紧张和压力看做是自身无法控制的外部力量，回避又不可能，不能避开就得忍受，小王的行为说明了这种态度倾向，他认为全是那个老人的过错。不过，许多人都能正确认识到在日常生活中紧张的情境或压力是不可避免的，重要的是如何面对和做出反应。小王很烦躁、焦虑，老张很平静，而李小姐则显得很轻松，这些不同反应同他们对自己、对社会的态度和信念有关，同时也是由他们的人际交往、个性特质和身体状况等所决定的，这些复杂因素构成了某个人特定的应对压力和挫折的反应方式。如果反应方式不恰当，不仅对健康不利，而且会给工作和生活带来消极影响。

第2节
全方位的压力自测

● 评估压力的方式

主观的评估法：自己认为是否有能力去处理该事件。

客观的评估法：当对压力进行评估后，发现自己没办法处理的时候，是否去寻求周围的资源或帮助。

这样的评估是跟个人的性格特质相关的，有些人比较积极乐观，所以即使评估的结果是没办法解决，他还是会去寻找周围的资源帮助自己，因此刚开始虽然会有些压力，但只要积极寻求帮助，过一段时间后压力就会慢慢减少。

有些人的想法就比较消极，不仅包括他对自己的能力评估过低，而且他也不太愿意寻求帮助。所以一旦事情发生时，他就往往束手无策，因而造成情绪上的伤害。

我们都知道，压力其实不一定就是有害无益，适当的压力对人是有促进作用的，所以，如何在"过"与"不及"间取得一个平衡也很重要，而适当的压力这时候就是一个很好的助力。

在评估自身所处的压力状态时，一般从以下几个方面进行自我检视：

——本星期你在工作上到底花了多少时间？

——是否花半天或一天时间让自己完全放松？就算一周没有休息两天，至少也要让自己休息了一天？

——你回家时是不是也把工作"顺便"带回去？躺在床上脑子里是不是还想着工作的事？

——你的人际关系如何？会不会因为要得到某些职位而与同事之间采取了不太好的竞争方式？会不会一味地逢迎上司，但对同事或下属态度不好？

——你的工作、家庭、生活的分配时间如何？

——你跟家人相处的时候，是否还在想着工作的事？不妨把它留在工作的时间内再考虑。

——睡眠状况。是不是躺在床上要一两个小时才能入睡？或即使睡着了也很容易醒过来？

——情绪状况。想想自己在过去的一个星期是不是常常生气？胃口是不是变差了？注意力是否集中等等。

下面的五种具有权威性的压力自测法，不仅能够使你了解自己正在承受的压力强度，而且对你的身体症状及精神压力会有全面的把握。

● 自测 1：你最近 12 个月的压力得分

人在日常生活中会碰到各种各样的压力，而且有些压力是根本避免不了的。美国的心理学者托马斯博士，专门研究压力给人的肉体、精神带来的影响和侵害。他把各种压力标上度数（分数），根据他的研究结果，一年之中人的压力在 300 分之内尚可容许，如果超过了 300 分（称之为"危机线"），会引起心脏麻痹或精神崩溃等严重的身心疾病。

请计算你最近 12 个月的"压力得分"。

丈夫（妻子）的死	100	借债 3 万元人民币以上	33
离婚	75	挚友的死	31
夫妻分居或与恋人分手	65	入学考试	30
亲人的死	63	出国或海外旅行	30
独身初到异国	60	孩子教育问题	29
交通事故	53	孤独	29
结婚问题	50	学习成绩不理想	28
身体健康问题	48	工作中分担新的责任	27
解雇	47	临到毕业前夕	26
经济收入减少	46	生活习惯的变化	25

国外在留资格（签证种类）变更45		与上司或指导老师相处不和 24	
亲属患病	43	被警察讯问	20
怀孕	40	工作时间和条件的变化	19
性生活苦闷	39	借给他人钱	18
家庭经济状况变化	38	搬家	17
家庭成员增加	37	朋友关系变化	15
夫妻吵架	36	睡觉习惯变化	10
转学	35		

你的总分：（ ）分

● 自测2：另一种计算压力得分的方法

仔细阅读每个问题，并回答你有多同意或不同意（圈选适当的数字），完成测验后将分数加总，算出你的"压力总分"，如果超过22分，你就需要寻求帮助了。

评量题目	非常不同意	不同意	中立	同意	非常同意
1. 我有朋友或家人的支持。	5	4	3	2	1
2. 我有爱好与喜爱的活动。	5	4	3	2	1
3. 我睡眠充足并且很容易得到休息。	5	4	3	2	1
4. 我有丰富的精神生活。	5	4	3	2	1
5. 我对人生方向感到不知所措。	1	2	3	4	5
6. 我对于过去的事情及行为感到后悔和罪恶感。	1	2	3	4	5
7. 我善于设定事情的轻重缓急，并且很会管理时间。	5	4	3	2	1
8. 我善于向他人表达我的需要。	5	4	3	2	1
9. 我对自己的财物状况感到忧虑。	1	2	3	4	5

评量题目	非常不同意	不同意	中立	同意	非常同意
10. 我很容易感到挫折和愤怒。	1	2	3	4	5
11. 我很有幽默感并且经常笑容满面。	5	4	3	2	1
12. 我无力去面对困难并解决问题。	1	2	3	4	5
13. 我和家人、朋友经常关系紧张。	1	2	3	4	5
14. 我的健康状况良好。	5	4	3	2	1
15. 最近我经历到以下一种或多种事件：家人或好友去世、离婚或分居、失业、法律问题、严重疾病或伤害、增加家庭新成员、退休。	1	2	3	4	5
直 行 分 数					

你的总分：（　　　）分

● 自测3：你在压力中的身体症状

当你已经了解到你的身体是如何对压力做出反应了，在此基础上，你可以更进一步去了解你处于压力时的身体状况。为能够代表你身体症状的出现频率打分，并计算总分。

从未有过：1分；　　很少（半年内超过一次以上）：2分；偶尔（每个月一次以上）：3分；　　经常（每周一次以上）：4分；连续不断：5分。

1. 紧张性头痛 （　　）		21. 偏头痛 （　　）
2. 胃痛 （　　）		22. 血压升高 （　　）
3. 手脚冰冷 （　　）		23. 胃酸过多 （　　）
4. 呼吸急促 （　　）		24. 腹泻 （　　）
5. 心悸 （　　）		25. 手颤抖 （　　）
6. 打嗝 （　　）		26. 气喘 （　　）
7. 尿急 （　　）		27. 手脚出汗 （　　）
8. 皮肤多油 （　　）		28. 疲倦 （　　）

9. 气喘吁吁	( )		29. 口干	( )
10. 手发抖	( )		30. 背痛	( )
11. 颈部僵硬	( )		31. 交口香糖	( )
12. 磨牙	( )		32. 便秘	( )
13. 胸腔或心脏拉紧	)		33. 慵懒	( )
14. 翻胃/呕吐	( )		34. 月经烦恼	( )
15. 皮肤斑点	( )		35. 心脏怦怦跳	( )
16. 肠炎	( )		36. 气喘	( )
17. 消化不良	( )		37. 高血压	( )
18. 换气频频	( )		38. 关节炎	( )
19. 皮肤疹	( )		39. 因喉痛	( )
20. 食物过敏	( )			

你的总分：( ) 分

测试结果分析

40~75 分：压力造成身体疾病的机会很小，身体症状对压力的反应为低度。

76~100 分：在你的生活中，压力造成身体疾病的机会有一些，身体症状对压力的反应属中度。

101~150 分：你经历到的压力容易造成身体疾病，身体症状对压力的反应属高度。

150 以上：你随时都可能因经历到的压力而生病，身体症状对压力的反应属高度。可到各大医院求诊，或到心理咨询机构寻求帮助。

● **自测 4：你的精神压力**

请仔细回答下列各项问题，除了自行作答外，最好也请你的亲朋好友填上他们觉得你应得的分数，以做比较。这些问题可以帮助你认识自己精神压力的来源。

选择适用的分数：经常（2分）；有时（1分）；不曾（0分）。

甲组

1. 发觉手上工作太多，应付不来。 （　　）

2. 觉得没有时间消遣，老是记挂工作。 （　　）

3. 时常分秒必争，例如恨不得要闯红灯。 （　　）

乙组

1. 工作太多，未能每事尽善尽美。 （　　）

2. 输了比赛，例如棋局、麻将或娱乐运动等，就感到愤怒。 （　　）

3. 觉得上司/家人并不欣赏自己的工作。 （　　）

4. 为别人对自己及工作表现的看法而忧虑。 （　　）

5. 为自己目前的经济状况忧虑。 （　　）

丙组

1. 常有头痛/颈痛/背痛/胃痛。 （　　）

2. 借助吸烟/饮酒/吃零食来抑制不安的情绪。 （　　）

3. 要服用安眠药才能入睡。 （　　）

丁组

1. 一些家人/朋友/同事时常能令你乱发脾气。 （　　）

2. 谈话时，常常打断别人的话题。 （　　）

3. 临睡前思绪起伏，被诸多忧虑缠绕，周末也是这样。 （　　）

戊组

1. 为自己随意做事而内疚。 （　　）

2. 在闲暇时轻松一下也有内疚感。 （　　）

3. 常觉得自己不应该享乐。 （　　）

满分：34分　　　你的总分：（　　）分

测试结果分析

28～34分：精神压力很高；

16～27分：精神压力较高；

11～15分：精神压力平均；

6～10分：精神压力较低；

0～5分：精神压力甚低。

如果亲朋好友给你的分数高于你自测的得分，可能是因为你不肯接受自己有精神压力这一事实，或者他（她）并不了解你。

现在请分析一下你的答案，每一组问题代表不同的精神压力来源，如果其中一组或以上的分数较高，请参考其应付方法。

甲组：你对时间观念过分重视。

应付方法：退后一步，看清楚问题。好好地计划一下较长远的目标。做事应按部就班，避免在同一段时间内做太多事情。尽量分配充足的时间去做，而且要专心工作，并从中获得乐趣。

乙组：你过分忧虑成败得失，因此忽略了自己生活的节奏及享受。

应付方法：不要将别人对你的看法及期望看得过重，应发展自己的潜能，培养自信心，并且多注意闲暇时的人生享受。

丙组和丁组：说明了你在压力中的的身体及精神症状。

应付方法：坐在直背椅上，做深呼吸，并且将精神集中，慢慢吸入与呼出，同时让自己松弛——由四肢开始，渐渐伸展至身躯、颈部及脑部——闭上眼睛，将一切琐事忘记，幻想恬静和美丽的景物或地方，开始时每天做5分钟，以后渐渐延长时间，而且可以在任何地方做。要多听别人的意见，不要打断人家的话题，让别人多有表现的机会。

戊组：你已成为自己工作或家庭的奴隶，因而丧失了生活的乐趣。

应付方法：与亲朋好友增加接触，检视自己对他人的要求是否过高，让别人分担一些你的工作，合力解决问题。

● **自测5：职业生活的压力比率**

下列的压力比率必须被当做一个用途指南，而不是精确的工具，请迅速把它完成。在对每个问题做出回答以前不要踌躇，你的第一反应往往是最准确的。回答下列问题，给出相应的分数，并计算出最后的结果。

1. 两个对你了如指掌的人正在议论你，下边的哪一条是他们最有可能用到的？

A. "他这个人很合群，似乎没什么事能烦扰他。"（0 分）

B. "他很不错，但是你跟他说话时得留神。"（1 分）

C. "他的生活好像总有不对劲的地方。"（2 分）

D. "我发现他喜怒无常，捉摸不透。"（3 分）

E. "我越少看见他越心情舒畅！"（4 分）

2. 下列哪些是你生活中的普遍特征？（每出现一项加 1 分）

——感觉总是做错事情；

——感到被强迫、被欺骗、被逼入绝境；

——消化不良；

——胃口不好；

——睡眠不好，失眠；

——头晕眼花、心动过速；

——在活动量不大、气温不高时浑身冒汗；

——在人群中或有限的空间里惊慌不安；

——疲惫不堪、心力交瘁；

——失望的感觉（"这一切又有什么用？"）；

——没有任何生理原因就感到头晕恶心；

——对琐碎之事极度烦躁；

——晚上无法放松自己；

——夜里或凌晨经常被惊醒；

——难以做出决定；

——缺乏停止思考问题的能力；

——充满恐惧感；

——对别人的指责无能无力；

——即使是对充满希望的事也缺少热情；

——不愿意结识新的人、不愿意尝试新的事物；

——在被要求做某事时不能说"不"；

——所负的责任超过了你的能力。

3. 你比以前（或比同一时刻）更乐观还是更悲观？

A. 更乐观（0 分） B. 大约一样（1 分） C. 更不乐观（2 分）

4. 你喜欢看体育比赛吗?

A. 是 (0分) B. 不是 (1分)

5. 你能在周末睡懒觉而不产生负罪感吗?

A. 是 (0分) B. 不是 (1分)

6. 在合理的职业和个人生活范围内,你能把想法告诉:

A. 你的老板 (0分) B. 你的同事 (1分) C. 你的家庭成员 (2分)

7. 通常什么人在生活中替你做重要决定:

A. 你自己 (0分) B. 别人 (1分)

8. 在工作中受到批评时,你通常:

A. 很伤心 (2分) B. 中度伤心 (1分) C. 轻度伤心 (0分)

9. 你每天完成工作后对成绩感到满意吗?

A. 经常 (0分) B. 有时 (1分) C. 只是偶尔 (2分)

10. 你是否觉得多数时间都没能解决与同事间的冲突?

A. 是 (1分) B. 不是 (0分)

11. 你必须完成的工作量是否超过了时间的允许量?

A. 通常是 (2分) B. 有时 (1分) C. 只是偶然 (0分)

12. 你对工作的要求有清楚认识吗?

A. 多数时候有 (0分) B. 有时 (1分) C. 几乎没有 (2分)

13. 你通常有足够的时间处理私事吗?

A. 是 (0分) B. 不是 (1分)

14. 假如你想与别人商量自己的问题,能找到可以倾诉的人吗?

A. 是 (0分) B. 不是 (1分)

15. 你是在实现人生目标的固定轨道上吗?

A. 是 (0分) B. 不是 (1分)

16. 你对工作厌倦了吗?

A. 经常 (2分) B. 有时 (1分) C. 很少 (0分)

17. 你是否总想着工作?

A. 几乎所有日子 (0分) B. 在某些日子 (1分) c. 几乎从未有 (2分)

18. 你觉得自己的能力和工作成绩被恰当地评价了吗?

A. 是 (0分) B. 不是 (1分)

19. 你觉得自己的能力和工作成绩被恰当地奖励了吗？

A. 是（0分）B. 不是（1分）

20. 你觉得上司：

A. 极力限制你工作（1分）B. 积极地帮助你工作（0分）

21. 如果10年前你就预见到自己的工作像现在一样，你会认为生活：

A. 超出了期望（0分）B. 完成了期望（1分）C. 没有达到期望（2分）

22. 假若你必须把喜欢自己的程度划分为从5（最喜欢）到1（最不喜欢）的5个等级，你的等级是：——

（"5"为0分，"4"为1分，以此类推直到"1"为4分。）

你的总分：（   ）分

测试结果分析

对压力比率成绩的解释必须小心谨慎，因为这个比率之外还有许多可变因素，可以影响我们对压力的理解和处理方式。即使两个得分完全一样的人体验的压力程度也不尽相同。然而这个测试还是能为我们提供具有参考价值的信息。

0～15分：压力在你的生活中不是问题。这并非说明你缺少足够的使自己充实和完善的压力，此比率只是用于评价对你面对超负荷压力的反应；

16～30分：对于一个终日忙碌的职业者而言，这是个中等程度的压力，因此，要找出合理的缓解压力的办法；

31～45分：压力对你来说已经显然是个问题，采取解决措施的必要性也是显而易见的。在这种压力程度下，工作的时间越长，解决它就越困难。

46～60分：在这个程度上的压力已是一个突出问题了，必须立即采取措施，你可能正临近综合适应征候群中的精疲力竭阶段，压力必须被缓解。

第3节
解压的心态调整方案

 方案 1

判定你的最佳压力水准

只要"剂量"合适，压力是很健康的刺激力量，最佳水准的压力正是促成我们取得成就的动力。如果刺激力不足，你就会感到十分厌倦；如果刺激过头，你会觉得精力耗尽。

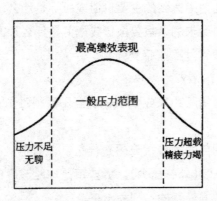

最佳压力水准因人而异，某个人觉得颇具挑战性的事，另一人却可能觉得是一种不必要的负担。同样，某些人认为是刺激有趣的活动，其他人也可能被吓得胆颤心惊。那么，怎样才能找到你的最佳压力水准？

找出至少三次你工作状况极佳，极能投入，觉得有挑战性，而且极为兴奋的表现机会，尽量详细地记下当时的情景及你的状态。再把刺激你做出最高绩效表现的一些特性记录下来。

——你当时的工作环境有何特点？

——刺激你去行动的压力有哪些？

——哪些工作会使你觉得精神百倍，哪些则令你感到不胜其烦？

——你是独立做事效率较高呢？还是和别人一起合作时较好？

——你需要哪种帮助或指导？

方案 2 深入审视自己的内心

内在情绪的迷失是造成压力的主要原因之一。请回答下面 19 个问题，你会理清自己的生活，并确知你的压力在哪里，以及你真正的需要。

1. 我目前关心或担忧之事是什么？

2. 我目前所承受的最大压力是什么？什么时候我会有处于"高压"之下的感觉？我必须为此做些什么？

3. 什么在改变着我的命运？

4. 我期望能在此生中达到的主要价值或目标是什么？

5. 我在这一生中寻求的最重要报偿或酬劳是什么？

6. 我这一生中曾有过哪些感受强烈、令人满足、又深具意义的经历？未来我还希望能做哪些事情？

7. 目前我正被事情所约束或限制，以至于我很难取得所寻求的报偿、目标吗？

8. 使我无法达到目的的最大障碍是什么？试着把这些障碍区分成内存式（自身原因）与外显式（外在压力）。哪些事是你能够用自己的能力改变的？

9. 哪些事是我做得最好的？列举出来。

10. 哪些事是我做得最差的？我希望能怎样提高我在这些方面的能力，或是抛开这些事情？

11. 我想暂时停止做哪些事？

12. 我想开始去做或是学着去做哪些事？

13. 我目前生活中的中心目标是什么？我 5 年前的目标是什么？我预测自己 5 年后的目标会是什么？

14. 我现在一直在做的事情当中，有哪些事情是我希望未来几年里能尽量不去做的？又有哪些事情是我期望将来会有机会再去做的？

15. 我认为在未来 10 年里可能会发生的最重大转变或危机是什么？

16. 未来几年里我必须要做出的最重要的抉择是什么？

17. 在目前，我生活中的中心是什么？工作、家庭、朋友、自己？在未来 5 年里，我希望维持现状还是有所改变？

18. 我的未来会怎样？想像一下我希望去经历些什么？想要做些什么？我希望能与什么样的人共创大业？

19. 如果今天是生命的最后一天，我觉得还有哪些想做的事没去做？我会如何评价自己的一生？

方案 3 学习情绪管理之道——恰当地表达情绪

你的情绪如何？

一般而言，对情绪的管理有三种方式：压抑、放任和恰当地表达。前两种是"加压"的方式，后者才是"减压"的好方法。

遇到问题时，你的态度如何：你是绕开走、拖拉、依赖他人、犹豫不决，还是勇敢面对、立即行动？前面的选择在短时间内可以减轻你的压力感，后面的选择是长远的减压方法。

你对自我的态度如何：你可以选择自信、自尊或自卑的态度。自信的态度是"我能行"，它让你很少担忧、怀疑、犹豫不决，让你更可能获取成功；自尊的态度是"我知道自己的价值"，它让你不必担心别人对你的看法，不必为别人的批评感到愤怒或惶恐不安；自卑的态度是"我无能为力"、"我是受害者"、"我比不上别人"、"我毫无价值"，面对问题时，你的态度是回避、担忧、压抑自我、抱怨、自我孤立、内疚……毫无疑问，自卑的态度会给你加压。

你对他人的态度如何：合作、分享、互爱、互相尊重的态度可以让你获得他人的赞许、关心、支持、帮助和爱，自我中心将使你无法适应人际关系上的重大压力。自我中心有不同的类型：

自我重要型:

语言:"没有我地球就不转了。"

行为:大包大揽,耗费精力。

自恋型

语言:"谁也比不上我。"

行为:控制、指责、攻击他人,被他人孤立。

焦虑型

语言:"别人都盯着我的毛病。"

行为:退缩、依赖、恐惧,结果是失败、受伤害。

虚荣型

语言:"我比别人强多了。"

行为:轻浮、浅薄、虚伪,令人厌烦。

懂得抵抗压力的人,能以超乎常人的平静心态对待挫折与困境,这些人具有特殊的思想习惯。他们倾向于注视眼前的紧急问题(这项工作还有多少未完成),而非综合性的问题(这项工作的难度太大了)。他们会想方设法去合理地解释这些问题。

处理不当情绪的行为训练

管理自己的情绪,不但有益身心健康,提高自我功能,又有助于工作效率的提高。管理情绪,首先要从处理不当情绪开始,主要包括化解愤怒、缓和焦躁的情绪、消除紧张、消除悲观、排除厌倦等方面。

1. 化解愤怒

愤怒的引发:挫折、劳累、被批评、自尊心受挫、失去理智、引发冲突、做出错误决定。

化解愤怒的原则:stop→think→do (停止→思考→行动)

请自问并回答:我现在碰到什么难题?我正在或正想做什么?这样做有益吗?我真正想要做的是什么?我该怎么做?

愤怒的疏导法:

对事不对人,用陈述句说出你的想法;说出自己的感受,而不是批评对方;注意时机的适当性;把握语言及肢体语言;向朋友倾诉。

愤怒的搁置法：

告诉自己，改天再谈；暂时放下它；把愤怒关在门外；相信自己。

2. 缓和焦躁的情绪

焦躁的表现：稍不如意就心乱如麻、不愿意与人交流、觉得生活了无情趣、为未完成的事局促不安、好争斗却输不起、易激怒、坐立不安。

焦躁情绪的排解：多给自己一点时间，或适当地做出取舍；自我安慰，告诉自己：别急！哼一首喜爱的曲子；稍作休息。

3. 消除紧张

紧张源于忙碌与竞争，处于紧张中的人往往肌肉绷紧，手心出汗，内分泌失调。可采取净化法（静坐）、运动法（增强体力）、松弛技术等予以调适。

4. 消除悲观

悲观是由于不当的思考习惯所造成的。面对挫折时，乐观者认为那只是暂时的，悲观者则认为是永久的；面对顺境时，乐观者与悲观者的思考模式则正好相反。乐观者就像有隔舱的船，悲观者的小船却没有隔舱，容易因不停地进水而沉没。

5. 排除厌倦

厌倦情绪有两个来源：长期承受压力产生厌倦情绪，不妨去大自然中谛听、回忆、检视自己；或人为地改变自己，如冥想、微笑。精神空虚亦容易产生厌倦情绪，最好的方法是：拟定新目标；换个角度看世界；运动；与心态积极的朋友交往；取得亲人的支持。

方案 4 **改变不合理的思维模式**

由于人们的心理承受力各不相同，压力对每个人可能造成的身心损伤程度也不同。社会生活的外因只是导火索，真正加剧人们心理压力的是自身的心理健康状态。要想减轻心理压力，就要加强自身心理状态的调适。心理压力的表现是过度焦虑，这对人体的免疫功能有极大损害。产生这种过度焦虑最重要的原因是我们自身的一些不合理的思维方式。可概括为三种：绝对化的要求、过分概括化和糟糕至极。

绝对化的要求

就是人们以自己的意愿为出发点，对某一事物怀有认为其必定会发生或不会发生的信念。这种思维模式最常见的表现有：

—— "我必须获得成功。"

—— "别人必须公正地对待我。"

—— "生活应该是顺心如意的。"

—— "我的优点应该得到别人的肯定。"

怀有这样信念的人极易陷入困扰。其实，客观事物的发生、发展都有一定规律，不可能按某一个人的意志去运转。所以，我们应该接受这样的事实：不可能事事尽如人意。

过分概括化思维

这是一种以偏概全的思维方式。一方面，由于对自身不合理的评价，一两次恋爱失败后，就觉得自己无能，自责、自卑、失去信心；另一方面，对别人做出不合理的评价，如因为几个女孩不理解自己，就认为所有女孩都不好。还有些人对别人要求极为苛刻，不能有半点差池，否则就认为别人一无是处，一味地责备他人，甚至产生敌意和愤怒情绪。没有一个人是完美无缺的，应接受自己和他人的缺点，冷静、理智地分析事情的前因后果，找出正确的解决之道。

糟糕至极的思维

认为如果发生了不好的事情是非常可怕的，甚至是一种灾难。这种想法会导致自己陷入极端不良的情绪体验中，如陷入耻辱、自责、焦虑、悲观、抑郁的恶性循环中难以自拔。

没有任何一件事情可以定义为百分之百的"糟透了"，这种想法往往是和绝对化的要求相联系出现的。以为"必须"、"应该"的事并未像所想的那样发生，有的人就会感到无法接受，思维甚至会走向极端。实际上，尽管我们不希望事情向坏的一面发展，但没有理由说这件事绝对不该发生。努力接受现实，在可能的情况下去改变现状，在不可能时，学会适应，这是生存的基本原则之一。

以上三种不合理的思维方式，是导致人们产生过度焦虑的主要症结。心理压力越来越大，焦虑情绪反复出现，便有可能发展为完全的神经失控，出现恐惧症、偏执、强迫行为等。

若想做出改变，一个简单易行的方法就是：放松。调整自己的心态，努力保持平常心；对事物尽可能地给予客观分析，避免主观臆断；设计自己的奋斗目标，但不要超出自己的能力，不要人为地给自己造成心理压力。

方案 5 应对头号压力——不确定性

人们的担忧

有些人害怕世界有一天突然爆炸而毁灭；街上甚至家中发生犯罪事件；人口过多；白头发；皱纹；交通拥挤；违规停车罚单；结婚；离婚；家中访客；医药费；通货膨胀；外星人；营养过剩；各种意外灾害等等。

如果事情本身是超乎你所能控制的——你完全爱莫能助——那么就没有必要担这个心。即使你可以做些什么，仍然没有什么好操心的。当你搭乘的飞机遇到气流而上下起伏时，你只能这么想：这不是我的错，让机长去担忧吧。

过度担忧人生中的不确定性因素——也就是对未来设定一连串的"如果……就……"和对过去的懊恼怨悔"但愿……"足以使我们的思绪钻入牛角尖而产生特具破坏性的压力反应。换句话说，正是那些我们所不知道且无能为力的事情，会对我们造成真正的伤害。

心理故事

在第二次世界大战中，居住在长期有炮火轰击的伦敦市中心的居民，患胃溃疡的比例增加了50%。而在城市外围偶尔遭炮火轰击的地区居民，其患胃溃疡的比例却比前者高出6倍之多。

美国一所大学的两位心理学家的实验报告指出，两组被电击的老鼠中，突然遭到电击的老鼠比事前获得某些警示的老鼠患胃并发症的比率高得多。

一位心理学家对大学生做了一次调查，发现学生生病多半都是在生活中发生一些不愉快的事件之后，特别是那些让他们感觉到不确定、无法掌握的事情。

➕ **故事解读**

压力本身已够令人难受了，但若再带有不确定性的色彩，那就更是火上加油了。

不确定性何以造成巨大的压力

这是因为它使我们的身心长期维持在半激发状态，导致身体的调节机能和抵抗系统负荷过重。

人类的身体反应有一点儿类似美式足球赛中的防守队：若能提供一些战情及应对的战术，队员们便可能有最优良的表现。否则在不断无根据的猜测下，完全不能归结出一套有效的防守战略来。

这就是为什么那些未获得警告而受电击的老鼠，其命运如此悲惨的原因——它们无法掌握游戏规则。但另一方面，那些事前受警告的老鼠却能够学习到如何在没有电击的刹那过着安心的生活，因此能维持健康。

心理学家指出：可预测的痛苦所带来的压力比较小，因为当环境安全时，可以学会有效地防御和放松。

对于压力的的科学探讨已有很长一段时间，"不确定性因素"是极为重要的，因为它意味着，当压力来临时，我们可通过决定是否要对该事件负责而大量减少心理冲击。例如，如果有一天我们能不因交通堵塞或失约而产生愤怒和罪恶感，那么对身体的健康而言将是一大助益。

如何应对不确定性?

减敏感处理法。如果你担心未来会发生的一个问题，请假想自己就在这个可怕的情境中。然后想像你正在处理它，或者享受它。一个怕坐飞机的人，可以正面的幻想来取代内心的恐惧，例如想像窗外的景色或一顿愉快轻松的美食。

认知追踪法（或称"现实验证法"）。仔细想一想，你所忧虑的事情是否有事实根据。在过去曾有过的类似经验里，你是否无法处理？一个男人若担心自己无法满足妻子的需要，应先自问是否以前曾失败过。如果没有，他大可停止忧虑。如果你每天能抽出 15～20 分钟放松心情并仔细思考，这不失为一个有效的方法。

最坏个案法。倘若未来真的很不乐观，尝试去想像可能发生的最坏结果。如家庭意外；或是割伤、中毒或骨折；面对一次长途旅行，假想爆胎或汽油耗尽。试问自己，情况真的那么糟吗？同时想像自己正在处理它。

时间抽样法。对那些常受莫名恐惧困扰的人，采用时间抽样法是最适合的。每天利用每小时最后 10 分钟，记下你心里所想的事。这种方法有助于诊断出你担心的主要内容。

在生活中加入一些确定性

心理上的安全期可以使人们远离压力的有害结果，特别是当生活中的苦恼开始逼近时。不论是借助运动、看场电影或培养一个嗜好，由于学会去享受这段定时的"心理安全期"，我们就会有一些因可预测而产生的舒适感，将确定性及健康带入了生活中。

运动和聊天是两个已被证明可减轻轻微忧虑的良药。当我们开始感到忧虑时，暂时放下手边的工作而做做体能运动。或试着找个话题，与朋友进行讨论。如果我们能和朋友分享难处，那么问题本身就变得简单了，我们将能更有效地检视和解决它。慢跑直到你完全出汗和暖身为止；翻松小花园中的泥土并种些花草；给你的车打打蜡……这都是不错的运动方式。

方案
6
接纳你无法改变的现状

当我们遇到困难或我们不期待看到的情况时，大多数人常希望事情会自动解决或别人能改变它。但事实是，通过别人改变是很困难的，问题也很少会突然不见。大多数人总是习惯抱怨、指责，将精力都用于生气和让自己感到沮丧、无力，殊不知即使在最困难的情况下，你自己还是有选择的权力。你可以问问自己：

——问题出在哪里？

——我可以采取何种方式解决？

——在他人或外在环境不变的情况下，我自己真正想达成的目标是什么？

——我应该以怎样的态度面对它？

找出自己能够完成的部分，努力做好它，不再理会他人的责难和评价。

方案 7 不为未来的事担忧

许多的压力、不快乐，来自于我们常将焦点放在未来，而非现在。许多人为孩子的学业及前途担心，为自己或伴侣的健康及事业忧愁，或为了明天的考试、工作焦虑不已。未来的事还没发生，但这种担忧、恐惧却已形成一种束缚自己的压力了。心理学里有个著名的论点——"自我应验效应"，也就是"你怎么想，就会怎么发生"。因此当你对未来充满担心时，你的思绪便被忧愁、恐惧占据，很难清醒地思考，得到的也常是不好的结果。过分关注未来，使人永远不会有充足的时间，因为你试图同时生活在两种空间之中，身处现实，思想却在将来，会让你的思想在现实中出现断层，给你带来压力和紧张情绪。

不管我们有多担心，事情不会因此而消失，发生了，还是要去处理，既然如此，何不放下忧虑，尽己所能做好准备，然后享受现在的愉快和平静，等事情真发生了再去面对吧。对未来抱持着乐观的看法，告诉自己："我相信自己有能力处理这件事。"你会发现，很多的困难其实都可以被适当地处理。

压力源自内心

人们感到压力大，主要是来自内心。

任何一个时代、任何一个社会都不可避免压力的存在，很难说什么时代人们的压力更大，这是一个对于压力的内心感受问题。现在人们感到压力很大，主要还是来自于内心，其实每个人面对的外部环境都差不多，但现代社会的舆论对人们有很大的影响。人们都关注成功者，却往往会忽视一些信息，即成功者曾经历了多大的艰辛，成功之前具备怎样的条件。过去人们希望经过十几年寒窗之苦和多年的奋斗获取斐然业绩，而现在没有多少人有这样的耐心了，人们更关注短期之内能得到什么样的结果，这在无形中增加了一份对自己的期许。

别轻言放弃

整个社会已经在实行效果判断了，社会的操作规则已经不同以前，于是压力感侵蚀了我们。做成一件事绝不是轻而易举的，人的成长也绝非一日之功。有些事情可能干了一个星期、一年还没有效果，但是也许就在你准备放弃时，成功已来到你身旁，等待你的进一步努力。不管你是学生还是已走上工作岗位，不管你从事什么职业，不能只看到别人向前走，看不到自己的进步，这种心态往往成为压力的主要来源之一。

被分解的压力

如同你所制订的目标一样，压力也是可以被分解的。对处于变化中的人们来说，应以什么样的心态来应对外界的压力，将决定一个人的成败。其实，人们应付压力的能力在不断地增加，最重要的是要认清你自己，找准自己的定位。你可以有很高的自我期望，但必须要保持一种平和的心态。压力往往是这样造成的：你本来可以将现在的工作做得很好，但是你想做更重要的工作。如果你不立足于现在的话，能做好的事可能都做不好，越想达到目标，心理上的压力会越大。一些自杀等事件就是一种压力的爆发，在感觉无法达到目标时引发了绝望情绪。每个人都应根据自己的特点寻找到最佳定位，做好本职工作也是一种成功。最好的减压方式就是把压力进行分解，即把暂时达不到的目标分解为若干小单位，首先确定好这段时间做什么、下一阶段做什么，第一步要达到什么目标，第二步准备怎么做，最终的目标是怎样的，不断积累经验和成果，你所期望的目标就一定会实现。

方案 9 认清自己的价值

　　生活中很多的压力来自于担心他人的评价和看轻自己的价值。许多人常会担心无法获得他人的喜欢和称赞、无法将份内的工作做好、不能满足家人或朋友的期待，一旦出现失误就认为自己是个糟糕的人，感到很压抑。如一些学生，他们的表现已经很好了，但仍对自己不满，他们只看到自己没有的，却很少欣赏自己已拥有的。于是，不断和他人比较，担心被别人拒绝或批评，担心别人胜过自己，好像惟有这样，才觉得自己的存在是有意义、有价值的。长期下来，人变得疲累、感到莫大的压力，甚至当发现自己无法有满意的表现时，便不能接受自己，通过自我封闭逃开压力、人群。

　　如果你发现自己陷于上述的困境中，不妨停下来问自己：

　　——我真的需要做这些事吗？

　　——这是我的需要还只是别人对我的期待？

　　——我是否需要通过他人的肯定才能证明自己？

　　其实，每一个生命本身都有其特殊的意义与价值，不需要外在成就去证明，告诉自己：没有人是完美的，我拥有许多优点和能力，但我也要接受自己的不足之处。带着这种肯定自己的心情，去处理你所遇到的困难。

心理故事

　　日本松下电器公司曾发生过一起耐人寻味并富有戏剧性的事件。有一次，松下电器公司计划招聘 10 名基层管理人员，报名竞争者达数百人。经过严格的笔试和面试之后，用电子计算机计分评选出前 10 名优胜者。当公司总裁松下幸之助对录取人员名单进行逐个审阅时，发现有一位在面试中给他留下深刻印象的年轻人未在这 10 人之列。松下当即令人复查，结果发现，这位年轻人总分名列第二，只因电子计算机出了差错，把分数和名次排错了。松下立即派人给这位年轻人寄发录用通知书。第二天，下属报告松下一个令人震惊的消息：那位年轻人因未被录取而跳楼自杀了。松下闻讯沉默了许久。这时，一位助手忍不住说："真可惜，这么一位有才干的青年，公司没有录用。"松下沉重地摇摇头："不，幸亏公司没有录用他，意志如此脆弱的人是难成大业的。"

✚ 故事解读

心态就是一切。积极健康的心态，会引导你迈向卓越；消极颓丧的心态，会令你一蹶不振。坚韧不拔的毅力、百折不挠的意志以及荣辱不惊的品格等良好的心理素质对于成就事业是至关重要的，认清自己的价值，相信自己的能力，能够承受打击和压力，这对任何人而言都是一笔巨大的财富。

方案 10　采取积极的个人态度

生活的压力和环境的变化会在某一个人身上产生什么的影响，完全取决于他个人的态度，悲观消极的人视压力为洪水猛兽，不是采取逃避的方法，就是自怨自艾，不肯面对困难。但如果我们能以乐观的态度，视这些问题为人生的挑战，视它们为让自己走向成熟的机会，以积极的态度去寻求解决问题的方法，努力地去改变自己可以改变的事情，并接纳适应自己不能改变的现实，我们才真正体会到"有危险必有机会"的深刻含义，勇于接受挑战，让压力转化成为工作和生活的原动力。

不管面对怎样的压力，首先一定要充满希望，不可轻言放弃，以乐观进取的态度接受挑战，但不要接受不合乎现实的要求。

不要凡事一肩挑

很多人习惯将事情揽在身上，不放心交给别人；或担心流露出自己的脆弱、怕他人拒绝而不敢适时求助，因此常会觉得自己很累。其实当我们试着放手时，会发现生活并不会因此失序或大乱，生活仍会继续，最多是方式不同罢了。而且，我们有能力处理以往所担心的问题，当我们愿意说出自己的需要时，也更能感受到他人的关心和支持的力量。所以，不必凡事都事必躬亲，适当地表达自己的脆弱与需要是明智之举。如果能认清自己的价值、明确自己的目标，别人的帮助就会成为成功的助力。同时，容许别人犯一些错误，给别人一些学习的机会，你和你周围的人就会共同进步。

重新评估压力事件

在现代生活中要完全避免压力是不可能的，然而，压力的感觉在很大程度上取决于个人的认知：同样一件事情，对有些人可能是机遇，是挑战，而对另一些人则成了压力和负担。因此，要改变我们对某些事件的看法，重新评估整个事件，寻找新的涵义与积极的后果。

大多数人认为压力是负面或具伤害性的，但事实上压力事件是中性的，并无所谓好与坏，你若视之为积极正向的，它便可促进你的成长；你若视之为消极负面的，它就会限制你的成长，甚至压得你喘不过气来。所以要克服压力应先从改变"认知"做起，换个角度来看待自己和周围的人、事、物，再用实际的行动进行改变，让自己的情绪更好。心态改变了，它就不再构成压力，这正是情绪管理的精髓。

比如，离婚对大多数人来说是一个严重的压力事件，但如果摒弃旧的传统价值观念，把离婚当做是一段不幸福、没有前途的婚姻关系的终结，看做是一个寻找新的、更令人满意的情感生活的机会，压力感就会减轻，用这种积极进取的态度去面对今后的人生，也会大大增加成功与幸福的可能性。假如你感觉工作超负荷，整天疲于奔命，还是不能做完你要做的事，那么，也许你应该改变一下自己的做法，用更有效的方法安排时间、把某些工作委托给下属去做、将必须做的事情排出先后顺序等等。总之，最关键的是你对整个事情要有控制力，要始终保持冷静、有条不紊，压力才不会压倒你。

现代人的生活中往往充满了无力感，对你所面临的事件了解越多，压力感就越小。例如，你在负责一项庞大的工程，你可以花些时间和精力去细分每项工作的进度，就会感到整个工程是可以预期、可以控制的，心理上的恐惧和压力就会减轻不少。

💬 心理故事

一位老太太有两个儿子，大儿子卖伞，二儿子晒盐。为两个儿子，老太太差不多天天愁，愁什么？每逢晴天，老太太叹息：这大晴天，伞可不好卖哟！于是为大儿子忧；每逢阴天，老太太又嘀咕：这阴天下雨的，盐可咋晒？于是为二儿子愁。终于积忧成疾，病卧在床。两个儿子倒也孝顺，四处访医问药，幸访得一智者，口授一计曰："晴天好晒盐，老太太应为二儿子高兴；阴天好卖伞，老太太该为大儿子高兴。这么转念一想，保你天天快乐。"老太太依计而行，果真变愁苦为欢乐，日渐心宽体健起来。

➕ 故事解读

正所谓"横看成岭侧成峰"，事物总有两面性，关键在于你如何认识它。当你在认识、思考和评价客观事物时，要注意从多方面看问题。如果从某一角度来看，可能会引起消极的情绪体验，产生心理压力，这时只要能够转换一个视角，常会看到另一番景象，心理压力也将迎刃而解。

方案 13　消除紧张情绪

最强烈的紧张是由内因引起的，也就是人给自身带来的压力造成的。一个人想将一幅画挂起来，当他终于找到一枚钉子时，却发现没有铁锤，怎么办？他也许可以向邻居借，这是最简单不过的事。这个只不过想借把锤子的人开始思量邻居可能做出的各种反应：可能会因被打扰而不高兴，或者不愿意借等等，在这些想像的影响下，他的口气就变得吞吞吐吐起来："我希望你能帮助我，如果不方便，那就算了。"

其实，这纯粹是内心紧张引起的！人类总是习惯于自扰，思前想后，而且总是把情况往坏处想。来自外部的紧张不外乎工作压力、生活忙碌、孩子教育、夫妻感情等等，但人类的内心世界就好比一座制造紧张的工厂，大脑里总是充满着消极的思想，心理学家把内心紧张的起因称为"消极的自我交流"，在这场自我对话中，人们采用的语气影响着其感情生活和处世态度。

这场消极的自我对话总是围绕着四个特定题目展开：

——"反正也干不好，不干就算了！"总是将事物的前景预料得很糟，注意力习惯于集中在冒险几率而非机遇上。

——"如果我能……就好了！"不仅为未来无端地忧虑，还总是被过去的失败和失意的阴影所笼罩。

——"我还不够好！"自我怀疑、胆怯和自卑情绪只能带来无尽的失望和自我贬值。

——"人性非常丑恶！"

消除紧张感的小诀窍

1. 以轻松的步伐出去散步，暂离困扰。

2. 深吸一口气，舒展你的身子，然后呼气。

3. 拿一大杯冷开水慢慢地喝，并想像这杯水会赋予你克服困难的耐力和灵感。

4. 笑一笑，哼小曲或吹口哨。不仅能使你忘却烦恼，提高情绪，而且还能促使甲状腺分泌。

5. 快速吸入新鲜的空气，这一方法看似陈旧，但确实能改善你受到压力时的情绪。

6. 往脸上泼水，然后用毛巾擦干，会感觉焕然一新。

方案 14 对付压力要"静"、"慢"、"松"、"悦"

"静"就是平心静气、淡漠、坦诚地对待不同形式的压力，用平常心面对浮躁、挫折、困难。心静，这是由内而外的自我控制技术，采用自我语言提示或他人语言暗示能收到明显效果。

"慢"就是放慢所有活动的速度和频率。如果你脾气火爆，就更要有意识地在"慢"字上做文章：说话要慢、做事要细心，慢些、再慢些。做事风风火火，毛手毛脚，会让人觉得不稳当，没有安全感，这就像吃饭一样，不妨细细咀嚼，品品菜的色香味。耐着性子慢慢地做一些不急的事，你会惊讶地发现自己沉得住气了，不再和人计较了。宽容改善了人际关系，压力仿佛减轻了许多。

"松"是对付压力的好办法。要有意识地去体验身体各个部位的松弛、懒散，惬意地感受肌肉松弛得握不起拳头的无力感、太阳晒着后背暖洋洋的松散感、洗完澡后的舒服劲儿……

"悦"就是快乐，以开朗、愉快、乐观向上、积极的心态面对学习、工作和人际关系，以积极、主动的好情绪增强自我的抗压力能力。

怎样才能快乐?

1. 珍惜每一天。除了很好地完成本职工作外，余下的时光要倍加珍惜，如为了某个目标去充电，尝试某项运动锻炼等，增强自我控制能力，不要把闲暇时间全泡在电视机前。

2. 和亲朋好友分享你的欢乐和痛苦，在相互沟通和宣泄中得到帮助和激励。

3. 不要在行动之前过分地考虑结果，失败者常常是过于关注事情的结果。

4. 不要在意别人如何评价你，只要努力按既定的方案去做就足够了，走自己的路。

5. 要善待自己，连自己都不爱的人，何谈爱人？不做奉献的人，也不会获得社会的回报。

6. 工作时尽可能松弛面部肌肉，带着微笑。

7. 培养情趣，使生活充满新意。

8. 记住令你感动和快乐的人和事，在受挫时马上转移注意力去回忆美好的往事，淡忘消极的事情就变得容易了。

9. 用歌声或笑声安抚自己。

10. 把令你愉快的人和事写入日记，经常翻阅或回想那些情景。

方案 15 采取积极有效的压力应付模式

面临压力，不同的人会采取不同的应付方式。有人采取主动的应付方式，表现为善于从有利方面认识压力，回忆和总结过去的经验，采取有效的方法；有人采取回避的应付方式，表现为封闭情感、自我忍受。压力应付还可分为情绪定向应付和问题定向应付。

情绪定向应付

当我们面对强大的压力和挫折已经无能为力的时候，会自觉或不自觉地使用情绪定向应付方式，这种方式以情绪体验和情绪表现为特征，如伤心、痛哭、借故发火、消沉低落等。但是，同样的情绪定向应付，可以起到积极的作用，也会起到消极的作用。增加对它的了解和认识，将有助于使其发挥积极而有效的作用。

一般来说，情绪定向应付亦可分为"外在表现性情绪定向应付"和"内在表现性情绪定向应付"两种形式。比如，当遇到一定的心理压力事件或心理压力情境时，人们可能会采取"借酒浇愁"或"借故发火"等明显的表现形式，以发泄或者减轻心中的压力，这便属于"外在表现性情绪定向应付。"人们也可能会通过内在的情绪表现，来应付所面临的压力事件或压力情境。他可能会否认事实，如以"这怎么可能呢"、"这件事是不可能发生的"等方式来做出最初的反应。或者是以"这件事对我来说并不重要"、"实际上不必担心这些事情"等等方式自我安慰，来降低和减轻所面临的事件对自己的影响。

问题定向应付

问题定向应付是去处理引起压力的事件本身，分析问题，思考解决问题的方法，最后动手解决。它与情绪定向是相对的。如果遇到了某一问题，应采取如下方式着手解决：

第一步：该问题是否与自己有关，是好事还是坏事，属于什么性质，是否严重，严重程度如何等等；

第二步：考虑几种解决问题的办法；

第三步：对这些办法进行权衡和比较，看哪一个较为合适，哪一个较为安全，哪一个对自己较为有利；

第四步：把自己选定的方法付诸行动，真正动手去解决问题。

持有积极的面对压力的态度，运用适当的应付压力的技能，保持坚定的信心和持久的希望，我们就可以把压力与危机转化为成长的契机，把压力变成动力，越挫越勇，真切地拥抱与体验生活。

💬 心理故事

一位政府机关处级干部，在竞聘上岗中，意外地落选了，被安排到了非领导岗位上。他感到自己年富力强，正是踌躇满志的时候，却从领导岗位上下来了，一下子很难接受这样的现实，吃不下饭，睡不着觉，整个人的面部表情都变了，脸色也不好。见到以前的同事不知说什么好，便设法躲开。到了新的岗位，也打不起精神来工作。回到家，也懒得说话，长时间地坐在那儿发愣。

✚ 故事解读

他所采取的应付压力方式主要是回避型和情绪定向模式，这不利于缓解压力。应该自觉地调整自己，把回避模式转向主动模式，把情绪定向应付转向问题定向应付。

方案 16 处理感情压力

人是有感情的动物。生活于世，会有多方面的情感体验：子女、配偶、兄弟姐妹、朋友……当你或周围的人面临生老病死等人生考验，或产生各种情感纠葛时，难免会产生感情上的巨大压力。如何处理感情上的压力呢？

首先，了解造成压力的原因，是因为看不开还是舍不得？深切地省思压力的来源，理性地面对它，而不要纵容自己沉溺其中。任何感情挫折的调适都需要时间，但不能无休止地沉浸在泪水中。

其次，了解感情的多面性，不要钻牛角尖。失去了爱情还有亲情、友情等其他方面的感情。而且，"塞翁失马，焉知非福"，失去的未必就是适合你的，要学会重新开始。

方案 17 善用酸葡萄心态

《伊索寓言》中有一则《狐狸和葡萄》的寓言，说的是狐狸饿极了，看见架上挂着一串串葡萄，想摘又摘不到，临走时自言自语地说："葡萄还是酸的。"

这则寓言在世界上广为流传，可以说家喻户晓，在西方还被引入了字典：sour grapes（酸葡萄）作为短语，表示得不到的就说不好。而心理学中也借用了这个术语，用来解释合理化的自我安慰，它是人类心理防卫功能的一种。

其实，我们时常会遭遇那个狐狸的境遇。比如一个公司职员，虽然他很想得到更高的职位，却总也得不到提升，为了保持内心平衡他就会自我安慰：职位越高，责任越重，还不如现在逍遥自在。另一种与"酸葡萄"心态相对应的称为"甜柠檬"心态，它指的是人们对得到的东西，尽管不喜欢或不满意也坚持认为是好的。例如你买了一套衣服，觉得价钱太贵，颜色也不如意，但你也许还是会告诉别人，这是今年最流行的款式，很值得。

所谓心理防卫功能是一种无意识地发挥作用，用以减轻自我承受压力的心理方式。当内心欲望得不到满足而产生焦虑、不安时，心理防卫功能就会

压力篇
压力的全解决方案

运作起来，以消除紧张、减轻压力，保护自己免受伤害。面对某些无法接受的现实，我们总会乐于找出一些善良、可信，也可被理解的理由为己辩护，使自己从不满、不安等消极心理状态中解脱出来。

心理防卫功能的确能够帮助我们更好地适应生活、适应社会，然而沉溺于其间对精神生活也会产生明显的负作用。比如鲁迅笔下的阿Q，总是寻找理由为其受到的侮辱或得到的不公对待开脱，这就让人哀其不幸、怒其不争了。

方案 18　别为小事抓狂

生活中，人们往往重视那些较为重大的事件（如丧偶、离婚、退休、更换工作、搬家、人际矛盾、生活学习环境的改变等），因为这类事件很容易产生较大的心理压力。然而，人们却常忽视"小麻烦"对心理产生的负面影响，也很少仔细地考虑该怎么正确对待这些小事情。不经意间，我们经常为一些小事抓狂，其实仔细想一想：这些都不是真的什么大不了的事，我们只是专注在一些小问题上，把问题过度放大了，浪费宝贵的力气为小事抓狂，当然就无故平添了许多压力。

处理小事的秘诀

1. **要学会合理评估日常生活中的麻烦事。**首先，应该想一想发生的事情是好的、不相干的还是会产生压力的。然后，考虑用什么办法来对付，并付诸行动。在处理问题的过程中，对所用的方法可做适当调整。通过对问题进行合理评估，当事人可获得良好的情绪及平衡的心态。

2. **选择正确的方法处理事情也是减少心理压力的重要办法。**有些事情需要直接去面对，并努力去克服困难；有些事则应采取暂时回避的办法，避而不想，避而不做，暂时做些退让，具有暂时缓冲的效果。同时，还要尽力去发现可以求助的途径，充实自己抵御困扰的能力。

3. **要学会调整心态。**有的人讲求完美主义，凡事求全责备，以为大难当头，不可收拾，实际上是夸大了问题的严重性。如果理智地再思考一下，改变一个角度去看问题，则发现大事能化小，小事能化了，结果是没有什么可大惊小怪的。

方案 19 掌握你的时间

也许你会说，你实在是因为时间不够用而力不从心。你根本没时间去做那些真正喜欢做的事，你记不得上次抛开一切家庭与工作的缠绕而出外度周末的时间。而你工作得越是努力，就好像越是若有所失。那么，究竟是什么事在困扰着你呢？

只是希望能拥有更多的时间是不会有用的，甚至反而会让你觉得更有挫折感。你该做的是，好好控制你能利用的时间，并且把它用在对你最具重要性的事情上。

如何掌握你的时间？

1. 做一张每日"待做"工作表。

2. 以每10件事中只有两件是真正值得做的方式来考核这张表。

3. 把精力专注于那些高优先顺序的事项上。不要让一些琐事绊住了你，不管它们看起来有多么容易做，不要去理会它。

4. 考虑一下，什么时刻是你一天中最具创造力的黄金时间，并且把这些时间用于最重要的事情上。不要把这样的黄金时间用于不值得的事情上，如看报纸、写回信，以及整理床铺等。

5. 把每天都须做的例行公事留在非黄金时刻、精力不甚集中的时间来完成。

6. 尽量试着每天都在相同的时间里去做相同的事。专家指出，这样可以减少犹疑，从而达到保存精力的目的。建立良好的习惯，还能激发自己的活力。我们可以养成习惯，每天都在同一特定时间里打电话、计划饮食、读报纸、上课，或是开会。

7. 每天至少要预留出一小时的弹性时间，用以应付突发状况或是紧急的事件。

8. 要规划出一段能让自己放松，而不需处理任何事情的休闲空档。没有任何事会是完全无益的浪费时间之举，就连无所事事也是一样。

9. 好好想想你在等待上所花的时间。像是你用于等公车、等看病、陪孩子上音乐课、等长途汽车等时间。别把它们看成丢掉了的时间，反而该把它们当成"找回来"的时间。你可以利用这种时间来做那些因为没空做而一直被耽搁下来的事。比方说，听 walkman（随身听）来学习一种语言；读一本小说；写封信给一位老朋友；为你的伴侣安排一个意外的生日晚会等。

10. 你有没有做白日梦的时候？不必急着叫醒自己，干脆就完全沉浸在其中。好好地坐在一张椅子里，让自己呆坐上 15～20 分钟。不要看书、翻报纸、织毛衣，或是看电视。就只呆坐着，无所事事，让自己恣意享受这段完全静止的时间。

11，你常常就只剩 5 分钟或 10 分钟的多余时间了吗？我们大多数人都会把这种不起眼的小时间虚度掉，或者是把它耗费在简单的工作上。但心理学家指出，应利用这些时间，刻意着手做一项重要的工作。我们必须面对这样的现实：不被中断的整块时间实在少得可怜，一味地等待"合适的时间"再开始去做，也许永远也无法起步。把一些优先顺序排得很高的工作也划分成许多在 5 分钟之内就能完成的"即时"工作，你的压力就会在无形中消失。

12. 别把时间浪费在担心失败上。不妨把每项错误都看成是在引领你一步步更接近于成功的阶梯。那些盼望（并且追求）成功的人，要比那些成天担心（而且接受）失败的人要快乐得多，而且其成就也高得多。

方案 20　学会在必要时说"不"

那些在别人提出不合理的要求时也很难说"不"的人通常把自己的行为归结于以下一种或几种原因：

——对自己的判断力缺乏自信，不知道什么是应该做的，什么是别人不该要求自己做的。

——渴望讨别人喜欢，担心拒绝别人的请求会让人看不起自己。

——对自己能成功地负起多少责任认识不清。

——具有"完善"的道德标准，会为"拒绝帮助"别人而感到罪过。

——觉得自己低人一等，把别人看成是能控制自己的"权威人士"。

然而，不论出于何种理由，这些不敢说"不"的人通常承认自己受感情所支配，他们从未在别人提出要求时有一个准备好的答复，因而承受着巨大的人际交往压力。

说"不"的行为训练

1. 在别人可能向你提出不能接受的要求之前做好准备。

2. 把你的答复预先演习一遍，准备3～4套可使用的句子。例如："对不起，我对此只能说'不'。""我正忙得脚底朝天呢。"对着自己大声练习几遍。

3. 当你说"不"时，别编造借口。如果你有理由拒绝，而且想把理由告诉别人，那就说出来。要简洁明了，一语中的。你不必硬找理由，你有充分的权力说"不"。

4. 在说出"不"之后要坚持，假如举棋不定，别人会认为可以说服你改变主意。

5. 在说出"不"之后千万别有负罪感。你是对自己什么能做、什么不能让别人期待你去做的最佳评判官。

第4节
解压的技巧方案

放松的技巧应用是十分广泛的，当你出现情绪不适时，灵活地将这些技巧为你所用，就会达到"柳暗花明"的境界。放松技巧一般包括呼吸调节、肌肉松弛及冥想技巧，此外，一些生活中的减压小体操，也能有效地缓解压力。

呼吸调节法：深深地、长长地吸一口气，再慢慢地呼一口气。连续进行数分钟，一直到自己的呼吸顺畅，心情平和。

肌肉松弛法：安排一个舒适的座椅和空间，按照头→手→躯干→脚的顺序，让自己的各部位肌肉逐渐紧张再逐渐放松。

冥想技巧：是利用冥想或想像的放松技巧。即将注意力集中于某件令你愉快的事情或某个漂亮的风景画面等。

方案 1 深呼吸法

真正懂得呼吸方法的人并不多。一般人的呼吸太浅太快，肺部很少能填满足够的新鲜空气，也不能将使用过的空气尽数排出。通过腹部呼吸（横膈膜呼吸），可减轻压力并恢复体力。

你知道婴儿如何呼吸吗？

适宜的呼吸能放松自律神经系统。听起来好像很简单，但我们总忘记要正确地呼吸。你观察过婴儿的呼吸吗？婴儿小小的身体起伏着，呼吸深沉平稳且缓慢。仔细观察一下，你会看到，婴儿并非在用胸腔呼吸，而是用肚子，或者准确地说，是胸腔与腹部之间的肌肉——横膈膜，没有它我们无法呼吸。绝大多数的成人吸气时胸腔扩张，吐气时则缩回，这是与婴儿不同的。

呼吸方式的改变并不是随年龄增长而变化的，许多专家认为，大多数成人的呼吸方式是一个坏习惯。如回归到婴儿的呼吸方式，即用横膈膜呼吸法，你将体会到从未有过的通畅与决慰。

深沉、平稳、缓慢，以肚子（横膈膜）呼吸——可以解除头痛、疲劳等慢性不适症状，去除紧张焦虑情绪，降低血压及加强心脏机能等功能。

深呼吸法的特点

1. 着重的是吐气而非吸气。

2. 肺中的空气吐尽后，再让新鲜空气自然流入。

3. 惯用右手的人，以右肺呼吸为主；惯用左手的人，以左肺呼吸为主。

4. 生气时吐气较强，悲伤时吸气较强。

方　法

1. 穿着宽松的衣服，舒适地坐下或躺下，尽可能让背挺直。

2. 吸气时，合上双唇，舌头顶着上颚，但不要咬紧牙根。

3. 用鼻子缓慢而均匀地呼吸，手指轻触下腹，以了解呼吸最远可以到达下腹哪个部位。感觉下腹扩张，然后是肋骨部位，最后是整个肺部。

4. 吐气时，则以相反顺序慢慢吐气，结束时轻轻地收缩下腹，将最后的废气压出来。

5. 吸气时不要勉强吸入超过肺的负荷量的空气。

6. 吐气的时间要比吸气的时间长，约两倍为宜。

其他几种消除压力的呼吸法

想像式呼吸：想像由指尖开始吸气，气流至手臂、肩膀，然后流至腹部、双脚，慢慢地从脚趾排出。重复并且感觉这种深沉缓慢的呼吸作用于整个身体、腹部、腰部及胸腔。深而沉地呼吸，就如同呼吸春天第一朵花朵的芳香，或是想像呼吸如海浪般起伏，或者肺部表面摊平伸展，像一座网球场那样大，而你感觉自己能吸入那么多新鲜的空气。

由困境中解脱的呼吸：体重超重时，请注意自己的呼吸方式。多半的情况是，当你流汗或血液循环加快时，呼吸也会变得短而急促。将呼吸放慢，是减轻压力最快速的方法。

放慢呼吸，7秒钟吸气，8秒钟吐气；以每分钟呼吸4次的速度，做2分钟后，紧张感就会消失无踪。

利用手表或时钟计时，但如果手边没有，还有一个妙方：只念一个数字或有三个音节的字。例如"一只大象（one-el-e-phant）"、"两只大象（two-el-e-phants）"等。这种方法不限时间、场合，也无需停下手边的工作。充分练习后，当紧张状况发生时，你会自然而然地使用这种呼吸方式。

化郁呼吸法（单鼻呼吸法）：以手指塞住任一个鼻孔，用鼻吸气5～7秒，屏息5～7秒，最后以口缓缓吐气10～14秒。如此循环5～10分钟。

化怒呼吸法（垫趾呼吸法）：用鼻吸气7～10秒后，以足尖着地、脚跟离地屏息5～7秒，再以口吐气约10秒，同时脚跟缓缓着地。如此循环5～10分钟。

化焦虑呼吸法（大吐、大吸）：用鼻猛吸气，接着大口吸气，然后大口吐气。如此循环5分钟。

丹田呼吸法（三呼一吸）：闭眼，放松全身，立、坐或卧均可，以"哈、哈、哈"的方式分次缓缓将气吐尽，然后缓缓吸气。如此循环调息，心静之后自然能以腹部吐纳。此呼吸法时间可顺其自然。

头脑呼吸法（口吸鼻吐法）：以口大量吸气，用鼻缓缓吐气，持续约5～7分钟。

小睡呼吸法（龟息呼吸法）：快速自鼻孔吸入大量空气，再以口慢吐如丝，尽量悠闲吐气。如此循环调息，至每分钟呼吸5～6次。（正常呼吸每分钟约18次）这种方式可使失眠的你安然入睡。

化失眠呼吸法：数"1"时吸气，数"2"时吐气，吐至一半时，将余气吸入腹部，如此循环，久练必然有助睡眠。

单肺呼吸法：惯用右手者，高举右手五指指天，左手下垂握拳，用鼻吸气5～7秒，屏息5～7秒，以口吐气5～7秒，如此循环5～10分钟。惯用左手者反之。

化疲劳呼吸法：用鼻吸气5～7秒，屏息5～7秒，再以口吐气至一半时，以口猛吸气至腹部后缓缓吐气，如此循环。

空气沐浴法（以心导气）：站立于空气清新的地方，闭眼想像头顶有一个吸气口，用鼻吸气，想像空气自吸气口源源而进，屏息，想像这些新鲜空气沿着全身血管向下弥漫，吐气时想像所有的气自双腿而下，由脚底消失，如此循环 10～20 分钟。

（注：进行呼吸练习时，如看表计时，将使放松的效果减半。教你一个读秒的方法：闭眼，以心默数 101、102、103……大约每读一次三位数为一秒。）

方案 2 放松疗法

关于放松疗法

放松疗法又称松弛疗法、放松训练，它是一种通过训练有意识地控制自身的心理生理活动、降低唤醒水平、改善机体紊乱功能的心理治疗方法。实践表明，心理生理的放松，均有利于身心健康，起到治病的作用。像我国的气功、印度的瑜珈术、日本的坐禅、德国的自生训练、美国的渐进松弛训练、超然沉思等，都是以放松为主要目的的自我控制训练。

放松治疗的原理

放松疗法是基于下述理论假设：即认为一个人的心情反应包含"情绪"与"躯体"两部分。假如能改变"躯体"的反应，"情绪"也会随着改变。至于躯体的反应，除了受自主神经系统控制的"内脏内分泌"系统的反应，不易随意操纵和控制外，受随意神经系统控制的"随意肌肉"反应，则可由人们的意念来操纵。也就是说，通过人的意识可以把"随意肌肉"控制起来，再间接地把"情绪"松弛下来，建立起轻松的心情状态。在日常生活中，当人们心情紧张时，不仅情绪上张惶失措，连身体各部分的肌肉也变得紧张僵硬；而当紧张的情绪松弛后，僵硬的肌肉还不能松弛下来，即可通过按摩、淋浴、睡眠等方式让其松弛。基于这一原理，"放松疗法"就是训练一个人，使其能随意地把自己的全身肌肉放松，以便随时保持身心轻松的状态。

肌肉放松训练的原则

1. 肌肉放松需要靠自觉，即故意促使其发生。

2. 以被动的态度面对浮现的种种想法、形象或感情，避免集中精神去感觉它们，要使之自然飘过，直至消失。

3. 让身体完全处于无压力状态下，尽量除去项链、手表、眼镜等物品；最好穿宽松服装，腰带放松。

4，由上而下，从头部、眼球、脸部肌肉、颈部、肩部、双臂、腰背、小腹、腿部——放松，甚至皮肤都要完全放松。

5. 肌肉放松技巧最好在头脑清醒、体力充沛时练习，效果最好。

6. 每天固定时间练习肌肉放松，每天 2 次，每次至少 15～20 分钟。

7. 肌肉放松练习结束，身体慢慢摇动，手指、手腕、手臂、双手、双脚，每个关节慢慢地让它们动起来；最好能再用 10～20 分钟，按摩脸部、额头、双眼、后颈、两耳、双肩、两臂、胸部、腹部、背部、腰部等。

静坐技巧

最好每天做 2 次，每次 10～20 分钟，避免在昏睡状态下放松自己，否则会削弱放松的效果。

1. 找一个宁静、不会令人分心的环境。没有电话，没有干扰的地方。

2. 集中精神于一个字或词组。选择一个自己喜欢且积极向上的字词，或者是带有轻柔声调的一系列声音，一旦选定后就不要改变，渐渐地会将那个字词或声音与放松的效果联想在一起。

3. 舒适地坐直，双手自然地垂放在大腿两侧。

4. 轻轻地闭上眼睛，放松肌肉，平静下来，做个深呼吸可以帮助进入静坐。然后再正常地呼吸，体验每次呼吸，随着缓慢而自然的呼吸节奏，在吐气时默默地重复选定的字词或声音。

5. 不要因外界而分心，应采取被动的态度，使自己逐渐意识到种种的想法、形象、感情，不要将注意力集中于这些知觉上，让它们在脑海里自然地飘过。

6. 静坐前看一下时间，10～20 分钟后静坐即将结束时，自己判断或看一下手表是否时间已到。不要使用闹钟或定时器。

7. 静坐时间到时，保持安静，慢慢地张开眼睛或再继续闭眼睛几秒钟，轻轻地动动手指，慢慢地活动全身，逐渐加大力量，直至使自己完全恢复清醒状态。

自我松弛暗示

这种方法亦称"自律训练"，其原理是"意志"可以使身体放松，通过将注意力集中于"沉重"或"温暖"的感觉来达到身体放松的目的。当你感到紧张或处于压力之下的时候，给自己一些心理上的"暗示指令"，能够让你的身体随着自我暗示去感觉，并产生松弛反应。每天练习2次，或当你感到紧张时，即进行此项练习，每次进行约10分钟。4~8周之内，你可能在专心练习5分钟之后，便能产生松弛反应。只要你持续地练习，就会发现你越来越能够随心所欲地放松你的身体。

1. 以最舒服的方式轻松地坐下或躺下来，松开任何紧绷的衣物，闭上眼睛，让自己达到放松的状态，脑中不再有其他思绪。

2. 集中注意力于你的左臂，心中反复告诉自己"我的左臂感到温暖且沉重"，尝试去想像并体会那个感觉，会慢慢真的感到越来越温暖，越来越沉重。然后再把注意力依序集中在你的右臂、左腿、右腿，用同样的方式做自我暗示，速度不要太快。从头至尾做一遍，会感到四肢完全放松。此方法也可用来帮助入睡。

3. 做完这项练习之后，深呼吸，并舒展一下身体。睁开你的眼睛，缓慢地呼气，并注意你的身体有什么样的感觉。当你越来越熟练这项技巧的时候，你便随时随地都能够体会放松的感觉了。

练习范例：

选择能够静下心来的地方，仰卧、坐着等姿势均可以，练习时要轻轻地，用缓慢、温和的声音对自己说：

阶段一：我很平静、很放松。（反复五次）

阶段二：我的右手很重……我很平静……（反复五次）

我的左手很重……我很平静……（反复五次）

  我的右脚很重……我很平静……（反复五次）

  我的左脚很重……我很平静……（反复五次）

  我的颈部和肩膀很重……我很平静……（反复五次）

阶段三：我的右手很温暖……我很平静……（反复五次）

  我的左手很温暖……我很平静……（反复五次）

  我的右脚很温暖……我很平静……（反复五次）

  我的左脚很温暖……我很平静……（反复五次）

  我的颈部和肩膀很温暖……我很平静……（反复五次）

阶段四：我的呼吸很平和、规律……我很平静……（反复五次）

阶段五：我的心跳很平和、规律……我很平静……（反复五次）

阶段六：我的额头很凉……我很平静……（反复五次）

阶段七：我很机敏、清醒并且全然放松……我很平静……

  （反复五次）

渐进式肌肉松弛法

  有些人可能不容易使自己放松。如果你一直很紧张，而又不确定到底怎样的感觉才叫松弛的时候，渐进式肌肉松弛法可以帮助你确实地感受紧绷与松弛之间的差异。

  压力反应是肌肉与心理间密闭式反馈环的一部分。当一个人感受到压力时，会导致其肌肉紧张，而肌肉紧张会将刺激传送到大脑，从而建立一个反馈环。然而，当肌肉松弛时，却会破坏这个反馈环。渐进式肌肉松弛疗法可以降低身体的氧气消耗量、减缓新陈代谢频率、减缓呼吸速率、降低肌肉紧张、减少心室早发性收缩、降低收缩压与舒张压及增加脑部的α波。

  渐进式肌肉松弛法是一种三阶段的技巧。首先，你要绷紧肌肉，并注意有什么样的感觉；然后突然放松力量，并注意有什么样的感觉；最后，专心比较这两种感觉有什么不同。你可以坐着或躺着练习这项技巧，每次练习大约需要 15 分钟。如果在安静、轻松的气氛之下进行练习，效果就更加显著了。

理想的练习环境及道具：

1. 融合到日常生活中；

2. 安静的环境；

3. 合适的时间；

4. 平和的音乐；

5. 微弱的光线；

6. 最好可以坐在躺椅上；

7. 舒适的不受约束的衣服；

8. 练习开始前先使用洗手间。

步骤：

闭上眼睛，集中精神感受身体各方面的放松。吸气时，紧绷肌肉，约 5 秒钟；吐气时，缓缓地放松，约 4 ~ 5 秒钟；从中体会紧绷与松弛时的差异，每个部位做 2 次，等到感觉各部位均已经放松后，可以静坐一段时间。放松如下身体部位：

1. 右（左）手指及右（左）手腕：握紧拳头，手指、手腕及前臂用力；放松时，手自然张开。从惯用的手开始。

2. 两手上臂：上下手臂夹紧，两手同时做；放松时，两手自然下垂。

3. 头部及额头：头部尽量上仰，额头紧紧往上推挤，让其产生皱纹，拉紧头皮及额头；放松时，恢复平常状态。

4. 眼睛：用力紧闭约 5 秒钟，眼睛缓缓张开一条细缝，眼球自然往下约可以看到鼻尖；放松时，慢慢睁开双眼。

5. 牙齿及舌头：上下紧咬，舌头紧紧向上抵住；放松时，上下牙齿轻轻扣着，舌头悬空。

6. 脸颊及嘴唇：上下唇紧闭，脸颊向左右尽量拉；放松时，嘴唇轻轻闭合。

7. 颈部及肩膀：肩膀用力往上挤；放松时，肩膀下沉。

8. 胸、背部：两手向前交叉抱胸，挤压胸肌，拉紧背肌；放松时，两手自然下垂，肩膀下沉。

9. 腹、腰部：用力，使腹部尽量突出，臀部夹紧；放松时，全身重量下沉于臀部（坐姿），腿及脚下沉。

10. 两脚及两腿：脚趾用力向下弯曲，大腿小腿尽量夹紧或绷紧；放松时，脚底平贴地面（坐姿），腿及脚下沉。

结束时的注意事项：用力伸展四肢，深呼吸，张开眼睛。用 2 ~ 3 分钟的时间充分享受放松的感觉，再渐渐地结束松弛状态。

床上晨操

清晨醒来，躺在床上做一些轻微运动或床上操，可以使你头脑清晰，轻松愉快地开始一天的工作。

1. 仰卧。一腿屈膝，另一腿抬起，双手扶小腿，慢慢拉向身体。要感觉腿部韧带充分伸展，10 秒钟后换腿再做。

2. 仰卧。两腿屈膝侧倒，双臂侧伸，头向另一侧方向转动，感觉身体充分扭转，10 秒钟后换方向再做。

3. 仰卧，双臂头前举，收腹，上体和腿同时慢慢抬起，两手抱腿，背部伸展，稍停后还原。反复练习 10 次。要感觉全身肌肉的紧张与松弛。

4. 面部按摩。

5. 用手心左右来回擦额头数十次。

6. 用手梳头，手掌浴面，手指搓耳。

（注：按摩时由轻到重直至磨擦部位发热，以促进头部血流畅通。）

晚间放松操

经过一天的工作学习，出现身体疲劳、腰痛、颈肩部酸痛，以及偏头痛等不适症状是不足为奇的。这些症状在很大程度上干扰了人的睡眠，因此有损于身体健康。如果你能做一下晚间体操来调适一下，就可以纠正机体的暂时性紊乱，并刺激交感神经，使人进入甜甜的梦乡。一般做一次只需 1 分钟，但如果有时间，做 10 分钟效果会更好。

颈部及肩部：仰卧。左右转动颈部，以放松紧张了一天的颈部，并使其周围组织充分伸展，人会产生轻松、舒适的感觉。有颈肩酸痛的人，不妨多做几遍。

胸部：仰卧。背部下面放一软枕头，然后慢慢将双手向头前伸直，双手叉握，并慢慢挺起胸部。这时胸部会产生阵阵舒适之感，人的精神状态也会随之改善。

背部：跪坐。腹部放一个枕头，上身前倾，伸展脊柱。双手握拳，在脊柱的两侧轻轻扣击，以放松腰背肌肉和韧带组织。

腹部：仰卧。屈膝，右腿搭放在左腿上。双腿倒向左侧，左手压在右大腿的外侧，上体尽量不动，头尽可能向右转。以充分伸展腹部及颈部。还原后再反方向做。

足部及腰部：

A. 仰卧。臀部下垫一个枕头，抬高腰部，双腿伸向头部使重心移至肩背部。双手紧抱两腿窝处，将膝盖压向面部，边做动作边大口呼气。保持伸展姿势是该动作的要点。

B. 仰卧。双腿抬起，有节奏地上下活动脚部。同时双手上举，前后活动手腕。这既可促进血液循环，又可使大腿和两手变得健美起来。

减轻压力操

首先将身体坐直，要坐在椅子的边沿处。

呼吸：用 4~5 秒钟的时间深呼吸并暂时将所有的焦虑和担心抛到脑后。

颈部和肩部：耸起肩膀，使之尽量接触到双耳，同时将双臂伸向前方，将肩膀和手臂肌肉紧绷 5 秒钟，然后放松。再一次耸起肩膀，这一次将双臂伸向两旁，保持这个姿势至少 5 秒钟，然后放松。轻轻地将头向右转动两次，然后再向左转动两次。

背部：将双臂伸过头顶，想像你正用手臂攀登一个梯子。慢慢地并有节奏地持续 10 秒钟，然后放松。面向前方，然后轻缓地向右转动身躯，转动角度越大越好，看是否可以抓到椅子后背。然后再向左转，重复这个动作。

腿部：抬起你的右腿，用脚画 5 个圆圈，左腿和左脚重复同一动作。然后再从头开始。抬起双腿，双脚伸向头部，保持这个姿势 5 秒种。然后将双脚分开伸展，也保持这个姿势 5 秒钟，然后放松。

解脱精神压力 5 节操

第 1 节　站立呼吸

身体直立，双腿并拢，稍微抬头，闭目宁神。右手臂屈肘，五指自然伸开，轻微抚胸。左手臂屈肘，五指自然伸开，轻微按腹，进行深呼吸 10～20 次，双手掌心随之起伏。然后，双手交换位置，左手抚胸，右手按腹，再进行深呼吸 10～20 次。如此重复做 2～4 遍。做时呼吸要均匀有节奏。

第 2 节　倾身呼吸

身体直立，双腿并拢，距墙半步。双手臂屈肘，五指自然伸张，双手稍向上扶墙，肩臂展平，身向前倾，闭目宁心，进行深呼吸 10～20 次。然后，站立，再做，重复做 2～4 遍。做时身体要倾斜挺直，收腹挺胸，呼吸均匀有节奏。

第 3 节　俯身按腰

身体直立，双腿并拢，双眼睁开，面带笑容。向前弯腰俯身，目视下方，双腿和后背保持挺直。双手臂屈肘向后，双手按腰向下至臀，配合呼吸，保持均匀，由腰至臀反复上下按压 10～20 次，也可以适当拍打，还可以轻捶。同样动作，重复做 2～4 遍。每遍间隔 2 分钟，身体直立，稍加放松，背腿挺直，按拍动作要轻柔。

第 4 节　转身展臂

身体端坐椅上，右腿叠压在左腿上，上身向右转，目视身后。右手臂屈肘，手扶椅背上，左手稍屈肘，五指并拢伸直。左手臂向左伸展，尽量伸至身后，上身保持不动，配合呼吸，保持均匀，左手臂伸展 10～20 次。然后，双腿及双手臂交换位置，上身向左转，目视身后，同样动作，右手臂伸展 10～20 次。如此重复做 2～4 遍。做时上身要保持平直不动，双腿叠压坐稳，不要落下，展背力求有力。

第 5 节　弯腰扶地

身体端坐椅上，睁开双眼，面呈笑容。向前弯腰，双腿屈膝平直，双手臂在双腿外侧，向下直伸，五指自然伸开，手指扶地。然后，身体坐正。抬起时吸气，弯腰时呼气，扶地时稍停5秒钟，抬起时停3秒钟。进行5～10次。同样动作，重复做2～4遍。做时呼吸与动作要协调一致，弯腰时尽量使胸腹贴紧大腿，弯腿屈膝成直角，双手臂伸直，手指一定要扶地。初练时有人不适应，日久会使动作达到要求，日臻规范，以达到练习目的。

居家减压操

弯腰抱膝法

1. 双手置于椅子边缘，身体向前弯曲，使头部靠近膝盖，并紧缩腹部，重心一直保持在臀部。

2. 身体慢慢抬起来，并放松腹部肌肉，弯腰抱膝动作重复做5次左右。

曲身拉筋法

1. 身体直立，与脚垂直，两脚与肩同宽，双手置于身体两侧。

2. 身体慢慢向前弯曲，让双手可以摸到脚，膝盖可以微弯，保持这个姿势约15秒，再回到前面的动作，并重复同样的动作2～3次。

仰卧起坐法

1. 躺下，双脚伸直，双手置于身体两侧。

2. 起身抱膝到胸前，将臀部微微抬起，保持这个姿势约20秒，再回到前面的动作，并重复同样的动作7～10次。

方案 3 **冥想及想像**

超越现实的冥想

冥想是通过人体在一种精神深邃的休息状态下，来消除或减少压力所造成的负面作用，进而减轻人体所承受的压力。冥想可以让人进入一种特别的休息状态，能对心智与行为产生正面作用，同时，使人减少氧气消耗，减缓心脏跳动。冥想是一种自我发展的方法，甚至会影响你的生活，减低压力只是它的功能之一。

冥想的规则虽然少，但它要求冥想的人将意识集中于某一文字或图像上，并且摒除所有杂念。其步骤如下：

1. 选择一个你不太可能被打搅的时间和地点，关掉电话机或将话筒摘下来。

2. 坐在椅子上，或双腿交叉盘坐于硬垫之上，双手轻握放在大腿上，整个过程中保持上身直立，别让头部及肩部倾斜或背部朝后倾，保持这种姿势，同时尽可能让肌肉放松。

3. 闭上双眼，把注意力集中于呼吸，别紧张，保持一切轻松自然。

4. 让自己对呼吸的感觉占据你的全部意识，别让注意力随呼吸而转向全身，选择一个焦点，例如，鼻孔或腹部，让你的注意力在你的关注点上静止下来。

5. 如果你在计数，在呼气时数1，吸气时数2。

6. 当各种想法出现时，既不要随它跑，也不要赶跑它，换言之，既不要被你的想法牵制，也不要强行自己不去思维。不论其内容如何，均不要判断其"好"与"坏"，将注意力集中于呼吸，不要集中于想法。

7. 冥想过程结束后，慢慢从座位上站起来，在你从事各项活动时，保持住冥想过程中体验到的平衡意识（不论多简单）。用意识呼吸的方法去努力体会周围的所见所闻，不要急于将它们概念化，不要急于对它们下结论，也不要急于脱离联想链。

在初始阶段，你每一次坐下冥想的时间长短是无关紧要的，别为自己确定不可能的目标，因为如果你无法坚持这些目标，就会变得心灰意冷。最好固定在每日的同一时间训练，这比冥想的时间长短更重要，对于初学者而言，5分钟足矣。随着时间的推移，冥想的时间会自动延长，最终可能一天做15～20分钟，甚至更多。

特别提示：冥想的注意事项

1. 最适合进行冥想的时间是在早上刚起床或晚饭前，不要在饭后进行，因为血液会聚积在胃内进行消化，这便会减少血液的流动，令你无法松弛下来。

2. 少吃刺激性食物，如咖啡、茶、可乐等，不吸烟。

3. 进行冥想时，最好找一张直背的椅子坐下来，以免躺下睡着了。

4. 假如你想进行 20 分钟的冥想，不要让闹钟去提醒你时间已到，只要轻轻睁开双眼，看看时间。若是时间到了，便可停止；如时间未到，便继续进行。当你熟练后，便能较准确地掌握时间。

5. 如果不能把一切事物搁置一旁，请把事情办理妥当后再进行冥想。呼吸不要太快，也不要总去看时间，要尽量慢下来，让自己放松，享受整个过程。

想　像

放松程序的重要组成部分之一就是使头脑平静，冥想已经为你这样做了，但你还可用下面的练习进行补充——想像力可以激发你的无限潜力。

1. 选一个你不太可能被打扰的安静的房间和时间。

2. 平躺在一个令你感到舒适的地方。

3. 闭上双眼，用意识掠过全身，放松每一个紧张的肌肉群。

4. 想像一个你非常熟悉的景物，或是你每天必经的街心花园，或是你打开窗子能看到的景物。选择令你高兴并引起你快乐联想的景物，倘若不能明确想像，别发愁，无论想到什么都行，想像力会随练习而提高。

5. 确立了你想像的事，仔细看着它，寻找它的细微之处。假如你想像的是花园，找出花丛、小树或小草坪的确切位置，看着它们的颜色和形状，尽量准确地获取它们的一切信息，倘若图像不太清晰或想像随即消失，不要着急。

6. 现在，放开想像（让它走开），代之以一个幻想中的景象。想像一个海滩，风平浪静，海水在阳光照耀下波光熠熠，沙滩平滑如镜；或想像一条河，河水穿行于茂密的森林，树影倒映水面，斑斑驳驳；或想像一个绝然不同的，但充溢着宁静、祥和，让你心旷神怡的景象。

7. 随着头脑中的景象越来越清晰，幻想自己越来越轻柔、越来越轻柔……直到飘飘然离开躺着的地方，飘进了想像中的宁静所在，让它环抱着你，你已置身其中，与它溶为一体。再感觉身体与它的联系，阳光暖洋洋地抚摩你的脸，清凉的水、温柔的风、软软的沙、绿绿的树叶拂着你的手。

8. 你已化为景象的一部分、宁静的一部分，没有地方要去、没有事要做、没有要求要满足、没有压力、没有最后期限，只有周围的宁静，以及内心的祥和。

9. 你无论在这种状态下逗留多久都可以，时间由你自订，然后慢慢让自己回到躺着的地面或床上，让眼前的景象缓缓消逝，不要过分唐突地回到现实之中，再躺一会儿，看看景象远去后留下的空白，晴空万里的蓝天、平静似水的白云……然后缓缓地做好思想准备，睁开眼睛，回到现实。

10. 练习完毕，不要急着跳起来立即投入现实状态中，把宁静带进你的行动和思想。缓缓地行动，让每一个动作流畅自如地与下一个动作相衔接，使之平稳而和谐，让身体作为一个整体而不是支离破碎的部件的组合体来行动。保持头脑镇静和开放，不受一时的思想冲动所支配。想着放松，把松弛感扩散到你必须做的每一件事中，倘若最初对你来说有点困难，别气馁、别焦虑、别责怪自己、别责怪这项练习，不要放弃，坚持练习，即使精神和肉体在恢复了日常生活后只持续几分钟的宁静状态也是一大进步，因为它表明你是能够进入宁静状态的，随着练习的不断深入，它们会变成你生活的一部分。

💬 心理故事

一位年轻人去看医生，抱怨生活无趣和永无休止的工作压力，心灵好像已经麻木了。诊断后，医生证明他身体毫无问题，却觉察到他内心深处的浮躁与不安。医生问年轻人："你最喜欢哪个地方？""不知道！""小时候你最喜欢做什么事？"医生接着问。"我喜欢海边。"年轻人回答。医生于是说："拿着这三个处方，到海边去，你必须按顺序在早上9点、中午12点和下午3点分别打开这三个处方，你必须同意遵照处方去做，除非时间到了，不得打开。"

这位年轻人身心俱疲地拿着处方来到了海边。

他抵达时刚好将近9点，独自一人，没有收音机、电话。他赶紧打开处方，上面写道："专心倾听。"他开始用耳朵去注意听，不久就听到了以往从未听到过的声音。他听到波浪声，听到不同海鸟的叫声，听到沙蟹的爬动，甚至听到海风低诉。一个崭新的、令人迷恋的世界向他展开双手，让他全然安静下来，他开始沉思、放松。中午时分他已陶醉其中，他很不情愿地打开第二个处方，上面写道："回想。"于是他回想起儿时在海滨嬉戏，与家人一起拾贝壳的情景……怀旧之情汩汩而来。近3点时，他正沉醉在尘封的往事中，温暖与喜悦的感受，使他不愿去打开最后一张处方。但他还是拆开了。"检视你的动机。"这是最困难的部分，亦是整个"治疗"的重心。他开始自省，浏览生活工作中的每件事、每个人，他很痛苦地发现，他很自私，他从未超越自我，从未确立更高尚的目标、更纯正的动机。他发现了造成厌倦、无聊、空虚、压力的原因。

➕ 故事解读

这是一种观想法。心里想着一些细节，如形体、声音、味道及感觉，用这些细节制造出一个真实的情节，如同真的发生在眼前一般。观想法也可以当做是一种"心灵假期"，也就是自由自在地做白日梦。只要用你的想像力就能产生松弛的感觉，让你的想像力自由地奔驰。试着想像可以让你自己感觉到很温暖、很平静，并且能够吸引你的画面，试着想像其中所有的细节。例如想像你躺在一个温暖的海滩上，阳光洒在背上的感觉；想像听到海浪拍打沙滩的声音，微风吹着肌肤的感觉，空气中自由平静的味道；再想像水面上的浪花，想像水面上点点的白帆……不管何时何地，只要你感到需要放松，并享受生活的时候，就像这样运用你的想像力，想像或回忆生活经历中最舒服放松的一个画面，就可以让自己的心灵放假。

第5节
轻松工作方案

工作压力着实是一个最复杂、最令人棘手的重要压力。因为它牵扯了许多不同类型的压力——环境的、生理的、人际的，再加上一般的决策压力、限期和限额压力。出人意料的是，那些细微的因素，往往导致了最大的危机。

工作、生活的压力日趋增大，使心理健康问题也显得越发突出。来自外界、自身的工作压力使得现代人不知不觉地处于紧张与焦虑中，"休闲"、"发呆"成了时尚，甚至是要花大价钱才能换来的享受。不难理解，日本上班族中"过劳死"正向全球蔓延的同时，美国人正轰轰烈烈地发起一场"上班时间小睡无罪"的运动。美国联邦政府曾做过统计，美国劳工中每年大约有10万人死与于工作有关的疾病，另有29万人则易患各种程度不等的与工作有关的疾病。除此之外，每年有1.4万人死于工作意外，280万人遭受不同程度、极易引起残障的伤害。除了身体疾病残害外，与工作有关的压力，也会直接或间接造成经济上的损失，可见与工作有关的压力确是现代社会的一大隐忧。

● 工作压力的来源

工作压力即当工作的要求与工作者本身的能力、资源或需求不能契合时，个人所对应产生的不良情绪及生理反应。我们可以将工作压力用来称呼那些来自工作环境会让人感受到威胁的状况，例如超负荷的工作量，或是与工作量不符的报酬等均属此列。

工作压力来自于工作者与工作环境的互动。因此，人的特质（如性格、解决问题的方式等）与工作环境都是影响工作压力的重要因素。美国的学者将工作压力的来源分为下列六大类：

第一类：与工作特性有关。如警察、电工、船员等，因工作性质关系，时常暴露在危险环境中，其工作压力当然高于其他人。

第二类：与工作角色有关。例如一个内向寡言的人，要他去担任发言人的工作，要他经常面对公众发言，那也是相当大的压力。

第三类：与人际关系有关。有人的地方难免会有些纷争，在工作中有时顾得了上司，顾不了同事；有时会两边同时不讨好，这便是来自人际关系的压力。

第四类：与职业发展有关。每个人在工作中都希望能够有升迁的机会，或是实现个人理想的机会，可并不是每个人都能成功。

第五类：与组织结构和个人发展的矛盾有关。组织结构指的是所在的公司、工厂或工作单位。例如，在中小企业中，虽然工作压力可能较小一点，但是发展的潜力却不会像在大企业中那么好。

第六类：与家庭、工作交互影响有关。当代的职业妇女，对这种压力一定是体会最深刻的了。

如果把工作压力的来源区分为外来压力及自发性压力，那么在工作中你会经常被如下现象所困扰：

工作中的外在压力

——主管给你的要求或限制；

——同事之间的竞争及业务的配合度；

——年度的升迁考绩及调薪；

——工作的调动：新职务的挑战；

——人事的调动：新单位的适应；

——公司绩效的表现：业绩的压力；

——新主管的适应。

工作中的自发性压力

——担心自己能力不够、不能胜任，优柔寡断；

——个性不够开朗，疑神疑鬼，人际关系欠佳；

——求好心切，完美主义作祟；

——自己承担完全责任，超负荷工作，大包大揽；

——好胜心强烈，急于自我表现，处处都要赢过同事；

——家庭因素及个人情绪亦会引起烦躁压力；

——身体欠佳，无法应付工作。

💬 心理故事

小义在一家知名外企工作，现在他怀疑自己得了健忘症：和客户约好了见面时间，可放下电话就搞不清是 10 点还是 10 点半；说好上班后马上给客户发传真，可一进办公室忙别的事就忘了，直到对方打电话来催……阿义感觉自从半年前进入公司后，像陀螺一样天旋地转的忙碌让他越来越难以招架，快撑不住了。他说："那种繁忙和压力是原先无法想像的，每个人都有各自的工作，没有谁可以帮你，我现在已经没什么下班、上班的界线，常常加班到夜里 10 点，把自己搞得很累，有时想休假，可假期结束还有那么多的活，而且因为休假，手头的工作会更多。"

和小义有着类似的体验，阿晨形容自己的工作强度"像山一样地压在心头"。他说："每天一口水都喝不上，早晨进办公室时倒的水到下班时还原封未动。前一阵子由于压力太大而神思恍惚，出了几次差错，被部门经理狠狠训斥了一番，越怕犯错就越犯错，结果我一见部门经理就哆嗦，对上班也有了一种恐惧心理。因此我曾经想跳槽，可后来知道经理也是陷入了一种难以自拔的压力之中，把训斥下属作为一种心理的发泄。我们谈了一次话后，大家沟通了不少，现在觉得好多了。"

➕ 故事解读

虽说没到日本人"过劳死"那样的程度，可外企人的工作压力也不轻。不久前的"外企人职业生活调查"结果表明，70% 以上的被调查者认为在外企工作固然能挣得相对优厚的薪酬，但内心也承受着不为他人所知的苦恼。调查显示：外企人高收入的同时要承受高度的工作压力。多数员工（77.3%）每周的工作时间超过 40 小时，有的（19.6%）甚至每周工作时间超过 48 小时。每天工作忙碌而紧张（86.6%）、下班后疲惫不堪（71.2%）是他们对自己一天工作的感受。

● 工作压力的具体原因详解

我们通常认为那些最危险或最有压力的工作，是那些与有毒化学药物为伍，消耗体力，或困难重重的高层管理决策工作。的确，这些工作无疑地有其压力和危机。但是，有许多细微的因素，可以将那些最微不足道的工作转变成激烈痛苦的体验，并带给成千上万的人巨大的压力。

不明确的角色规定

在工作中，我们常碰到这样的事情：得不到明确的工作指令。我们甚至不清楚应该干什么、负责到什么程度、下一个人该从哪里接手自己的工作。这种不确定性使得我们常常为一些本不属于我们负责、却出了差错的工作而受责备。一些同事似乎很在行地用这种方法把责难转嫁到我们身上，留给我们的只有强烈的苦闷和愤慨，有时还夹着负罪感，连我们自己都觉得那件特殊的工作确实应由我们来责任，至少应该事前预见，并在事情发生时采取措施避免。不明确的职业规定也使我们进退两难，假如无所事事，会被指责为碌碌无为；假如积极主动，又会被指责为越俎代庖、拆同事的台或是窃取成果。这样的例子俯拾皆是。不明确的角色规定还使我们无法对各项工作给予时间和顺序上的最佳排列——于是，压力便产生了。

角色矛盾

当职业的两个方面互不兼容时，由角色导致的压力也会产生。如对学校的教师而言，其角色之一是帮助那些处于麻烦中的孩子们，角色之二却是纪律的执行者和学校权威的维护者，这两个角色有一定的冲突性；就护士而言，对病人耐心细致的护理与遵守严格的日常规定和时间安排也有所冲突；就经理而言，对公司的忠诚与对下属或雇员的诚信也有相抵触之处。不论一个人做什么，他总会看到自己的不完善，使之产生内心矛盾，害怕被上司发现受训斥，以及最终不适当地对自我做出过低的评价。

不切实际的过高自我期望（完美主义）

倘若对自己期望过多或过高，人们就会对自己提出过分的要求，其结果永远会令人失望。不切实际的自我期望常常与上述的角色不明确与角色矛盾有关。因为不清楚别人对自己的期望是什么，或因职业的一方面与另一方面经常发生冲突，人们陷入"应该"做什么的感情困惑之中，诸如：

——"我应该研究这个领域，也应该涉足那个领域。"

——"我应该在自己职责这个方面和那个方面发挥有效作用。"

——"我应该公正对待王先生和杨女士。"

这种不现实的结果就是对自己的表现永远不满意，永远不会从已经完成的工作中获得轻松之感。由于认识不到工作的局限性，因而缺乏准确的标准来衡量自己的成功或努力，最终导致无法发挥应有的作用。

因为追求完美，对任何人也无法信任："其他人不如我干得好（或不如我的办法好）。""我要自己动手做一切，我不会接受别人可能与我一样好的建议。""我还是亲自来做吧！"

缺少对决策的影响力（缺乏权力）

一些没有决策权的人压力感较小，他们发现把事情留给他人去处理、不必为被迫做出选择而受折磨是个很大的安慰。优柔寡断、缺少高度安全感的人希望拥有意志坚强的上司，以此摆脱由他自己做出决策的处境。

然而就多数人而言，在生活中拥有一定的发言权会缓解潜在的压力程度，大多数人在工作中都希望自己有左右形势的权力，希望有人倾听自己的意见。缺乏权力的感觉不仅会损害他们对自身地位和个人价值的意识，而且会觉得自己被忽视、被别人打败，由此产生的挫败感会令人伤心失望。

与上司的频繁冲突

与上司的关系不和是压力的一个重要来源。可以说，上司能够直接对我们的生活施加影响，控制我们的职务和工作权限，给予或撤消对我们的提升机会，提高或降低我们在对手眼中的地位……毫无疑问，一个没有同情心的老板可以主宰我们职业生活的许多方面。

另一种产生于员工与上司关系中的压力是：员工得不到上司应有的赞誉，使之感到被轻视，挫伤了其对工作的热情以及积极进取的精神。如果上司不断找岔子批评人，或习惯性地插手下属的工作，更会极大地损伤员工的创造力，令其无法真正地释放自己的潜能。

孤立无助

由于得不到来自同事的评价反馈，一些人会陷于与同事间的孤立隔绝状态，导致其感情脆弱，缺乏自信。孤立感还会造成工作中额外的压力，如果没有人熟悉你工作的详细情况，如果你因生病或急事请假，就没有人能够接替你的工作，这的确是个沉重的负担。

工作过度和时间紧迫

没有一个人能在不断的压力之下发挥最佳作用。除了节假日和每天的固定休息时间能够轻松一下外，在完成某一项任务，尚未接手另一项任务的间隙，也需要一些短暂的时间喘口气，欣赏一下周围的景色，做个白日梦换换心情，重新调整自己的思维……倘若没有属于自己的、可以静下心思考工作内容及工作方式的时间，我们就会像陀罗般旋转，失去自我。

缺少变化

富于变化的工作像自由的空气一样令人头脑清新，并富于创造力。从事单调乏味工作的人会产生一种"饱和"心态，从而产生职业厌倦。假如每天要做的事情都是同一模式，一定会使人恐慌的。如果日复一日地在 9 点 30 分处理邮件，10 点到上司办公室开会，10 点 30 分开始打字……生活就会变得枯燥无味、令人压抑。年复一年地在同一时间做着同一件事，惟一的区别仅仅在于年龄增长了，不仅工作的热情会消失殆尽，内心的恐慌也会带来无形的压力。

缺少交流

无论一个人工作多么出色，缺少与同事的交流常常是压力的潜在来源。似乎没有人清楚什么话该对什么人讲，或什么事情该让谁知道；也似乎没有人能够肯定在采取行动之前，怎样能从同事处获得所需的资料，并且肯定对方会愿意与自己分享。交流渠道不畅所产生的后果常常使决策时缺乏准确依据，重要的信息没有传递到相应的地方，对事情的控制能力减小。

领导不力

领导者的方式因人而异，或独断专行。或民主开放，或自由放任。然而，不称职的或方式不当的领导都会降低上层机构的威信，造成权力的真空状态。一旦出现这种权力真空，不愉快的事就会填补进去，比如同事间的权力斗争，或内部派别等。如果权力真空持续下去，就不可能在关键时刻做出好的决策，不可能在同外界发生冲突时得到支持。

与同事的冲突

领导不善、性格不合、不明确的角色规定、工作过度等诸多因素，为整日相处的同事之间制造了大量的冲突机会，为了地位、为了保护势力范围或增加更多的特权机会而明争暗斗的事情几乎发生在每一个写字间里。于是，本来可以在工作中相互帮助的人却如仇人般相互折磨，置身于一个充满了指责与反指责、否定与反否定的工作氛围中，极少有人能承认自己的不足、善意地评价别人和自己。

不必要的争斗

很少有什么事比不断进行争斗更耗费精力和热情了。假如上级的计划周密、责任心强，要避免办公室里的争斗是易如反掌的。有时人们不仅要被迫面对与工作相关的合法竞争，也同时面临着许多无谓的纷争。

没有能力完成工作

这是由许多原因造成的。例如紧迫的工作日程安排、上级的综合组织能力差、缺乏交流等等。职业的满足感来自看得见的劳动成果，倘若不断地被迫在一项工作尚未完成之前转做另一项工作，将极大地降低这种满足感，从而导致失意和痛苦的情绪，最终干扰正常的工作与学习进程。如果无法自始至终完成一项工作，就无法评估自己在工作过程中采用的各种策略与方法的价值，也就无法改进今后的工作。

知识更新太快

以拥有知识为荣的知识分子其实害怕知识更新。因为对于他们中的大多数人来说，知识更新得太快是其产生工作压力的罪魁祸首。一项最新的调查显示，63.7%的高学历者认为自己的工作压力既不是竞争对手所致，也与"工作时间无规律，加班加点"无关，而是"专业知识更新快，知识结构不完整"造成的。这其中又有两成多的人认为"公司无法给予培训和学习的机会"，更加剧了自己在知识更新速度过快的大背景下的焦灼感。

◯ 心理故事

许多古代的大人物日常生活处于紧张状态，像弓上的弦，经常绷得满满的。秦始皇当政时，不论政事大小，全由皇帝一人裁决。各地区、各部门都要定期向他直接写工作报告，秦始皇每天看的奏章，至少有120秦斤，不看完就不休息。秦朝的奏章是用竹简写的，120秦斤约合现在30多公斤，大概可以容纳十几万字，不要说是古代，就是在有现代化设备的今天，这样的阅读量也是很大的，何况看了这些材料以后还要对每一件报告做出决断，提出处理意见。秦始皇在位12年，完成了建立中央集权制度、推行统一文字、划定共同地域、促进经济生活、修筑万里长城、修筑全国驰道、开凿水利工程、疏通南北航道、统一全国度量衡、统一币制器具、确立土地私有、安排边疆移民等多项事业。即使在机械化、电气化的现代社会，十几年内要完成这些工程也并非易事，而秦始皇是在生产力发展处于铁器时代初期时完成这些大业的，他日常生活的紧张程度及所承受的压力是显而易见的。除了完成全国性的建设工作以外，秦始皇还要探寻长生不老之术，处理自己的宫室、坟墓。这些事务的复杂性不亚于国家大事。他每天都是在紧张的气氛中打发日子的。

✚ 故事解读

秦始皇以后的汉高祖、汉武帝、汉光武帝、唐太宗、宋太祖、元太祖、明太祖、康熙帝等皇帝无一不生活在紧张繁忙的氛围中。中国如此，外国也一样。亚历山大、凯撒、查理大帝、威廉、彼得大帝、拿破仑、俾斯麦等人的日常生活都处于紧张状态中。

● 自测：评估你的工作压力程度

针对下列问题，请以5分量表来评估你的工作。其中1分代表困扰极少，5分代表困扰极多。如果问题不适于你的工作性质，请加0分。

1. 期限是我每日工作的一部分。（　　）

2. 我通常需利用工作后的时间去完成我白天没时间做的工作（如果是，请加5分）。（　　）

3. 我发觉和某些同事一起工作有困难。（　　）

4. 我一直允许自己接受新的工作责任而不让其他人一起分担。（　　）

5. 我的工作不太有变化和挑战性。（　　）

6. 我常常被工作压得喘不过气来。（　　）

7. 当我在压力下时，会很想发脾气。（　　）

8. 我因为常被打扰中断，无法完成分配的工作。（　　）

9. 我很在意自己是否同时达到完美的员工、完美的配偶和完美的家长的目标。（　　）

10. 我在家工作，我不能出去或在晚上离开工作（如果是，请加5分）。

（　　）

你的总分：（　　）分

测试结果分析

如果你的分数低于12分，那么你可能对自己的工作压力处理得很得体。

如果你的分数介于12～30分之间，你可能正经历着一些身体或心理的烦恼。

如果你的分数超过30分，工作压力的危险信号已亮起了红灯，减轻压力刻不容缓。

方案 1 理智地面对工作压力

去除非理性的想法

似是而非的想法（观念）、以偏概全的推论、信之不疑的结论，形成了所谓的非理性想法，也带来了不必要的情绪困扰与压力。因此，要敢于对自己提出质疑、挑战，洞察自己有哪些想法是非理性想法，并将其转换成理性想法，如此，你将会豁然开朗，压力不再是压力。

善于自我肯定

有时候你的压力是因为太委屈、太辛苦自己了，其实，你可以适当地表达自己。只要当拒绝别人时能体会对方的难处，并愿与他人共同找出解决问题的方法，同时在自己有困难时适时向别人求助，这都是表达自己的极好方式，这并不表示自己就是弱者。

思想中断法

给自己叫停，不再继续原来的思维，而是按照自己的思维方式去思考一些对现在有帮助、有建设性的思想，并进行自我勉励。譬如：

——忧心忡忡是没有用的，我现在可以做什么事？

——紧张是必然的，放轻松点。

——事实上，我已经很努力了，也做得不错了。

——我应该会更害怕些，而我只有这一点点害怕而已。

——事情并不像我想像的那么坏。

——事情总是向好的方向发展。

方案
2
从改变对压力的看法开始，最终改变对工作的看法

控制压力源

你是否能"消灭"引起你紧张的所有因素？也许你想，当然不可能，如果能的话我们就不会感到有压力了。但是退一步，眼界更开阔时我们会发现，有些原本我们认为必须马上完成的任务，事实上完全可以根据重要性分出轻重缓急来，重要的工作马上完成，次要的和不那么重要的可以先放一放，待时间充裕时再完成。每一个新的压力源都可能使我们感到的压力呈几何级数上升，幸运的是，压力感也能呈几何级数下降。

如果无法控制压力源，你能否改变对待压力源的态度？我们对事物的看法实际上决定了我们感到压力程度的大小。碰到一些问题时，只要不停地提醒自己，从长远的角度来看，类似事件将使你离目标更近一步，你就能控制住自己，感觉压力其实没有那么大。当然这种方法并不能完全消除压力，但至少能使压力变得更容易接受。

80 分标准

你的做事标准是否是要做就要完美无缺？事实上，并不总需要这样，并不是所有的工作都得尽善尽美。当你发现有数不清的事情需要你集中精力时，不妨排出先后顺序。不那么重要的工作只要达到 80 分就够了，把 100 分留给最大、最重要的项目。其他事完全可以放到一边不做。

勇于尝试以前惧怕的事情

有时压力的产生很大程度上来自于你对某些事情的逃避。战胜恐惧后迎来的总是安全有益的东西。哪怕走出小小的一步，也会增强你的信心。如果一味回避恐惧，它们也会一直对你穷追不舍。尝试早到办公室几分钟，尝试新的工作方法，尝试在公司交几个知心朋友，尝试与上司聊聊天，这些都能帮你减轻压力。

应对挫折，给自己一个新的机会

无论压力是来自外在还是自发性，都是极为正常的，在压力的捉弄下，许多人就此一蹶不振，向压力低头，甘愿承认失败。既然躲不开，何不积极勇敢地向压力挑战？从某种角度而言，压力大都是由自己造成的，如果你能平心静气地分析自己的压力源在何处，好好地针对压力拟出适当的对策，有时适度的压力反而是进步的原动力。不要胆怯，不要害怕，不要回避，也不要责备自己太多，给自己一个新的机会，化阻力为助力，把压力当成磨炼自己的机会。

通过时间管理达到缓解压力的效果

时间的紧迫，会使人在面对事件的处理时更觉压力。找出浪费时间的原因，有效地规划时间的运用，按事情的轻重缓急程度，列出紧急——重要、紧急——不重要、不紧急——重要、不紧急——不重要的处理顺序，避免过度承诺，工作涉及面不要太广泛，学习适时说"不"，让别人分担相应的工作，有效率地召开会议等，都是让自己变得从容不迫的技巧。

在工作场所创造私有空间

喧嚣和狭窄的工作空间令人们窒息。难怪有人说："当我们个人的私有空间被侵入时，可能引起不舒适、焦虑、烦躁……甚至生气和攻击的的反应。然而，更重要的是，隐私权是容许我们完成自我了解和自我认定所必需的。"有没有什么办法可以使我们获得所需要的独处呢？在工作中，足够的私人空间是很重要的，我们可以，也应该得到更多属于自己的空间。

如何获得最大的个人工作空间？

首先，衡量在你现在的环境中（不论在家或办公室），哪些人或事最打扰你。其次，凭借个人毅力采取些行动。当然，并不是交战，而是靠适当的诚实和机智。

例如：若想阻止办公室里多话的人将你作为他的谈话目标，就不要让你的办公桌周围有多余的椅子，如果他真的搬把椅子坐到了你身边，你就只能婉转地说："我今晚下班前必须把计划书做完。"

创造工作场所私人空间的应对之道

——你的办公室有门吗？如果有，不要害怕关上它。

——你的办公桌对面坐着其他人吗？如果是，不要害怕将身体转个方向。

——你是否想过在办公室摆上一些私人生活的纪念品？如你的全家福照片。

——你是否需要一早就赶到办公室而很晚才能走呢？如果是，那么你很明显有困扰了。

——你是否曾溜到卫生间呆一阵，以求片刻独处？这是更明显的被打扰的迹象。

——你是否觉得自己不得不把时间留给你的同事？如果是，你最好不要那么轻易地随叫随到。

——你向你的同事表示过不希望被打搅吗？这么做只会有几分钟时间让你或同事感到不舒服而已。

——你是否认为有人停下来，搭着你的肩说一堆无关紧要的事情令你烦躁？如果是，做几个小动作示意他。

——你在别人经过时会自然而然地抬起头来看吗？最好将注意力集中在工作上，眼睛的接触通常是谈话的开始。

——你办公室中的喧闹程度使你分心吗？耳塞、棉花或附耳机的收音机可帮助你转移注意力。

——你在撰写稿件、阅读资料或打电话时曾被打断吗？握好你的笔、书或电话听筒作为对干扰你的人的一个提醒，向他示意你正在工作中。

在家里如何创造属于自己的空间？

——你有属于自己单独的房间吗？若没有，至少要有一段独处的时间。

——什么时间只有你一个人在家？不要浪费它。

——你总是把有限的业余时间都留给你的家人吗？若是，不妨订个有点苛刻的政策：在特定的时间里，请勿打扰。你将会发现，再与家人在一起的时刻，会变得格外温馨。

——你觉得在家里拥有隐私会有罪恶感吗？不要这么想。如一位专家所说的：在家庭生活中要经常为维护与家人的关系而努力。你需要隐私，这是你自己的事，不代表你对家庭的感情。

特别提示：工作压力大会破坏婚姻

每天，工作压力都动摇着人们的婚姻生活。各种研究表明，25～40%的人认为工作压力太大，其中56%的人的配偶因此也跟着倒霉。压力是一种极具传染力的东西，除非采取措施，否则它可能会破坏婚姻生活。配偶的某些工作状况的变化，如在工作中的职责变化：升迁、降级及由此产生的责任增减，一般会在心理上给另一方造成深刻影响，加重另一方的压力。而且大多数时候，另一方的处境更不容易，因为他（她）只能在一旁干着急。

为了解决压力带来的问题，夫妻双方应经常彼此交流，虽然这对解除当时的压力"无济于事"，但确实有益。另一方自己也应该采取各种措施缓解压力，比如经常外出放松自己。另外，如果家里有孩子，更应该共同关心孩子，以创造双方共同的焦点。此外，夫妻之间还应该找时间谈谈压力对各自的影响，多花点时间共处。许多夫妻错误地责怪对方没有帮助其减轻工作上的压力，而其实他们需要的可能只是一点介于工作和家庭之间的"放松时间"。如果你无法改变配偶的心理状况，还有其他一些办法。比如，试着在情绪上与配偶独立开来，或者有意识地改变与配偶的交谈方式，对配偶饱受压力之苦的情绪多一点同情和理解，少一点恼怒和埋怨。

方案 6 改善办公室人际关系

你与你的上司、同事或手下员工的关系，是评估你工作的重要因素。如果与其中之一有了摩擦，那么你可能会感到很大的压力。有时候，工作中糟糕的人际关系是无法修复的，在这种情形下最好干脆结束这种关系。但在采取这种做法之前，不妨先尝试一下改变。

与同事的相处之道

暂停和倾听：当我们听对方说话时，常由于我们自己的反复辩解，而忽略对方所表达的内容。由此导致的误解可能使你情绪激动或生气。

要求反馈：反馈与评估是不同的，评估是批判性的，而反馈仅意味着要求对方表达对你所做之事的感受。

主动沟通：不和及误会之所以持续着，大多是由于双方都好面子而谁也不愿跨出第一步。管理者会尊重开放、有效的沟通者。

在适当的时间和地点进行沟通：在约定的时间，找个适宜的地方谈。如果你使对方窘迫，那就别谈了。

学习磋商：你必须明确自己的工作角色，被上司和同事所认可，你的表现也不要令人失望。如果你被某件事所困扰，但不知采用何种方式与同事磋商，可事先将问题写在纸上，这将有助于你们之间的交谈。交谈是找出人际关系症结的一个妙方，那个小纸片给了你一个预演的机会。开始谈话最好的方法是，不要马上切入正题，先谈些随意的话题，不必刻意地试图引导这段交谈，也不要刻意去想该怎么措辞。

特别提示：用电脑后眼睛酸痛表明工作压力

经过研究发现，那些整日都离不开电脑、下班后往往抱怨眼睛很累的办公室工作人员都在承受较大的工作压力，他们所说的眼睛劳累实际就是因工作压力大而感到身心疲乏的反映。

科学家们对200多位银行职员进行了调查，主要询问了他们在工作中使用电脑以及工作紧张程度的情况。结果发现，在那些因为看了一天电脑屏幕而在下班后不停地抱怨眼睛酸痛的工作人员当中，近三分之一的人表示他们每天面临的工作压力较大。与之形成鲜明对比的是，那些在工作中没有感受到什么压力的职员，却没有一人抱怨眼睛因为使用电脑而感到疼痛。

方案 7 消除周日夜晚沮丧

周日晚的情绪沮丧，会造成周一早上的情绪困扰——我们每个人都常常有这种经验，即使我们很热爱自己的工作。如果周末假期结束的沮丧，成为你一贯性的折磨及苦恼，你就应该重新评估自己的工作和休闲习惯了。你可能过度走向二者的极端了——很多人把他们的生活内容分割了，周一至周五拼命地工作，到了周末便为了逃避一周来的压力而拼命地娱乐。于是，到了周日的夜晚，他们会显得精疲力竭，似乎无法面对第二天将要开始的工作。

如何消除周日夜晚沮丧？

首先，找出问题的症结。

——周末你都干些什么了？

——是什么使你不想回到周一的早上？

——你的能力和你的工作要求之间有无不适？

——你的工作中是否有过多的刺激？

——你能否控制工作的时间和进度？

——你的目标符合实际吗？

一旦找到这些问题的答案，你就可以着手进行解决，使你在周一至周五有缓口气的时间。较好的做法是：安排合理的优先顺序；学习对过多的要求说"不"；如果你无法改变现状，最好考虑一下寻找一个更好的工作。

其次，看看你对休闲的态度。

专家指出，不要把工作日和休闲日划分得十分明确。如果你周一和周二就感到压力重重，那么，就在晚上出去轻松一下，喝茶、打球、看电影……何必等到周六呢？

周一至周五，可以适当地运动、做自己喜爱的事情、拜访友人，或花一两小时玩玩扑克或聊聊天。如果你把小小的娱乐融入一周的生活，就减少了累积到周末去狂欢的可能。当周末来临时，你只需多做几项安排——工作后的休闲，和周末的娱乐一样重要。当你发现自己逐渐对工作着魔，而拒绝在周一至周五花时间休闲时，就该努力培养点儿生活的幽默感了。

方案 8　平衡工作与健康的矛盾

跑 100 米和跑 1500 米是不一样的，100 米应该是冲刺跑，1500 米则通常在最后 200 米进行冲刺。工作与生活也是如此，即使工作任务很重、很多和很紧迫，但明天还会有更繁重的工作在等着你，只有健康的体魄才能使你承担更多的工作和责任，取得更大的成绩。因此，学会处理好工作与健康之间的关系尤为重要。

如何在繁忙的工作中保持健康？

明确职责，分解兼职：一个人兼职过多，往往会力不从心，但生活中往往又是"能者多劳"，既要马儿跑得好，又要马儿不吃草，世上哪有这样的好事？因此，少兼职、做好某一项具体的工作乃是根本。另外，少兼职实际上是职能分担、压力分解的一种方式，并非是权力的削弱。

澄清问题，循序渐进：工作上有时千头万绪、方方面面，因此要学会澄清问题，抓住重点，一步一步地加以解决。

劳逸结合，有张有弛：人的精力和能力是有限的，注意力和记忆力是呈曲线衰减的，如同学生上课需要有课间休息，工作中也要注意每 1～2 小时休息 10～20 分钟，一周的紧张工作后，要在周末进行有效的放松与休息。

兴趣爱好的培养与享受：生活中除了工作之外，还有许多丰富多彩的娱乐活动，并非是单调、刻板的，而是充满了幸福的体验。而兴趣爱好的培养，看起来似乎是浪费时间，实际上有益于人们调节自身的身心平衡，并有助于提高工作效率、改善社会适应性与人际交往。

特别提示：战胜工作压力的 10 个忠告

1. 为每一次面谈多留出 15 分钟。

2. 当你等待时，手边总有一份杂志或平装本的小说可读。

3. 不要背对背地安排约会，要根据实际并考虑到过渡时间。

4. 对你做的每一件事，不要让自己过于依赖赞许。奖赏是礼物，却不是生活的主流。不过分看重别人的赞扬，会使你正视挫折和压力。

5. 对工作中出现的批评或否定评价不要过于难过。要从中汲取教训，弄清楚别人为什么做出这样的评价，不要制造压力。

6. 放弃保持绝对控制的观念。不要总是忙于应付每一个最后期限和填满每一个定额。

7. 对明显不必要的额外工作，要学会说"不"的方法。

8. 学会授权给其他有能力的人分担责任。

9. 允许犯错和判断失误。错误有时能转化为有创见的解决方案。放弃非黑即白，非对即错，非好即坏的思考方式。你的错误可能会帮你发现一种新方法。

10. 当问题出现时，与其追究个人责任，不如注重分析集体配合协作的效率。处罚会产生压力，而集体配合协作的方式，可以把精力集中在汲取教训和今后怎样防止再发生类似问题上。

方案 9 写给男性职业者

男性更容易因工作压力而引起身心失调。据有关资料统计，人类死亡率较高的疾病如心脏病、高血压、糖尿病、肝病及其他免疫功能下降的疾病都与人过于承受压力有关。对于男性而言，工作压力的影响尤其重要。

工作压力成为男性健康杀手

1. **过高的社会期望值。**社会对男性的期望值是事业有成，衡量男性成功的标准是事业成就的多少。如果女性事业不成功，但她把孩子教育得好，做了丈夫的贤内助,即使她没做出任何成就,也是成功的。而男性就没有退路,从某种程度而言,他们只有在事业上获得成功才能得到社会的承认。因而,男性就特别关注自己的工作,如果工作不顺利,出现暂时的挫折,他们心理上的压力就特别大。

2. **过度的承受力**。在公认的标准中,男性是强者,就应该承受一切,女性是弱者,应该被保护。就像俗语中所说"男儿有泪不轻弹",男性心中有苦恼几乎不会对男性朋友说,也不愿对父母妻子说,大多是压抑在心,女性就可以对女伴、丈夫和父母倾诉,更可以随时大哭一场。男性精神压抑的结果,必然也会影响他们的身心健康。

3. **不利于健康的宣泄渠道**。男性有了心理压力后,不会像女性那样宣泄,而是经常通过一些不健康的方式来求得解脱,如吸烟、喝酒、开快车、疯狂玩电子游戏、看恐怖片、去夜总会等,而这样做不但没有解除压力,反而影响了身体健康。

4. **身体的耐受力比女性差**。从身体素质方面来说,男性在许多方面要比女性差,平均寿命比女性短,心血管、脑血管疾病的发病率要比女性高 10倍,身体的耐受力差于女性。

白领男性的高压漩涡

白领男性的高压力不仅与现代社会的快节奏有关,更与现代生活方式对人们的心理健康形成的强大冲击不无关联,因此,下面几种男性应适当减压。

1. 工作狂

许多事业心强的白领人士常突破生理、心理承受度的极限拼命工作,努力追求高效率、高效益。长时间超极限地付出,给他们带来了巨大的心理压力。有一位年届不惑的中年人,原来在一个相对比较安定的岗位工作。后来,他跳槽到某公司担任部门主管,成了白领人士。他深感压力之大和竞争之激烈,只要稍有不慎,就有遭遇淘汰的危险,因此不得不加班加点、夜以继日地工作。由于社会地位的改变,他对自己的期望值也高起来了。可是事与愿违,他经常失眠、做噩梦、记忆力开始下降,心情变得烦躁不安,动辄发火,有时甚至什么事也不想做，似乎已经心力交瘁。这种状况不但使原先的学习、工作效率大幅度下降，而且带来更大的心理压力，导致恶性循环。一般人正常工作时间为 8～10 小时，这是人体健康的极限负荷量。如果长期工作 12 小时以上，就会对人体健康带来危害。

2. 难耐高压者

自领男性都有为出人头地而奋斗的心理，绝对相信自己的能力能超过他人，希望把企业经营得很出色。然而，在每个人的一生中，总是会遭受许许多多的不如意，并不是每个人都具备足够的解决能力，如果事与愿违，就会产失落感，即人们常说的"灰色心理"。此时，他们往往以极端的行为（孤注一掷的拼斗或自杀）来证明自己所谓的刚强。事业的压力对白领男人危害最大，另外，经营上的冲突、同事之间的矛盾都可以产生压力。当不堪忍受这种超负荷的精神压力时，就会失去自控力。

3. 家庭陷入危机者

由于社会以及家庭成员之间的价值取舍、感情疏离都可能引发家庭危机，即使在没有冲突的情况下，压力也会通过家庭降临到你的头上。家庭危机使许多白领男性终日郁郁寡欢、闷闷不乐，有时又心情焦躁、心烦意乱。

4. 贪欲过高者

人们对事业、名利、地位、信念、财富的追求有各自的标准，如果对金钱、财富之类心存过高欲望，那就是贪心，产生一种与正常生理机能不协调的节拍，就会伤脑、伤心、伤体。

5. 疾病打击

疾病最容易使人思想消沉，有的人还会失去生活的信心。疾病的压力来自于失去健康身体的忧患，失去康复信心。

💬 心理故事

朱先生最近经常感到没劲儿，身体又没什么毛病，可就是打不起精神，工作也不像以前那么有干劲了，什么都吸引不了他，注意力也集中不起来，上班很累，下班更累，想出去玩儿又没时间，吃饭怕发胖，去商场一见人多心里就烦，总之一句话：没意思！他周围的许多人都有这样的感受。他已经30多岁了，小孩刚几岁，没有年轻人那些蹦迪、唱歌、看电影等追求时尚的兴趣和精力，生活中缺乏朝气和锐气，他这是怎么回事呢？

➕ 故事解读

这种状况在白领阶层的男性中比较多见，虽然工作不像体力劳动者那么辛苦，但心理上总觉得更疲劳。有的人会觉得腰酸背痛，无精打采；有的人神经衰弱，食欲不振；还有的人觉得干什么都没意思，浑身没劲儿，回家就想睡觉等。所以，经常有人要调换工作单位，来调整自己的心态。这是日益加快的生活节奏和充满竞争的工作压力造成的。

对男性职业者的 9 个叮咛

放慢一下工作速度。 如果你被紧张的工作压得喘不过气来，最好立即把工作放一下，放慢节奏，轻松休息一会，你可能会做得更好。

合理地安排作息时间。 严格执行自己制定的作息制度，使生活、学习、工作都能有规律地进行。

注意培养良好的心态。 加强心理修养，养成自己做心理分析的习惯。可以考虑与心理医生交朋友，以经常得到他们的帮助。

保证充足的睡眠。 不要违背自然规律，否则必遭自然法则的报复。

正确地评价自己。 永远保持一颗平常心，不要与自己过不去，把目标定得高不可攀。凡事需量力而行，随时调整目标未必是弱者的行为。

处理好事业与家庭的关系。 家庭的和睦与事业的成功绝非水火不容，它们的关系是互动的，"家和万事兴"，无力"齐家"，恐怕也无力"平天下"。

面对压力要有心理准备。 要充分认识到现代社会的高效率必然带来高竞争性和高挑战性，对于由此产生的某些负面影响要有足够的心理准备，免得临时惊慌失措，加重压力。同时心态要保持正常、乐观豁达，不为逆境心事重重。

要培养宽广豁达的胸怀。 与人为善，大事清楚小事糊涂。郑板桥一句"难得糊涂"传诵至今，就是因为其中道出了人生至理。

丰富个人业余生活，发展个人爱好。生活情趣往往让人心情舒畅，绘画、书法、下棋、运动、娱乐等能给人增添许多生活乐趣，试着调整生活节奏，从单调紧张的氛围中摆脱出来，走向欢快和轻松。

方案
10　写给女性职业者

职业女性的压力源

职业女性遇到的心理困扰可分为三大类：工作压力、婚姻和家庭的困惑、人际关系。

1. **工作压力。**工作压力大主要是因为工作繁重而不能从中得到乐趣。有些职业女性感觉工作压力大，特别没有意思，但又不知自己适合干什么工作，常常有种寻求解脱的欲望，却又不知逃向哪里，于是心理上产生障碍。

2. **婚姻和家庭的困惑。**已婚的职业女性容易因为家庭、婚姻与工作的矛盾而产生心理障碍。社会竞争的日趋激烈，加剧了女性双重角色的冲突与心理压力。她们既要扮演好妻子、好母亲、好儿媳的家庭角色，又必须承担起社会工作的角色。两种角色的冲突常常给女性带来双重的心理压力。有的女性因为对工作投入"过多"，未能把孩子培育好而深感内疚和不安；或是担心对事业的孜孜以求会给婚姻家庭生活投下阴影而退回家庭。这种年复一年的两难心态反过来又会强化她们的角色冲突，加大女性的焦虑和抑郁程度。有一位女性担任部门的负责人，由于在工作中倾注了大量的心血，晚上回家后疲惫不堪，懒得再讲话，她的丈夫很体谅她。可是时间长了，她的丈夫也需要有个情感宣泄的对象，先是与朋友去酒吧等地方聊天，后来有了婚外恋的迹象。当这位女性意识到婚姻危机的时候，她很恐慌，突然来了个 180 度大转弯：她把工作撇在一边，到处跟踪丈夫，以得到他婚外恋的证据。结果，费尽心机，却得不偿失。这是一个比较极端的例子。

3. **人际关系。**在人际交往中，职业女性容易被别人的评价所左右。职业女性有一个通病：她们都比较要强，当她们的工作不被上级或者外界认可的时候，很容易产生自卑的心理。在受到指责的时候，她们会觉得受到了嘲弄，自尊心受到伤害，这与她们不能客观地看待自己有关。

4. **职业女性易发疾病**。长期的心理障碍会破坏系统生理平衡，进而诱发各种疾病，如高血压、癌症。45岁以上的职业女性内分泌发生变化，各种代谢性疾病，如甲亢和糖尿病等都有可能侵袭她们。二三十岁的职业女性由于代谢能力强，生理上的变化较小，但是上面所说的这些疾病会潜伏在体内，导致疾病早来。

依靠自己的力量

1. **学习一些心理保健知识**。在情绪易波动的特殊生理时期学会控制自己的情绪，减少人际关系紧张和家庭冲突，顺利度过特殊生理时期。

2. **善于运用心理防卫机制**。在矛盾、挫折、失意和双重角色的压力面前，女性应采取积极的心理防卫机制，学会优化"心理环境"，维护心理平衡，求得心理解脱。在遭受打击和挫折时要敢于正视、不逃避，变挫折为动力；在挫折面前要学会创造情境、释放精神和合理宣泄；遇到不愉快的人和事，要学会情志转移，把注意力转移到自己喜欢做的事情上，有条件的则可求助于心理医生。

3. **处理好人际关系**。在处理人际关系上，要善于了解他人，遇到矛盾和纠葛时，应尽量减轻对别人的刺激，灵活地调整关系。宽容是一种美德，也是一剂良药，它能使对方自责，并认识自己的错误。即使真是对方的过错，也不必过于追究。遇事应有限度地让步，它可以使自己的心灵获得解脱，减少心理失控。

4. **用自信心去除自卑、怯弱和依赖心理**。自卑、怯弱和依赖是女性普遍的心理特征，是女性走向成功的大忌。对此，女性应学会"悦纳自己"，肯定自己的进步，不妄自菲薄，树立"别人能做到的我也能做到"的勇气和信心。自信心是人生重要的精神支柱，是人们行为的内在动力，只有自信，才能使女性自强不息，走向成功。

5. **量力而行**。以自己的精力、能力为限，把所有事情做出全面安排，分清轻重缓急，可以暂缓的事就放到以后去完成，同时，正确客观地评估自己，提出适宜的期望值。

6. **寻求支持**。学会科学、合理地安排时间，忙而不乱。在单位要相信同事，在家要相信丈夫，不必事事非得自己动手不可，而是发动他共同把事情做好。

7. **忙中偷闲**。在工作中，如感到压力太大，可自行调节，如去卫生间用冷水洗额头、午饭之后对镜补妆、闭目养神、做深呼吸等。如果脑力劳动过重，可以去爬几次楼梯。与此同时，要保持有规律的生活，有张有弛，劳逸结合，尽量避免一次做过多事情。尽量挤时间与家人同享天伦之乐，或游园，或走亲访友，彻底放松自己。

8. **合理调节**。不要因为忙碌而放弃正常的饮食，甚至以方便面充饥。因为营养不良会影响充沛的精力，不仅不利于工作，还会影响身体健康。日常饮食要做到合理搭配、定时定量，勿过冷过热、忽饥忽饱。

第6节
轻松生活方案

方案
1

生活的习惯与情致

减少不必要的压力

要减少不必要的压力，首先要辨出压力的来源是经常性的，还是突发的，以及这些压力对身体的影响，然后找出适当的减压方法。可以做一个记录，记下我们每天所面对的压力、处理方法以及效果。三个星期后，统计及分析这些记录，找出压力的来源以及你的不当方式，然后，制订一个合乎你的生活模式和能力的减压计划，循序渐进地进行。当我们能够依照计划去做，便给自己一些奖励。也可将内容写在日历或日记上，给自己一些提示，让自己可以系统地处理压力。如有必要的话，可进行专业咨询，如寻求心理医生的帮助。

给自己留下充足的时间

要知道，有时做一件事要比你所预期的时间要长。比如，你要烧一壶水，坐在那儿看着那个壶，等着水开，是不是有一种水永远也不会沸腾的感觉？因此不要把时间定死，给自己留下充分的时间来完成一件事，你的压力就会消减。一般而言，如果遇到需要时间来限制的难题，给自己的时间应比你认为所需的时间至少多20%。

不妨将手表调快10分钟。都市快节奏的生活，让人们有个不自觉的反射动作，那就是看手表。这个小动作，通常不是为了看时间，而是一种紧张与焦虑的表现。时间压力，是都市生活的一个噩梦，为了舒缓这种现象，可以把手表调快 10 分钟。准时是一种美德，提前则是一种兵来将挡、水来土掩的减压策略。

让生活充满秩序

有秩序的生活会使你每天头脑清醒，心情舒畅，因而创造有条不紊的、有节奏的生活和工作氛围尤为重要。无论遇到什么事情，最好先给自己列出清单：

——对哪些事情不满意？

——为什么这么做效果不好？

——对这件事情自己都能做到什么程度？

——有什么外界的干扰因素？

——有什么办法来改变自己的不良处境？

遇到困难千万不可怨天尤人，如果问题一时难以解决，就心平气和地接受它，给自己一个适当的期望值。

每天下班前整理好办公桌，定期清理电脑中的文件和电子邮件都是必要的。如果总是看见桌上堆满了报告、备忘录和待回的信件，就已足以让你产生混乱、紧张和忧虑的情绪。另外，千万不要小看家庭生活，一个从容的早晨、一顿丰富的早餐也许就决定了你一天的心情和工作效率。没有人会觉得蓬头垢面、饥肠辘辘地赶去上班会让一天都有好心情。

合理安排休闲生活

在这个讲求工作效率的社会中，很多人都把工作视为生活的重心之一，常常忽略了个人的休闲活动。如果要保持身心健康，适当的娱乐是不可缺少的。工作只是工作，不要让它成为你的全部，寻找一切时机去忙里偷闲吧。8 小时工作之余，为自己设计一些快乐的机会，给忙碌的工作放个小假。

我们似乎很习惯将自己的生活填得满满的，告诉自己每一分每一秒都要用在有意义的事情上；难得有闲暇时，也习惯将它排满紧凑的学习计划、旅游行程，否则便觉得自己在浪费光阴。其实，生活也需要均衡一下。适度地放松自己，抛开所有严谨的计划与目标，找个让自己放松身心的地方，山上、海边、草原……去接受大自然的洗礼、抚慰；或者，你也可以去做些自己喜欢的事，拜访好友、煮顿好菜、修理家中的用品……休闲时就抛开一切，不要在意别人的目光，让自己在休闲中发现乐趣，这是为自己积蓄能量的最佳方法。

选择适合自己的兴趣和爱好

要选择你认为能够放松自己的松弛活动，如果有朋友去钓鱼，但你一直对这类活动根本毫无兴趣，那你就不要跟他们一起去了。因为这对于你来说很无聊，强迫自己参加而引起的厌倦感，通常只会增加压力而不会逐步缩减压力。

一个积极的、适合你的业余爱好可以帮你缓解心理压力，这是处于过度压力下的人们所必需的缓解剂。慢跑、有氧运动、骑自行车、欣赏音乐、玩乐器或阅读等，只要能为你所用，只要是你喜欢做而且能做好的，都会为你的生活增添情趣。

平衡自己的生活

从工作中挤出时间参加业余活动，尤其要注重那些平常工作中不会接触的活动。比如你是从事脑力工作的，就做一些园艺、制作或者烹饪等来放松自己。

不要将工作情绪带到家里

一旦下班回到家，要避免与家人产生矛盾，温暖的家才是一个避难的港湾。与家人讨论工作压力时要适度，不要喋喋不休地向家人倾诉自己在工作上的烦恼，以免使家人感染自己的坏心情，破坏彼此关系。

给自己放一个假

压力大到一踏进公司、一回到家中就感到心烦气躁，或是让自己局限于一个跳不出的人际关系网中，在这种情况下，不要一天到晚呆在家里，应该到户外走走，走向大自然的怀抱，去爬山、散步，呼吸新鲜空气，活动活动，吐故纳新，说不定一个新灵感、一个新喜悦会不知不觉地出现。远离眼前的噪音与刺激，给自己放一个假，在大自然中让自己的心情获得短暂的沉淀，也是消除压力的好方法。

偶尔"放纵"一次

安排一天或半天去做那些你确实想做的事（当然，不能去干违法或伤害人的事），看一下午的电影、坐在公园的长凳上看鸟或喂鸽、在豪华饭店请自己美餐一顿……无需去取悦他人，只需取悦自己，至少是在眼前。

不要超消费

打算扔掉那个破旧自行车买辆汽车的时候，想清楚你是否真的毫无后顾之忧地就能付清所有的账。不要追求自己负担不起的生活方式（超消费），这也会导致一定的健康问题。

逃离自我治疗陷阱

例如，多吸烟、用酒精麻痹痛苦、服药，或过量饮用咖啡，这样做只会更坏，毫无益处。

开怀大笑

美国斯坦福医学院的一位专家指出，当你大笑时，你的心肺、脊背和身躯都得到了快速锻炼，四肢肌肉也都受到了积极的刺激。大笑之后，你的血压、心率和肌肉张力都会降低，从而使你放松。曾有个新闻，新加坡某个公司为了激励员工上班的士气与消除员工的工作压力，安排了一个教导员工如何开怀大笑的课程，利用大笑来让员工的心情变好。平时看看喜剧影片或是看看笑话也是一个松弛神经的好方法。

想哭就哭

医学心理专家认为，哭能缓解压力。心理学家曾给一些成年人测量血压，然后按血压正常和血压偏高编成两组，分别询问他们是否哭泣过，结果87%

的血压正常的人都说他们偶尔有过哭泣，而那些高血压患者却大多数回答说从不流泪。由此看来，让情感抒发出来要比深深埋在心里有益得多。其他较情绪化的发泄，如找一个旷野尽情地呐喊或放声大哭，都可宣泄内心的压力。如果压力是来自上司而又无法当面发泄时，可尝试找个沙袋或布袋等痛打一会，以适当地缓解内心的压力。

确保每天都有放松时间

我们都需要充电，如许多人以听音乐、阅读、洗澡、看喜剧片来放松。如果压力很大以至于不能自我放松，那就坐在电视机前，通过遥控器找到一个足以使你感到强烈刺激的节目，从而解脱自己。在书的世界里遨游时，一切忧愁悲伤便可付诸脑后，烟消云散。读书可以使一个人在潜移默化中逐渐变得心胸开阔，气量豁达，不惧压力。

焦虑时间

如果你由于强迫性焦虑而紧张，不妨把其他事放在一边半小时，每周在同一时间集中思考、解决。如果你在其他时间有焦虑的倾向，请你把焦虑放到你指定的"焦虑时间"去，然后让注意力回到你正在做的事情上去。

泡个热水澡

泡个热水澡可促进血液循环、松弛肌肉和减轻压力，而且容易入睡。水温要比体温高一点，泡上 15 分钟，可以得到最大限度的松弛，无论从生理或心理上来说，都是一种享受。有一种三温暖沐浴法，即每天回到家中来个冷热水交替的冲浴，不但可以释放一天的压力，还可以使头脑清醒。

使用芳香疗法

研究表明轻微的水果芳香可以使人的大脑得到松弛，到商店买一些提炼的有香味的油脂和熏香放在屋子里面。每天早上喝一杯水果汁也是不错的办法，会使你一整天都精力充沛。

穿上称心的旧衣服

穿上一条平时心爱的旧裤子，再套一件宽松衫，你的心理压力不知不觉就会减轻。因为穿了很久的衣服会使人回忆起某一特定时期的感受，并深深地沉浸在对过去如梦般生活的眷恋中，人的情绪也会为之高涨起来。与此同时，当人们穿上自己认为非常"顺眼"的衣服，自我感觉良好时，就会重新鼓起面对现实的信心和勇气。

养宠物益身心

一项心理学试验显示，当精神紧张的人观赏自养的金鱼或热带鱼在鱼缸中姿势优雅地翩翩起舞时，往往会无意识地进入"荣辱皆忘"的境界，心中的压力也大为减轻。东京一家电脑公司的老板为消除雇员的紧张，每个月花2500美元请人定时牵来憨态可掬的牧羊犬，让公司雇员放下手中的工作来逗弄牧羊犬，从而缓解工作紧张而带来的精神压力。

减少环境噪音与压力

最令人烦扰的噪音是音质、强度或频率经常改变的声音，但当我们习惯了一个固定的噪音时，便会忘记噪音的存在，例如：住在飞机场附近的人很快便会习惯飞机升降的声音，好像听不见一样。不过，这并不代表噪音对我们是没有影响的。声音达到85分贝，压力反应便已产生，例如：血压上升，心跳加速，肌肉紧缩，感到不安和焦虑。而当长期处于90分贝的噪音下，我们的听觉便会受到伤害。所以要减少环境噪音，例如：长期在噪杂的地方工作，可以戴上耳塞或用棉花掩着耳朵；多听一些令人舒服和松弛的声音，例如浪涛声、鸟叫声等。这一切都可降低噪音和促进健康。

方案 2　寻找亲人和朋友的支持

人际关系的好坏也会影响着一个人承受压力能力的大小，良好和谐的人际关系有助于对抗压力，没有什么比与他人交往更能有效地治疗和预防压力。

很多人以为身兼数职的人会因为分身乏术而产生压力，其实刚好相反，根据研究显示，身份越多的人越快乐，这就是因为他会获取更多的社会支持。人与人之间的互助和关爱可以帮你有效地缓解压力与消极情绪。遭遇压力时，你可以从亲朋好友处得到的支持一般有三种。

具体的帮助：当你工作压力太大时，你或许可以请父母或其他家人帮忙照看孩子，留出更多时间和心力去应付工作的挑战。

情感的支持：当你的感情生活遭遇挫折时，你的朋友带你去咖啡馆小叙，会让你觉得自己依然是有能力、有自尊、受人喜爱的，也许这足以让你鼓起勇气去寻找更丰富的感情生活。

信息的帮助：比如，当你在准备考试时，朋友为你推荐参考书，提供考试经验和诀窍。

寻求帮助的诀窍

1. **一吐为快，适当宣泄。**觉得千头万绪，不知如何是好时，不妨找位值得信赖的人，说出内心的恐惧和需要；弄清问题的症结，找出解决的方法。也许你正为见未来的岳父而紧张，也许你正为昂贵的手机账单而担忧，或许你还为孩子的升学考试而坐卧不安，不妨找个有耐心、爱心又信得过的好友，把所有的不愉快向对方倾诉，别将心事往心里藏，让他人与你分担，获取心理平衡。一个忠实的听众能帮助你减轻因紧张带来的压抑感。

2. **开口求助。**不要害怕需要时求助于别人，一生中总会需要别人的帮助，需要别人倾听、提建设性意见和帮助时尽管开口好了。

3. **在发牢骚中解脱。**写一封信给老朋友或亲属，倾诉自己内心的情感和压力，寄不寄出无关紧要，但至少你把内心的话写了出来，也会得到一定的解脱。你还可以把你的感受写成信，然后扔到一边，给自己留出一定的"忧虑"时间，随后再去解决。

4. **为他人效劳。**帮助别人解决困难，在减轻压力的同时，也可使自己感到满足和有成就感。

方案 3 下班后

上了一天的班，当你拖着疲惫的身体回到家中，如果不懂得利用有限的时间做到有效地放松，日复一日，会降低对抗疾病的免疫能力。利用周一到周五晚间的短短几个小时放松自己，是你提高第二天工作效率的助力。

1. 泡个热水澡，水温约在 37～39 度左右，可有效地放松绷紧的肌肉与神经。

2. 换上宽松的衣物，如以棉质为主的家居服。女士应脱掉内衣，可穿深色的家居服。

3. 室内灯光以黄色为主，不易刺激眼球，能舒缓眼部的压力，缓和室内气氛。

4. 晚餐时以清淡食物为主。避免吃辛辣、油炸食物，或是在胃中停留时间较长的高蛋白、高油脂、高热量食物，以免增加胃肠的负担。

5. 晚餐后可喝些不含酒精、不含咖啡因等刺激性物质的饮料。

6. 睡前将腿抬高，或是脚下垫个枕头——30 度、45 度或是 90 度都可，能够有效缓解因为长期的站立或坐办公室所造成的下肢血液循环不畅及肿胀。

7. 尽量在夜间 11 点至凌晨 2 点上床入睡。如果你真的有很多公事未完成，必须加夜班的时候，可以先去睡到 2 点以后再起床，因为 11 点到 2 点是人体经脉运行至肝、胆的时间，若没有得到适当的休息，时间久了这两个器官的不健康就会表现在皮肤上，如皮肤粗糙、黑斑、青春痘、黑眼圈等。

8. 睡前可以听一些古典音乐或是轻音乐，避免心情过度亢奋所导致的夜梦过多。

方案 4 艺术治疗

用"艺术治疗法"消除压力紧张情绪，是一种最简单、最直接的方法，它并不需要特别的技巧。你可以一个人进行，也可以与其他人一起分享快乐。

艺术治疗的方法

1. 选择一个艺术方法或媒介，可以是曾学习或接触过的，也可以是从没有接触过的，例如：

音乐：简单、容易、即兴，可不用乐器，你的嘴唇也可成为最天然的乐器。

绘画：每一笔都是自己的心思，你可以随意挥洒，发挥想像力与创造力。

面具制作：有些人可能每天都戴着不同面具隐藏真我，面具，不仅是一种富于情趣的手工制品，它还能显示每个人深藏的一面，揭示真正的自我。

舞蹈：不一定在台上起舞，在家里、在朋友的聚会上，甚至只在熙来攘往的街上闪避别人的一个转身和微笑，都可以成为令人心醉的舞步。

堆沙堡：在沙滩上，像个孩子般忘我地投入一次，让你的灵魂得到全然的释放。

2. 找个创作的空间（地点、时间及心灵空间）。

3. 准备所需材料（如果需要）。

4. 最重要的是踏出第一步：画第一条线、发出第一个声音、跳出第一步、捏出第一个形状……

5. 一切随心所欲，可按自己的意愿随意涂改或重新创作，只要你感到放松就好。

音乐治疗

音乐疗法通常利用音乐进入人的潜意识之中，借助自我暗示的方法来调节情绪和行为。其原理在于声波的共振频率能产生一种动力，从而影响人们的心理和生理状况。

当进入迪斯科舞厅时，我们的心会随着强劲的节拍而加快；而听到柔和舒缓的音乐时，我们的情绪也会随之而镇静，心情亦会转为平和，这便是音乐疗法的原理。

不同的声波，其传播方向和频率不同，因而效果也不同。事实上，人体也会发出和接受频率，遇到与身体相和谐的声波时，身心便会感到舒畅；遇到与身体相抵触的声波时，身心则会感到不协调，这便是为什么同一种音乐，不同的人听起来其反应和感觉会不同的原因。

音乐疗法可荡涤人体内的消极力量，使人心境平和、思路清晰。除此之外，音乐疗法还有助于减肥，增强自信心，提高判断力等。只要找到适合的声波，利用声波来帮助冥想，你所需要的信息就会进入潜意识之中，久而久之，便会取得显著功效。因此，音乐疗法还可开发我们尚未察觉和运用的潜在力量。

挑选一首对你有特殊吸引力的音乐，不管出于什么个人理由，也不管你挑选的音乐是什么，然后找个安静的地方，坐在你所喜欢的椅子里，把音乐放到你所喜欢的音量，每次大约听 15～30 分钟，让自己沉浸在音乐中，把烦恼关在外面。此时，你可以忘记一切，也无任何心理负担。

特别提示：莫扎特效应

在音乐治疗中，"莫扎特效应"是为人所瞩目的。莫扎特的乐曲优美动人，其高音频的乐声，伴着和谐生动的旋律，在活化生命之余，更可以说是特别为愉悦身心而创作的治疗艺术品，据研究，莫扎特的乐曲能引起以下反应：

——提高专注力、促进创造力、增强语言能力、刺激直觉和第六感官、提高智商及强化右脑功能。

——舒缓身心，减低精神及情绪压力，是漫长而繁忙的一天之后最好的享受，让你轻轻松松享受人生，或悠哉悠哉地进入甜美梦乡。

——令你不知不觉地释放消极情绪，弥合感情创伤，从而聆听到内心深处真实的声音，增添活力。

——改善身体活动及协调能力。

——改善心跳速率、血压及体温。

——舒展皱纹，焕发肌肤光泽。

减压音乐治疗 DIY

减压可以用很多方法，在音乐治疗方面，除了欣赏莫扎特及其他有助于减压的乐曲外，你还可以自己或与朋友一起试试以下方式：

1. 引吭高歌，随意自编歌曲；

2. 谱曲；

3. 作词；

4. 歌词分析、讨论；

5. 弹奏或干脆乱弹乐器；

6. 随着乐曲翩翩起舞；

7. 进行音乐游戏；

8. 模仿乐器声音或其他声音；

9. 唱卡拉 OK。

方案 5 运动调适

　　适度而有趣的运动可使人的身心处于舒畅、和谐、愉悦之中，从而转移快节奏的现代生活带来的压力源。在运动后，由于肌肉收缩结束或激素分泌，还可使人处于更放松的状态。虽然运动不能改变压力源，运动后也还要面对压力与紧张，但运动可暂时转移压力，并将不利于人体的能量物质清除。当人们以较舒畅和愉快的心情再度面临压力时，就会以超越的态度面对压力的挑战。

解除压力所需的运动量

　　坚持：锻炼所产生的效果是不能贮存的，年轻时爱好运动的人，如果随着年龄增长减少了运动量，那么他们对于疾病的抵抗力不会比任何人强，寿命也不会比别人长，因而，要做到持之以恒。每天最大限度地转动每一处关节足以使你保持肢体柔软，"用进废退"是对关节灵活性的最好比喻。

　　频率：锻炼伊始，如有可能要每天坚持。一旦达到健康标准，较适宜的标准为每周运动 3 ~ 5 次。

　　时间：每次练习至少持续 20 分钟，时间过短反而会对身体产生无益影响。每天坚持锻炼 20 分钟，直到你能在适宜于你年龄的心率最高限上惬意地工作。接下来每周 3 次 20 分钟的锻炼会使你保持这个限度。当然，就缓解压力而言，你可以在愿意并且感到舒服时做长于 20 分钟的锻炼。一般而言，

20~60分钟的运动是适宜的。

强度：锻炼过程中，你的心率必须达到一定水平才能取得成效，要决定运动强度，首先应知道自己的运动心跳率。最简单的计算方法为：

最高心跳率＝220－年龄

工作心跳率＝最高心跳率－休息心跳率

最低运动心跳率＝工作心跳率×0.5＋休息心跳率

最高运动心跳率＝工作心跳率×0.75＋休息心跳率

例如：黄先生现年30岁，休息心跳率为每分钟70次，他的运动心跳率如下：

最高心跳率＝220－30＝190

工作心跳率＝190－70＝120

最低运动心跳率＝120×0.5＋70＝130

最高运动心跳率＝120×0.75＋70＝160

黄先生的运动强度应保持其心跳率为每分钟130~160次

当你开始进行锻炼时，心率应保持或接近于最低运动心跳率。经过数周的锻炼，随着体能的不断增加，你可以逐渐让自己的心跳速度朝高限发展，这是个循序渐进的过程。

解压运动的安全规则

1. 有以下情况的人，在开始进行运动前，应先请教医生：糖尿病、任何传染病、精神病、血压过高或过低、贫血、肾病、肝病、心脏病、血液循环系统疾病、过胖或正在服用药物。

2. 运动前后要多饮水，若有需要，运动期间也可饮用。

3. 选择适当的器材，以减低运动创伤。

4. 做户外运动时，衣物要因应天气而改变，例如：夏天穿着浅色衣物，戴太阳帽；冬天穿着深色衣物，戴保暖帽，最好穿多层衣物，以便运动后出汗时，适当增减衣物。

5. 运动时，要保持适当的呼吸频率。

6. 不适当或过于剧烈的运动会伤及身体，应量力而为，轻松舒适地运动，不可勉强或操之过急。

适宜于缓解压力的运动形式

每个人都可以选择简便、适合自己身体状况和自己喜爱的运动方式来缓解心理压力。只要能使你的脉博跳动率达到规定的限度，只要你愿意坚持，无论什么方式都可以。能够忍受适度的生理压力，就能够忍受较大的心理压力，通过运动能够同时忍受适度的生理和心理压力的人，则较容易适应现代社会。

1. 自己喜欢并能享受的运动

从事自己喜欢并能享受的运动，能产生积极的身心反应，如网球、羽毛球、足球、乒乓球、篮球、高尔夫球等。由于是自己喜爱的运动，在运动时能够集中精力、保持愉快的心情。心无杂念并能专注于运动过程和动作的运动，也是舒解压力的有效形式，如太极拳、气功等。同时，能够兼有活动身体和清净、专心的运动，其缓解压力和促进健康的效果更佳。

特别提示：最佳解压运动组合

你需要两种锻炼，一种是强化心血管系统的（诸如跳跃或骑自行车），另一种是保持柔软和灵活性的（诸如瑜珈或太极拳）。最佳结合项目就是灵活性运动（每天5分钟）加上耐力性锻炼（每天20分钟）。

灵活性锻炼的目的在于，每个程序中至少有一次能够最大限度地活动或转动每一个关节，可从瑜珈或太极拳中找出你的"柔软度"，锻炼时只要达到这个度即可，灵活性和柔软度的增加是需要时间的。

就耐力而言，可寻找一项能够轻而易举做到，且适合各种季节的活动项目。骑自行车、跳绳等均可。

无论选择何种项目，都需备置一个电子脉搏计数器，以记录你的心跳频率，或每隔一定时间测量一次脉搏，在尚未完全确定你的适宜运动量时，保持你的低限度，任何时候都别超过高限。

2. 有氧运动

有氧运动的特色是具有节奏韵律，不很激烈，可持续长时间的肌肉活动。在这个过程中人们不会有呼吸急促、乳酸堆积或肌肉酸痛的不适现象。有氧运动包括快走、慢跑、舒缓的舞蹈、游泳（长距离）、骑自行车、爬山等。这些运动会把在压力情况下所产生的能量消耗掉，运动后恢复期间的生理作用也会大于压力期间的生理反应，血压、心率都会下降。有规律的有氧运动和其他运动一样，可以增强心肺功能或摄氧能力，还可增加人际交往的机会，对缓解压力有很大好处。

步行：步行是最简单和方便的运动，可以随时在日常生活中进行，例如：在上班或下班时，可以提前一站下车，或在午餐后出去走走。步行时，要身体挺直，头向前望，双手放松地随着身体自然摆动，最好穿运动鞋，可避免损害脊骨及下肢关节。

慢跑：跑步时，可用口做深呼吸，头向前望，牙关放松，手在身体两侧前后摆动，而不是左右摆动，手肘大约 90 度弯曲，手指放松，保持身体挺直，步履要舒服、不宜过大，用脚跟着地，脚底前半部则离地。

骑自行车：骑自行车时，要调校座位的高度，最好是坐在自行车上，踩下脚踏板时，膝部仍有少许弯曲，以避免膝部不适。有膝关节毛病的人，则不适宜以骑自行车为主要运动。另外，要调校自行车扶手的前后位置，最好是双手握着扶手时，身体可以舒服地微向前倾。

游泳及水中带氧运动：游泳前需做充分热身运动。游泳时，姿势要正确，避免把头部一直保持在水面上，因为这样会引起颈痛。

水中带氧运动是一种良好的健身运动，借着水的承托力，能减低受伤的机会。此外，由于人在水中的动作越快，水的阻力就越大；动作越慢，阻力越少，甚至变为助力，所以我们可以根据自己的能力，调节速度，以锻炼肌肉。水深为站立时大约到颈部最为适合，而不会游泳的人，水深到胸部为宜。在水中保持平衡，双脚应稍分开，或紧握池边扶手，若有同伴，可手牵手，互相协助。

有氧运动操：

A. 听着音乐，双脚上下跳动，左脚屈膝提起，右脚伸直脚尖着地。双手伸直在胸前左右摆动。

B. 听着音乐，双脚上下跳动，左脚屈膝提起，右脚伸直脚尖着地。双手伸直在胸前前后摆动。

进行有氧运动时的运动量，要根据自己的身体情况去做出适应，切勿勉强。要避免运动同一关节或同一肌肉组太久，避免大幅度及长时间的弯腰或屈膝动作。

3. 伸展操

伸展操可以提神并放松肌肉，尤其是静态伸展操作用更大。静态伸展是指在每个或多个关节处伸展肌肉、肌腱和韧带的活动，每个动作持续时间为20～30秒，可以在全身各部位关节由上而下或由下而上分别伸展，效果类似瑜珈。如果能在伸展过程中注意调息，将呼吸频率放慢、变深、加长，并集中精神于调息或被伸展的肌肉群，则去除杂念、消除紧张和缓解压力的效果更好。静态伸展操本质上有静坐之功能。

伸展操范例：

A. 把颈部向左、向右转，然后前仰，每一个动作静止10秒。

B. 把头向后、向前、向左、向右轻压，每一个动作静止10秒，连续做三次。

C. 把肩臂向上抬起，然后放松，向下放，每一个动作静止10秒。

D. 将左臂贴着胸前伸直，右臂交叉把左臂拉近胸前，伸展左肩臂，静止10秒。右臂重复，连续做三次。

E. 站立，举起双手，向上伸，静止10秒。

F. 双手及双膝撑在地上，头向下望，背部向上拱起，静止10秒。

G. 双手及双膝撑在地上，头向上望，背部向下压起，静止10秒。

H. 坐下来，把双脚伸直，双手尽量向前伸，让手指接触到脚趾，静止10秒。

I. 把腿左右分开，左腿伸直，右腿屈膝，并把双手放在右脚上，伸展左腿大腿内侧，静止10秒。

J. 把左腿伸直，趾尖向上，身体向前，伸展大腿和小腿的肌肉，然后转换右腿，每一个动作静止10秒，连续做三次。

K. 双脚交叉盘坐于地上，把双膝向下压，伸展大腿内侧的肌肉，静止10秒。

L. 左手按着墙，右手提起左腿，伸展大腿前的肌肉，静止10秒。然后转换手和腿，连续做三次。

M. 双手按着墙，左腿屈曲向前，右腿向后伸直，伸展右腿小腿后面的肌肉，静止 10 秒。然后转换姿势，连续做三次。

4. 重量（或肌肉）训练

重量训练是指用各种方式来增加肌力和肌耐力的活动，也可以缓解压力或降低神经、肌肉的紧张程度。因为人的肌肉在用力收缩后，会更加放松。在肌肉收缩过程中还会消耗不少能量，这也可以消除因精神压力而产生的能量，有益于健康。重量训练或健身活动不一定要到健身房，在家中和办公室也可进行。例如伏地挺身、俯卧撑、仰卧起坐、侧卧拉腿、蹲举等活动就可有效进行重量训练。利用简便器材，也可做重量或肌肉负荷活动。

饭后 1 ~ 2 小时的运动会比空腹时消耗更多的热量且较具安全性。

重量训练范例：

A. 坐在椅子上，提起右脚，再把左脚提起，然后左右脚交替再做，10 ~ 15 次。

B. 站在椅子后面，立正，扶着椅背，把左脚向后跷起，10 ~ 15 次，然后左右脚交替再做。

c. 站在椅子后面，立正，扶着椅背，把双脚脚跟提起、放下，重复做。

D. 双臂与肩臂平衡，向前屈曲，把哑铃左右交替举起。

E. 双臂伸直，将哑铃于身体两侧一起上下举起。

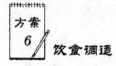

方案
6
饮食调适

在压力下，我们的身体会自动做出一些生理上的调整，如：肾上腺分泌肾上腺素，使人变得警觉，心跳加快，肌肉紧张，身体的新陈代谢率也随之提高，使人体进入对抗压力的备战状态。然而这些生理改变会使身体消耗更多能量，血液中的葡萄糖很容易下降，若是压力持续，就会出现身体疲劳、精神不集中、害怕、焦虑、愤怒等情绪。

食物可以改变身体，甚至一个人的心情。人体细胞每 3 个月替换一次，每 7 年全部更新，人人都有可能借助饮食改善精神状况、减少压力。

减压饮食的原理

总体原则：

少吃升压食物，如油腻食物、盐、糖、咖啡因饮料；多吃降压食物，如矿物质（钙、镁）、维生素 B 群、维生素 c、天然纤维及多喝水。

1. 减少脂肪的摄入量。人体每日食用的脂肪不得超过 80 克。一些专家甚至认为 80 克都太多了，60 克更接近标准。

2. 尽量食用多种不饱和油脂，少食用饱和油脂。菜油和一些鱼油多是不饱和油脂，而瘦肉、鸡肉、黄油、冰激凌等多是饱和油脂，然而，煎炸过程中多种不饱和油脂会转化成饱和油脂。人造黄油和许多方便食品的加工便属于这种情况。

3. 尽量多吃新鲜水果和蔬菜。尽可能生吃，如果用于烹饪，最好是蒸而不是煮。如果必须煮，稍煮一下即可。

4. 尽量多吃纤维食物。诸如粗面粉面包、富含纤维的谷类食物、水果和蔬菜等。

5. 减少糖和盐的摄入量。只少量地用于烹饪，绝不要把它们加在已上桌的菜上，买不加糖的罐装水果，尽可能避免购买加糖、加盐食品。

6. 自己动手烹调食物。尽量不到餐馆用餐或购买方便食品。

7. 当心你的体重。研究表明，假如想保持健康，从中年起就应减少而非增加体重。

8. 注意饮食节奏及气氛。除了食物选择之外，细嚼慢咽也很重要，因为吃得太快会影响消化和排泄。可在吃饭前散步、看书、听音乐或稍作休息，保持在愉快的气氛下慢慢进食。

减压，从早餐开始

如果你是上班一族，每天早晨醒来，闪入脑海中的第一个念头恐怕会是：啊，紧张的一天又要开始了！每个早晨对你来说都可能难得"从容一次"，一切都得速战速决：迅速穿衣，迅速刷牙，迅速喝牛奶，迅速出门或是迅速出门之后，再到早点铺迅速买煎饼、包子……迅速往嘴里塞。总之，一大早的忙碌让你的心情紧张而焦虑，似乎朝阳拉开的不只是白日的序幕，也打开了潘多拉的盒子，盒子里跑出了一串串需要我们承受的压力。

一大早降临的压力之所以让我们不堪重负，除了因为没能进行足1够的身心调节，不合理的早餐结构也误导了我们。早餐对于多数人来说，是名副其实的"快餐"，更有甚者，认为反正早上食欲差，能免则免。然而营养学家却对这样的早餐"快餐者"和"免食者"敲起了警钟：早餐不吃或吃得不正确影响了身体处理压力的能力，给一天的工作开了一个不好的头。

健康抗压早餐的3种必需品

均衡的饮食，能够使你保持足够的活力，并在非常时刻帮助你，明智地选择食物有助于你缓冲压力。如果你一直等到11点半或12点进餐，那么你永远也得不到早餐可能带给你的旺盛精力。

一顿理想的抗压早餐，就是富含蛋白质、碳水化合物以及纤维的早餐，这样的早餐有助于你平衡血糖指数，并使你的身体拥有更充分的准备，以应付即将到来的压力的挑战。如由稀饭（碳水化合物）、几块肉排（蛋白质）、一个水果或一碟凉拌蔬菜（纤维素）构成的早餐就是营养搭配比较合理的早餐，或者喝一杯牛奶或鲜果汁、吃一点米饭或面包，再适当补充一点鸡蛋或肉类，也可以说得上是健康的抗压早餐。

营养学家推荐的高效能早餐：一碗全营养麦片粥，一杯低脂牛奶和一根香蕉。

特别提示：不吃早餐的危害

1. **让你反应迟钝。** 早饭是大脑活动的能量之源，如果不吃早餐，体内无法供应足够的血糖以供消耗，便会感到倦怠、疲劳、脑力无法集中、精神不振、反应迟钝。

2. **慢性病找你的麻烦。** 不吃早餐，饥肠辘辘地开始一天的工作，身体为了取得动力，会动用甲状腺、副甲状腺、脑下垂体之类的腺体，去燃烧组织，除了造成腺体亢进之外，更会使得体质下降，患上慢性病。

3. **肠胃功能紊乱。** 不吃早餐，直到中午才进食，胃就会长时间处于饥饿状态，造成胃酸分泌过多，于是容易造成胃炎、胃溃疡。

4. **便秘。** 在三餐定时的情况下，人体内会自然产生胃结肠反射现象，简单地说就是促进排便；若不吃早餐成习惯，长此以往可能造成胃结肠反射作用失调，于是产生便秘。

5. **会让你更靠近肥胖一族。**人体一旦意识到营养匮乏，首先消耗的是碳水化合物和蛋白质，最后消耗的才是脂肪，所以不要以为不吃早饭会有助于脂肪的消耗。相反，不吃早饭，还会使午饭和晚饭吃得更多，瘦身不成反而更胖。早餐、午餐和晚餐的比例最好是3：2：1，这样，才能使你在一天内所吃的食物在体力最旺盛的时间内消耗掉。

应该避免的"升压力"食物

酒精与香烟。因为它们会耗损维生素B，对神经系统与睡眠品质造成不良影响。富含维生素B的全谷物食品，除了维生素之外，碳水化合物含量多的谷物也能刺激身体分泌一种有助于大脑平静的化学物质，另外瘦肉也含大量维生素B。

咖啡因。一般含咖啡因的食物，如咖啡和茶，有暂时振作精神和情绪的作用，但长期依赖咖啡因提神，反而易造成失眠及焦虑，令压力增加。

食盐。洋芋片、罐头食品、方便面、香肠、火腿、热狗、卤味、腌制品、西红柿酱、酱油等高盐分食物吃多了，会使血压上扬，情绪紧张。

油腻煎炸食品。油腻或煎炸等高油脂食品，因脂肪含量高，多吃会导致肥胖，甚至引发心血管疾病，并加重消化器官的负担，人容易疲劳；而高蛋白食品如海鲜、肉类或蛋制品，因所含的磷质很高，属于酸性食物，吃得太多，将引起饮食失衡继而易感劳累，应再吃些蔬菜等碱性食物来平衡一下。

浓味食物。浓味食品会增加胰脏负担，导致人体疲倦，而吃高盐食物，由于要拼命喝水，水分积聚体内无法排出，就会觉得精神委靡。

过于含糖食物。加糖果汁、奶油面包、蛋糕等甜食，虽然可以在数分钟内发挥镇静作用，但因为含糖食物会快速被肠胃吸收，造成血糖急剧上升又下降，反而影响人的精力及情绪的平稳。

减压食品

适宜的糖类。维持血糖稳定是对抗压力的首要条件，甜食含有很高的糖分，人体可以快速吸收这些糖质，但需注意吃甜食太多会造成脂肪积聚。除了甜食外，全麦类的面包，不仅富含糖质，还含有帮助消化的纤维质，是天然且更具营养价值的选择。

矿物质解压好处多。如钙、美、锌、铁等含量高的食物。

钙是天然的神经稳定剂，能够抚慰情绪、松弛神经，以牛奶、金针、豆腐、小鱼干、杏仁为多。奶类既含有蛋白质又含丰富钙质，是适宜每天食用的营养食品，如脱脂奶、豆奶、豆制品；

镁可以让肌肉放松、心跳规律，香蕉、豆子、洋芋、菠菜、葡萄干含镁量较高；

摄取足量的锌能够平衡血糖，使荷尔蒙运作正常，无花果、蔓越莓、小麦胚芽、牛奶、蛋、海鲜是主要来源；

铁质食品以动物性蛋白质的食物为主，有助于保持精力充沛，提高注意力，让你能专心去应付难题。如瘦牛肉、猪肉、羊肉、鸡、鸭、鹅、鱼肉及海鲜。

百合。在中医典籍中，百合有宁神和镇静的效果，而偏好甜食的人，也可以将莲子、银耳加百合制成甜品，有补身之功效。

金针花。又名忘忧草的金针花，顾名思义，具有镇静安神的作用。容易心烦及失眠的人，多吃有益。可以做一道用豆腐、芝麻、蜂蜜和忘忧草凉拌而成的"凉拌金针花"，或者以金针花和排骨瘦肉一起熬汤，味道鲜美。

龙眼肉。在压力下，身体的血糖会消耗得十分快，而龙眼肉有助于身体血糖的补充。喜爱甜食者，可以用龙眼肉加糯米熬成粥，上面撒些碎花生末，能有效地减轻烦恼。

酸枣仁。酸枣仁具有镇静、催眠、镇痛、抗惊厥、降体温、平稳血压等作用，在中药店就可买到。因此，饱受压力、失眠之苦的人，也可以试试以酸枣仁熬汤饮用。

补充维生素。

维生素 B 群包含 B1、B2、B6、B12、叶酸、烟碱素，都是精神性的营养素，可以调整内分泌系统、平静情绪。胚芽米、糙米、杂粮饭、全麦面包、酵母、深绿色蔬菜、低脂牛奶等是良好的维生素 B 群食物；

维生素 c 助长抗压能力，可协助制造副肾上腺皮质素，以对抗精神压力，又有预防感冒的作用。菠菜、花椰菜等绿色蔬菜及柑橘、柠檬、葡萄、百香果、草莓、木瓜、芒果、奇异果、哈密瓜等水果都是高维生素 c 食物。

天然纤维改善压力型便秘。长期生活在压力下，很容易发生便秘，压力更难以下降。应多摄食富含纤维质的糙米、豆类、蜜枣、梅、柑橘等食物。

多喝水，活化脑细胞。人类脑部的重量，水分占了 70%，所以缺水时人会有疲倦、头痛的现象。每天至少要喝 2000 毫升的开水及适量不加糖的果汁，可以促进体内的正常代谢，而清晨的一杯水，更可使脑细胞活跃起来。

特别提示：电脑族的解压养生药膳

补气健身茶：有助补气补血、增强体力、消除疲劳、提升免疫力，适用于体力的疲劳和眼睛的疲劳。

用党参 3 钱、黄耆 3 钱、当归 1 钱、枸杞子 3 钱、红枣 1 钱，加 3 碗水熬煮 20 分钟，当茶来喝。

三仙汤：有助消除疲劳、补肾强精、增进性生活的美满。

仙鹤草 5 钱、仙灵脾（淫羊藿）3 钱、仙茅 3 钱，加水 2 碗煮成 1 碗约 8 分满，晚间服用。

逍遥饮：有助疏肝解郁、健脾补血，可缓解生活压力、改善失眠、对情绪疲劳有效。

柴胡 3 钱、当归 1 钱、酒白芍 3 钱、白术 2 钱、茯苓 3 钱、薄荷 1 钱、炙甘草 1 钱、生姜 3 片、红枣 3 枚、加水 3 碗熬煮成 1 碗半，分早、晚两次服用。

枸杞粥：可补养眼睛、消除眼睛疲劳、防止视力恶化，还有预防动脉硬化、延迟老化的作用。

用枸杞子 5 钱、米适量，将枸杞子、米和适量的水熬煮成粥，早餐食用。

参耆鸡：益气补血，适用于气虚体弱、容易疲劳者，可改善身体气血状况，消除疲劳。

高丽参1钱、炙黄耆5钱、童子鸡1只。用纱布包参、耆和鸡肉同熬，至鸡熟烂去药包，吃鸡喝汤。

方案 7 **失眠的调节术**

这是一则关于失眠的笑话。

妻子："亲爱的，我又一宿没睡着。"

丈夫："你怎么没试试医生告诉你的数数的方法。"

妻子："试了，我数到了487865。"

丈夫："然后你睡着了吗?"

妻子："不，这时天已经亮了。"

被失眠症所困扰的人也许只能对此发出无奈的苦笑，在巨大的工作与生活压力下，究竟有多少人寂夜无眠呢?

失眠的类型

在精神疾病所引起的失眠当中，情绪障碍也算是其中的一种。当某种状态，如焦虑、抑郁等等已经严重到会影响正常的生活时，就形成情绪障碍了。情绪障碍可能源于压力，但是压力并不一定会造成情绪障碍。一般而言，失眠可分为:

1. 短暂性失眠（小于一周）

大部分的人在经受压力、刺激、兴奋、焦虑时；生病时；到高海拔的地方；睡眠规律改变时（如受时差影响、从事轮班的工作等），都会有短暂性失眠障碍。

2. 短期性失眠（一周至一个月）

严重或持续性压力，如重大身体疾病或手术；亲朋好友的去世；严重的家庭、工作或人际关系问题等可能会导致短期性失眠，这种失眠与压力有明显的相关性。

3. 慢性失眠（大于一个月）

慢性失眠的原因是很复杂的，许多慢性失眠是多种原因合在一起所造成的。

失眠的原因

从内在与外在因素划分，导致失眠的原因主要有：

心理因素：大部分专家都认为，压力是导致短暂或短期失眠的头号凶手。这些压力可能来自于工作单位或学校，也可能来自家庭及婚姻，此外，身患重病或亲人亡故等重大变故也有可能引发失眠。通常短期失眠会随着这些情况的淡化或消失而得到改善，不过要是短期失眠没有处理好的话，也有可能在这些压力消失后仍然为失眠所苦。另外，抑郁症患者也较易失眠。

生活习惯：某些习惯可能在不知不觉中影响你的睡眠。例如在下午或晚上喝了含咖啡因的饮料，睡前运动或是从事脑力劳动等。如果在睡前喝大量的酒，反而会造成失眠的现象。

环境因素：例如房间太冷或太热，太吵或太亮，这些因素都可能影响睡眠。另外你的生活伴侣也可能影响你的睡眠，例如对方的鼾声太大等。

违反生物钟引起失眠：如夜班轮值的工作；出国造成的时差；有时极度兴奋也会使人睡不着，但通常是短暂的。

原发性失眠：此类失眠者并无特殊疾病或精神障碍，通常是先天操心型的人，容易紧张、焦虑，平时睡眠质量就不好，遇到重大压力、精神负荷增大时，就更睡不着了，久而久之，就成了慢性失眠，有些原发性失眠者，可能找不到任何原因。

身体状况：例如疼痛、气喘、呼吸困难、停经症候群等。

药物：某些治疗高血压、气喘或是抑郁症的药物，可能有导致失眠的副作用。

睡眠——清醒周期障碍：人在白天工作一天后，夜里进入梦乡，经过6～9小时的睡眠后，天亮时又苏醒过来，这样日复一日，就是人类的睡眠——清醒周期，因以一日为一周期，又称"日节律"，但有些人日节律延后，到了清晨三四点才睡觉，一直到中午才醒来，这些人若自订作息时间则没有失眠问题，但与社会大众的作息时间无法吻合，仍须矫正。

失眠的成因是很复杂的，如果失眠的情况持续着或已逐渐影响生活，请勿自行服用安眠药，因为安眠药只能帮助入睡，对特定原因失眠并无疗效，且长期不适当使用会有依赖性甚至成瘾。

心理调节

1. **要培养"少睡一晚无碍"的观念**。许多时候，失眠者是自己吓自己，心里老是担心睡不着，形成恶性循环。要消除这样的循环，就必须树立"不睡又何妨"的观念，放松心情，减轻压力，自然容易入眠。

2. **睡前保持心情平静**。睡前不要做剧烈的运动，不跳舞，不看刺激的影视节目和书刊，不牵挂工作和学习，尽力排除心理干扰。晚上上床以后，切莫躺在床上重温今天的失误，也不要计划明天的活动。因为这样做，会使你变得更加焦虑或兴奋，不利于你的睡眠。

3. **解除精神负担**。如果你为失眠而苦恼、焦虑，一到晚上睡觉时就精神紧张，结果往往是越着急越难以入睡，造成恶性循环。因此对付失眠，一定要顺其自然，泰然处之。

4. **勇于面对失眠**。如果你上床后半小时仍不能入睡，不要醒着躺在床上。因为醒着躺在床上不睡，会使你把床和失眠联系起来，形成条件反射，从而强化了你的不良睡眠习惯。你可以起床做些事情，如阅读一本不太有趣的书，但不要看电视或听音乐。你也可以在黑暗的房间里，静静地躺在沙发上。也许你会惊讶：不知不觉中，自己已经睡着了。

日常生活行为调节

1. **生活要有规律**。即使你长期失眠，也要坚持晚上按时上床，不要早睡。尽量养成每天同一时间上床睡觉，上床后除了睡觉之外，不想其他的事。早上按时起床，不要晚起。白天不要打盹，因为白天打盹会削减你晚上的睡眠时间。午间只宜小睡，切勿以午睡代替夜间正常睡眠。否则，会干扰你的"生物钟"，夜间更难入睡，加重失眠程度。另外，工作、学习也要有规律，不要开夜车，以免身心疲劳。

2. **不要补觉**。如果你在夜里醒来过了 15 分钟还不能重新入睡，躺在床上只会使你更加紧张、更难入睡。干脆起床离开房间做些轻松活动，如：看书、听音乐、静坐，等到累了再进房间。记住：不管你在夜里睡得好不好，都要在第二天早上按时起床，即便是周末也不能试图补觉，这种做法对克服失眠症没有任何帮助。

3. **养成睡前停止思考的习惯。** 睡觉之前，听听曲调婉转、节奏舒缓的音乐，或者学会倾听大自然的声音，如：雨声、虫鸣等等。开始你也许并不容易做到躺在床上不想问题，不过只要坚持下去就会收到成效。有两个简单的方法：

——放慢呼吸，想像一下你吸进的气是如何从体内呼出的，这一练习可以在白天和晚上都做，效果很好。

——当你想起不愉快的事情时，要努力尽快想些轻松、愉快的事情冲淡这些不快。也可以数"一只羊、两只羊……"直至心情完全平静下来。

4. **晚间散步。** 长期患失眠症的人也可以在晚间散散步，地点最好选择居家附近，距离不要太长。散步可以放松肌肉，使身体产生热量，通常当体温降下来时，人也就会感到困乏想睡觉。也可以每天有规律地进行运动，每周3～5次，每次30分钟以上。

5. **睡前做爱。** 对于许多人来说，睡前做爱可以使身体完全放松，也能提高睡眠的质量。如果对性行为感到不安或紧张就不必使用这一方法。

6. **睡前洗个热水澡。** 人在入睡时体温低，而白天体温是最高的，根据这个理论，人在睡觉前两三个小时洗个热水澡可以帮助睡眠，因为洗澡能将体温升高，等到了你的睡觉时间，体温也就降了下来。

环境调节

1. **防止噪音。** 外在因素是干扰人们入睡的关键之一。车声、电视和谈话的声音等等，使心性敏感的人难以安稳入眠。当你为这些烦躁不安时，就应从自己的感官着手，避免在吵闹环境中睡觉。对一个有睡眠障碍的人而言，是禁不起噪音考验的。戴耳塞、眼罩可以帮助降低外在声响，让自己处于一个"伸手不见五指"的黑暗世界里。起初，或许会感到不舒服，只要多戴几次就没问题了。可别小看这个小小耳塞，它让你耳根清静，洗涤纷扰的心灵，带你进入一夜的安眠。

2. **卧室内不要摆放绿色植物、鲜花。**一般来说鲜花的香味容易让人们无法入睡，而绿色植物在夜间会与我们争夺氧气，影响睡眠质量。

3. **卧室内最佳温度为 18～22 摄氏度。**人体在这个温度内感觉最舒适，太冷、太热的环境会影响入睡。

4. **卧室墙壁的色调以淡色为主。**淡绿色、红色对于焦虑型失眠者是大忌，抑郁型失眠者则应避开蓝色、灰色等黯淡的颜色。

5. **卧室窗帘选用厚实的面料可以遮光隔音。**

6. **合适的枕头。**高 15—20 厘米的枕头最合适。

7. **芳香疗法。**熏衣草拥有特殊的精油成分，有镇静的作用，因此在芳香疗法中，具有安定精神、预防失眠、提升睡眠质量的减压效果。传统的熏衣草油，亦被欧洲民众应用于防虫、消毒伤口、治疗虫咬、消除头痛等症状上。熏衣草茶，是使用干燥后的花穗泡制而成。目前国内熏衣草的制品，大多是以茶包、散装花草茶、芳香包及精油的方式制成的，可在卧室中放一些熏衣草制品助你入眠。

饮食调节

1. **睡前不喝咖啡、不抽烟。**咖啡、可口可乐和巧克力都含有使人兴奋的咖啡因，因此睡觉之前不要喝、吃这些东西。此外抽烟也容易使人兴奋，因此一定要改掉睡觉之前抽烟的习惯。

2. **睡前不饮酒。**一些人为了放松自己，喜欢睡觉之前喝点酒，以为这样可以帮助睡眠，其实这是错误的。要知道酒精抑制了你的中枢神经，也破坏了你的睡眠，过几个小时后，由于酒精的刺激你还会醒来感到头痛。长期下去对你的健康有百害而无一利。

3. **睡前吃点东西。**睡觉前一两个小时吃一片面包、一个水果，或者喝一杯牛奶。但是不要吃太甜的东西，因为甜品容易使人紧张。

4. **吃一些助眠食品。**在日常的饮食中有几种食物是具有安神、镇静功效的，常吃可以对神经系统有安抚作用。

莲藕茶：藕粉一碗，水一碗，入锅中不断地搅匀，再加入适量的冰糖即可，当茶喝，有养心安神的作用。

玫瑰花茶：具有很好的清香解郁作用。

龙眼＋百合茶：龙眼肉加上百合，很适合午后饮用，有安神、镇定神经的作用。

多吃钙质丰富的食物：如奇异果、豆浆、芝麻糊、玉米汤等。

每晚睡前喝牛奶：搭配饼干、面包之类的小点心。牛奶中的钙质可以安神助眠，但牛奶中还含有丰富的蛋白质可以促进血液循环，反有提神的作用，如能搭配一些含糖食物可以促使血管收缩素的分泌，能产生睡意。

松弛训练调节

由于很多失眠是紧张和焦虑引起的，因此学会放松是最有效的调节方法。松弛训练是通过一定程序的训练，使你学会精神上和躯体上放松的一种行为治疗方法。简便易学，治疗失眠很有效，但一定要持之以恒。

控制自我思绪的训练：

1. 平躺，不垫枕头，将双手双脚打开呈大字形，手心朝上，眼睛闭起，下巴往内收，将注意力集中在腹部，开始用腹部呼吸，并将每次吸气、吐气的时间一次一次拉长变慢，约五六个回合。

2. 一面呼吸，一面想着自己身体的每一个部位，顺序从脚趾、脚板、脚踝、小腿渐渐往上，不漏掉身上任何一个部位，慢慢地在心中默念，请它不用力地放松，重重地掉在床上，渐渐地连腰部都可以平贴在床面上（需要多练习几次即可），你会发现不知不觉中你已将心中的杂念都甩掉了。这是一个不错的方法，即使只有几个小时的睡眠，也可以让身体各器官获得足够的休息。

助眠指压法：

在指压时，你也可以使用助眠的按摩瓶（熏衣草＋马郁兰）来避免皮肤接触产生摩擦。

1. 鸠尾穴：平躺，先找到两侧肋骨中间胸骨的位置，然后在胸骨下方到肚脐中间的地方用中指按压。先吸一口气，按下去的时候慢慢吐气停留4～5秒。

2. 关元穴：平躺，先找到肚脐的位置，然后在距离肚脐下方大约三个指幅的位置按下去。先吸一口气，按下去的时候慢慢吐气停留4～5秒。

3. 或是将助眠按摩瓶直接涂抹在鼻子下面（人中）的部位以及太阳穴的部位。

精油吸入疗法：

如果你习惯点一盏小夜灯，不妨可以用精油小夜灯，里面可以滴入 3 ~ 4 滴熏衣草 + 2 滴马郁兰。如果你不习惯点灯睡，还有更直接的吸入法，就是直接将精油（熏衣草十马郁兰各两滴）滴在枕头上。

药物治疗

虽然安眠药可以使失眠者容易入睡，觉醒次数减少并增加睡眠时间，但服用安眠药后的睡眠与正常的睡眠不相同，长期服用安眠药易引起耐药性和成瘾性。因此，安眠药只宜短期使用，一旦睡眠问题解决了，就应停止服用。

● 附录：青少年放松情绪随手可做的 50 件事

俄罗斯心理学家引导青少年用以下 50 种有效的方法，帮助其放松情绪：

1. 如果觉得力不从心，应停止任何额外的功课和补习。
2. 拥有一两个知心朋友。
3. 犯错误后别过度内疚。
4. 正视现实，因为回避问题只会加重心理负担，使得情绪更为紧张。
5. 不必事事、时时进行自我责备。
6. 有委屈不妨向父母或知心朋友诉说一番。
7. 常提醒自己：该放松放松了。
8. 请家长少对自己说"必须"、"一定"等硬性词。
9. 请家长对自己的一些琐细小事别太在意。
10. 不要怠慢至爱亲朋。
11. 学会"理智"地待人接物。
12. 把挫折或失败当做人生经历中不可避免的组成部分。
13. 实施某一计划之前，最好事先就预想到可能会出现坏的结果。

14. 在已经十分忙碌的情况下，就不要再为那些分外的事操心。

15. 常常看相册，回忆温馨时光。

16. 常常欣赏喜剧，更应该学会说笑话。

17. 每晚都应洗个温水澡。

18. 房间里常常摆放鲜花。

19. 欣赏最爱听的音乐。

20. 去公园或花园走走。

21. 回忆一下一生中最感幸福的经历。

22. 结伴郊游。

23. 力戒烟酒。

24. 邀请性格开朗、幽默的伙伴一聚。

25. 做 5 分钟的退想。

26. 培养 1～2 种新的嗜好。

27. 学会做自我按摩。

28. 参加一项感兴趣的体育运动。

29. 交 1～2 个异性朋友。

30. 有苦闷时可向日记本倾诉。

31. 理一次发。

32. 穿上喜欢的新衣。

33. 必须吃早餐，而且须吃饱、吃好。

34. 少去噪音过大的场所。

35. 养一种宠物。

36. 浴室、卧室里都可洒一点香水。

37. 宽容他人的缺点。

38. 大度地接受他人的批评。

39. 常常清理书桌。

40. 不时静思默想上几分钟。

41. 不妨看看动画片、读读童话故事。

42. 应跟比自己小的儿童交朋友。

43. 给自己买些布娃娃之类的玩具。

44. 衣服颜色应多种多样。

45. 说话、用餐时有意减慢速度。

46. 品味美食，但忌高脂肪食品。

47. 克服嫉妒情绪。

48. 常常做深呼吸。

49. 常常拥抱亲人。

50. 适当打扮一下，也可摆脱紧张。

焦虑篇

摆脱焦虑的 28 个心灵处方

焦虑已成为现代人常见的心理疾病，有人甚至说我们正处于一个"焦虑的年代"。随着社会结构、社会关系，以及人们价值观念的变化，焦虑的人群会更加庞大。"明天会比今天更忙"，这便是焦虑症的温床。焦虑总像一位不速之客，在你不经意的时刻潜滋暗长，它掠夺了人们享受欢乐与幸福的权利。

如果不知道怎样才能控制焦虑，就不会有超于他人的心理承受能力。

第 1 节
焦虑的 "度"
::::::::::::::::::::::

适当的焦虑，能够激发人的积极性，促使我们达到自己的目标。但焦虑过度，则有害于身心健康，引起人们的痛苦。长期焦虑会造成沮丧，形成"焦虑症"。

心理学家通过实验证明，焦虑水平和工作效率的关系呈倒 U 型，也就是说，过低和过高的焦虑水平都不能达到最高的工作效率。我们一般所说的情况都是焦虑水平过高，因而学习一些控制焦虑的技巧也是非常必要的。

我们都需要一些焦虑，使我们能不断奋进，微妙之处在于，找到适度的焦虑范围，使其不至造成烦恼。

● **适当的焦虑，过度的焦虑**

焦虑，一个多么普通的形容词。

我们常常可以看到这样的情形：刚刚走出考场的人，忽然顿足捶胸，一副悔恨莫及的表情，嘴里不停地嘟囔："真是倒霉透了，怎么考试的时候我一点也想不起来，现在我却全部都记得清清楚楚……"

不要以为这是在自我掩饰，千真万确是这么回事，这就是焦虑的缘故。什么是焦虑呢？我们可以这样进行描述：焦虑是当一个人意识到自己的完美状况正处于危险中或受到威胁时所产生的一种强烈的情绪反应。

心理学家说："只要有记忆就会有焦虑。"每一个人都会经常受到焦虑情绪的侵扰。在大多数情况下，这些情绪反应是正常的，不会造成身体和心理的损害，甚至有利于我们的生存。焦虑、担忧和害怕，作为应激或危险状况下出现的一种正常反应，仅在反应过分强烈或体验到与事实不相符合的反应时，才可能产生危害。只要不是反复出现，不影响到你的正常工作和学习，那就没关系，你完全能通过不断的适应来克服它，但如果焦虑超过了一定的界限，那就有可能成为我们所说的"焦虑症"了。

当你正横穿马路，看到一辆汽车正向你疾驶而来时，会担心被汽车会撞到，担心生命有危险，并感到紧张和害怕，这种反应完全是正常的，是一种有益的反应；但是，假如你在办公室里，而汽车行驶在公路上，那这种反应就是过分的、有害的。

焦虑、担忧和害怕是人类生存所不可缺少的，因为它们能促使我们做好面对应激状态或危险的准备。它们激发了一种激素（即肾上腺素）的释放，肾上腺素的分泌引起身体和心理的变化，能为我们战胜或逃离危险的情境提供有利的条件。但是当应激反应呈慢性或反应过度强烈时，就会出现各种问题。若应激的心理反应持续存在，思维会过度集中于所忧虑的事情上，人们就常常采用消极的思维方式，感到事情糟糕极了，甚至无法挽回了。在应激状态下，这种消极的思维方式会引起身体反应的恶性循环，例如："我近来胃痛得厉害，肯定是胃里长了东西！""这种想法天天出现在我的脑海里，我无法工作下去了！"正是这些不必要的想法，使应激反应维持在一个高水平上，延长了身体的不适感，从而导致了焦虑症的产生。

● 焦虑感，焦虑症

现在你已知道了什么是焦虑情绪：在你面临一次重要的考试以前，在你第一次和某位姑娘约会之前，在你的老板大发脾气的时候，在你知道孩子得了某种疾病的时候，你都会感到焦虑，这是正常的。你也能够确定，这些焦虑并不是坏事，往往能够促使你鼓起力量，去应付即将发生的危机。这就是焦虑的进化意义。

但是，如果你有太多的焦虑，以至于达到焦虑症，这种具有进化意义的情绪就会起到相反的作用——它会妨碍你去应付、处理面前的危机，甚至妨碍你的日常生活。如果你得了焦虑症，你可能在大多数时候，没有什么明确的原因就感到焦虑；你会觉得你的焦虑左右了你的一切，事实上你什么都干不下去了。

"焦虑"这个词在我们的日常生活中被广泛使用，许多人对它在变态心理学或者临床诊断中有什么不同的含义还不太清楚。在医学临床上说"焦虑"时，它指的是一种没有明确原因的、令人不愉快的紧张状态。而"焦虑症"指的是很大一类障碍的总称，不仅包括我们平时所指的焦虑症（在正式诊断中，叫做一般性焦虑症），而且还包括强迫症、恐怖症、惊恐症、创伤后障碍等等。

● 焦虑的杀伤力

对精神、行为及生理方面的杀伤力

病态焦虑的特点为：程度重、导致焦虑的原因不明或焦虑的程度与其原因不相称。例如一个工作稳定的职员整日担心下岗，且为此而寝食难安；一位成功的企业家因为一笔微不足道的生意而忧心忡忡，且持续时间长。这类焦虑症状包括精神、行为和生理三方面。

——精神方面表现为烦躁、紧张不安、不必要或过分担忧，以及怀有莫名灾祸降临的感觉。

——行为方面表现为坐立不安、面肌抽动或肌肉跳动，四肢颤抖，小动作增加，严重者可不停地往返徘徊，甚至捶胸撞头。

——生理方面表现包括失眠、头痛、口干、出汗、脸色苍白或潮红、血压升高、呼吸短促、喉头梗塞感或窒息感、心跳加快、呃逆、呕吐、便秘腹泻、尿频、性功能障碍及女性的月经紊乱等。

焦虑可急性发作或慢性持续。急性焦虑表现为突发的极度恐惧紧张、濒死感、"发疯"感，伴有瞳孔散大、大汗淋漓、头晕或昏厥，感觉"心脏要从喉咙里跳出来"，胸部有重物挤压感，甚至大小便失禁，一次发作数分钟至数小时。慢性焦虑则表现为持续的担忧、不安、紧张，伴有相对较轻的急性焦虑的躯体症状，焦虑无特殊可理解的病因，也不与特定对象相联系，可持续几个星期或更长。

不必要的担心

焦虑的核心内容是担心，担心事业失败，担心下岗，担心失恋，担心交通事故临头，担心自己会生重病，担心买不起房子……紧张是程度较轻的焦虑，恐惧则是程度较严重的焦虑。

应该说人与动物不同点之一便是对事物有预测性、预见性。在当今瞬息万变的社会中，对将来的必要的担心是应该的，但过分的焦虑不是来自环境的真正的危险，而是杞人忧天式的虚无空想，即心理学所说的"心理炒股"，对危险性进行无端的放大，风声鹤唳，草木皆兵。这种"焦虑"的特征，是常常觉得生活周围危机四伏，而且自认为没有能力解决生活上的难题；或者自己认为不受人欢迎、喜欢或臆想有人会加害于自己，因此，陷于焦虑状态时，便会出现心悸、不安、胃绞痛、慌乱、无所适从等心理上的"警告信号"，此时若认识到它是一种危机而设法自救，那么焦虑感就会变成为一种求救的信号。

罪恶感，无用感

焦虑还可派生出罪恶感和无用感，罪恶感不是做了错事或坏事后的犯罪感，而是"罪由心生"，为自己杜撰和假想许多"罪行"。有罪恶感的人觉得自己无用，对人对事常抱疑问的态度，并判定别人不信任自己。常会因失望而生愤怒，并迁怒于人。即心理学上的"敌意"和"心理失衡"。

无用感是罪恶感的变种，罪恶感将厌恶外化，无用感则将厌恶内化——指向自己的内心。无用感的人对自己的能力缺乏自信，认为自己一无是处，因此经常表现出自卑、羞怯、内疚、自责；认为自己的躯体、长相无可取之处，不可能让人喜欢，对工作无信心，即使有成绩也认为是碰上好运所致。无用感主要是源于社会变化和竞争过分激烈所带来的内心恐惧。有竞争就会有失败，有变化就会有落伍。当这些可怕的结果还未出现前，他们即以"无用"作为借口而自我退缩。目前，有无用感的人越来越多，而且这将是发展为严重的心理疾患的先兆。

💬 **心理故事**

王先生是个工作繁忙的人。他用极为有限的资金，经营着一家自己的小公司。常常要面临资金紧张、业务不畅的困扰，甚至他从来也不知道等待自己的是什么。他似乎永远是个忙碌的人。早上，他急三火四赶去上班。在办公室里，他的电话一个接着一个，还要处理业务信函，催促员工搬运货物，有时，他还要匆匆赶去会见客户。每天工作结束的时候，他总是感到筋疲力尽。

王先生从来都不愿意花些时间理顺和控制自己所要做的事情。结果，他常常错过重要的电话或约会，把时间不必要地浪费在寻找自己放错了位置的东西上，他经常感到头脑混乱，不知所措，甚至出现了一系列身体不适症状。在混乱的局面中，他总是感到似乎每一件事都在威胁着他的公司的命运。

➕ **故事解读**

人们生活在沉重的、不间断的焦虑状态下，而造成这种状况的原因各不相同，对于诸多像王先生这样的人来讲，生活总是充满了焦虑。在匆匆忙忙时，他们可能感到舒服些；无事可做时，反而觉得沮丧无聊。他们没有意识到，正是他们的所作所为增加了焦虑感。其实，只要改变一下生活方式，我们自身完全有能力将焦虑减少到最低点。

● **自测：你有焦虑倾向吗？**

有焦虑情绪的人，一般都能自我感觉到，因此能够自我检查。如果你怀疑自己有焦虑情绪的话，可以用焦虑自评量表进行自查。

焦虑自评量表共有 20 道题，用这 20 道题可以比较科学地评定你的感受。注意答题时不要受别人影响。

A. 没有或偶尔有（1 分）；　　　　B. 有时有（2 分）；

C. 经常有（3 分）；　　　　D. 几乎天天有（4 分）

1. 我觉得比平常容易紧张和着急。　　　　　　　　　　　（　　）

2. 我无缘无故地感到害怕。 （ ）

3. 我容易心烦意乱或惊恐。 （ ）

4. 我觉得我可能将要发疯。 （ ）

5. 我过得很好，不会发生什么不幸。 （ ）

6. 我手脚发抖打颤。 （ ）

7. 我因为头痛、颈痛和背痛而苦恼。 （ ）

8. 我感觉容易衰弱和疲乏。 （ ）

9. 我觉得心平气和、沉稳安静。 （ ）

10. 我觉得心跳得很快。 （ ）

11. 我因为一阵阵头晕而苦恼。 （ ）

12. 我觉得要晕倒似的。 （ ）

13. 我吸气、呼气都感到很容易。 （ ）

14. 我的手脚麻木和刺痛。 （ ）

15. 我经常因为自己的病痛而苦恼。 （ ）

16. 我常常要小便。 （ ）

17. 我的手常常是干燥温暖的。 （ ）

18. 我脸红发热。 （ ）

19. 我容易入睡并且一夜睡得很好。 （ ）

20. 我常做噩梦。 （ ）

你的总分：（   ）分

测试结果分析

按自评量表评完之后，首先要检查 20 道题是否全部打了分，然后将各题的得分相加得出总分。总分 ×1.25 即得出焦虑指数值。焦虑指数值越高，焦虑程度越重。焦虑指数小于 50 为正常，即无焦虑情绪；焦虑指数在 51～59 之间为轻度焦虑；焦虑指数在 60～69 之间为中度焦虑；焦虑指数大于 70 为重度焦虑。

● 你不可不知的焦虑症

正常人在预感将要发生不利的情况时，可产生焦虑感，这种焦虑通常并不构成疾病，是一种正常的心理状态。只有当焦虑的程度及持续时间超过一定的范围时才构成焦虑症状。焦虑症状也见于情感性精神病、精神分裂症、强迫性神经症、癔症、器质性意识模糊状态、甲状腺机能亢进等。目前认为，只有焦虑的原因不明显，焦虑症状很突出而其他症状也很明显时才诊断为焦虑症。焦虑症即通常所称的焦虑状态，全称为焦虑性神经病。焦虑症是一种具有持久性焦虑、恐惧、紧张情绪和植物神经活动障碍的脑机能失调，常伴有运动性不安和躯体不适感。

症　状

焦虑症是一种普遍的心理障碍，在女性中的发病率比男性要高。流行病学研究表明城市人口中大约有 4.1~6.6% 会得焦虑症。

焦虑症的主要症状是，患者充满了过度的、长久的（持续在 6 个月以上）、模糊的、不明原因的焦虑和担心。其具体症状包括以下四类：身体紧张、自主神经系统反应性过强、对未来无名的担心、过分机警。这些症状可以单独出现，也可以一起出现。

身体紧张： 焦虑症患者常常觉得自己不能放松下来、全身紧张、面部绷紧、眉头紧皱、表情紧张、唉声叹气。

自主神经系统反应性过强： 焦虑症患者的交感和附交感神经系统常常超负荷工作。常见出汗、晕眩、呼吸急促、心跳过快、身体发冷或发热、手脚冰凉或发热、胃部难受、大小便过频、喉头有阻塞感。

过分机警： 焦虑症患者无时无刻不处在警惕状态，影响了他们干其他所有的工作，甚至影响他们的睡眠。

对未来无名的担心： 焦虑症患者总是为未来担心。他们担心自己的亲人、财产、健康及与之有关的一切。

临床诊断标准

1. 在过去6个月中的大多数时间里，对某些事件和活动（比如工作进度、学业成绩）过度担心。

2. 发现难以控制自己的担心。

3. 焦虑和担心与下面6个症状中的至少3个（或更多）相联系（在儿童中，只要一个下述症状就可以了）。

坐立不安或者感到心悬在半空中；

易激怒；

难以集中注意力，内心一片空白；

容易疲劳；

肌肉紧张；

睡眠问题（入睡困难、睡眠不稳或不踏实）。

4. 焦虑和担心是由于怕细菌感染（强迫症）、惊恐发作（惊恐症）、当众出丑（社交恐怖症）、长胖（神经性厌食症）、严重疾病（疑病症）等等引起。

5. 焦虑、担心和躯体症状给个体的社交、工作和其他方面造成了困难。

6. 上述症状不是由于药物的生理作用（例如：服药、吸毒、酗酒）或者躯体疾病所引起（例如：甲状腺分泌降低），也不仅仅是发生在情绪障碍、精神性障碍或普遍发展障碍之中。

种　类

一般性焦虑症（即我们在本章中所重点描述的焦虑症）

患者在没有特别理由的情况下，无故感到极度紧张，可能是由于生活的压力所引致。患者可能会突然被一些小事所困扰而变得焦虑异常，严重者更可能会引致其他身体不适。

恐惧症

是指患者对某些特定事物或某些特别事情产生异常的感觉。恐惧的反应会比一般正常人强烈很多，如身体颤抖、心跳加快、呕吐等。

强迫症

患者会异常地执着于某些事情，从而在心理上强迫做出一些异常的行为。例如有些人会不停地洗手，恐怕双手会有一丁点儿被沾污等。虽然患者意识到自己的行为是不正常的，却无法自控。

心理故事

宋代书画家米芾好洁成癖，他用的器具别人不能用；他的坐榻，也不愿别人再坐。如果被人坐了，客人一走，他就叫人洗刷。有一次他的朝靴被别人借用了一次，他厌恶极了，三番五次地用水冲刷，最后竟把靴子洗坏了。他平日洗手也很特别，是由别人拿着长柄银斗舀水冲洗，冲洗后两手相拍，直到把水拍干，决不用手巾擦拭。连替女儿选婿也讲究清洁，有个人姓段名拂，字去尘，米芾看了他的名字就十分满意，说："既拂了，又去尘，真是我的好女婿！"于是，就把女儿嫁过去。

故事解读

强迫症为焦虑性疾患的症状之一，其表现多样，大致可分为"强迫性思维"及"强迫性行为"。强迫性思维是一种自觉重复、无意义又挥之不去的想法，常见对事情不能确定，或是浮现过去的事情，抑或出现不道德或可怕的念头等等；而强迫性行为多为重复洗手、检查或是重复的模式化行为等。强迫症之所以恼人，在于它的重复性和挥之不去，患者自己会觉得无聊、没道理、可笑或是有罪恶感，但是它占据了患者大部分的注意力、精神和时间，造成生活上极大的痛苦和困扰，影响之大，足以使人痛不欲生。

● 你的焦虑从哪里来？

来源之一：在工作、生活健康方面均追求完美化。

稍不如意，就十分遗憾，心烦意乱，长吁短叹，老担心出问题，惶惶不可终日。须知，世间只有相对完美，没有绝对完美，世界及个体就是在不断纠正不足，追求真善美中前进。应该"知足常乐"、"随遇而安"，不做追名逐利的奴隶，为自己设置精神枷锁，活得太累，把生命之弦拉得太紧。

来源之二：没有迎接人生苦难的思想准备，总希望一帆风顺、平安一世。

其实不然，正如宇宙的自然规律一样，人生自始至终都充满了矛盾，世外桃源是不存在的。人降临于世，就会面临生老病死的磨难。没有迎接苦难思想准备的人，当一遇矛盾，就会惊惶失措，怨天尤人，大有活不下去之感。"吃得苦中苦，才能甜上甜。"成功只属于那些善于适应、勇敢面对困境的人。

来源之三：意外的天灾人祸。

意外的事故会引起紧张、焦虑、失落感或绝望感，甚至认为一切都完了，只有等待破产、毁灭或死亡。假如碰到意外不幸，应正视现实，不低头，不信邪，昂起头，咬着牙关前进，灾难是会有尽头的，忍耐下去，一定会走出暂时的困境。有时往往会"山穷水尽疑无路，柳岸花明又一村"，出现"绝处逢生"的局面。有时乍看起来是件祸事，说不定又是一件好事。人生就是这样，"祸兮福所倚，福兮祸所伏"，好与坏，幸福与不幸之中包含着深奥的辩证关系。

来源之四：神经质人格。

这类人的心理素质不佳，对任何刺激均敏感，一触即发，并对刺激做出不相应的过强反应。承受挫折的能力太低，自我防御本能过强，甚至无病呻吟，杞人忧天。他们眼中的世界，无处不是陷阱，无处不充满危险。整日提心吊胆、疑神疑鬼，长此以往，必然会陷入焦虑之中不能自拔。

第 2 节
摆脱焦虑的 28 个心灵处方

● **摆脱焦虑的全程应对策略**

在开具处方之前，让我们首先把握摆脱焦虑的全程应对策略，共包括三方面内容，即积极认知策略、积极行动策略和回避策略。应该明确，前两种方法是积极的应对之道，而回避策略则是不可取的。

积极认知策略

1. 寻求指导或力量；
2. 做最坏的准备；
3. 努力去看积极的方面；
4. 考虑处理问题的几种方法；
5. 凭借过去的经验；
6. 在一段时间里整天忙于做事；
7. 努力置身于某一情境之外，并更客观一些；
8. 仔细考虑你的处境并争取理解它；
9. 自言自语说些能让自我感觉好一些的事；
10. 对自己发誓，下一次事情会不一样了；
11. 接受它，既然已经发生，就顺其自然。

积极行动策略

1. 努力寻找更多的有关信息；

2. 与家人或亲戚朋友谈论这个问题；

3. 跟专业人士（与问题相关的人）谈一谈；

4. 忙于别的事情努力使自己不去想这个问题；

5. 订一个行动计划，然后去施行；

6. 尽量不草率行事或凭预感行事；

7. 设法让自己的情绪超脱出来；

8. 从有相似经验的人或群体那里寻求帮助；

9. 讨价还价或妥协，从这件事中得到一些有益的东西；

10. 用体育锻炼来缓解紧张。

回避策略

1. 感到生气或沮丧时，就冲别人发泄；

2. 继续将自己的情绪保持在正常状态；

3. 常常避免和他人呆在一起；

4. 拒绝相信事件发生了；

5. 喝很多酒或抽很多烟来缓解紧张；

6. 吃很多东西缓解紧张；

7. 吃很多镇静药来缓解紧张。

 处方 1

勇敢地面对焦虑，问自己："最坏会到什么程度？"

我们每个人都在极力避免发生引起我们焦虑的事情，我们可能想出一个又一个的借口，来说明为什么现在不必去做；等一等可能更有益处；我们还有其他更重要的事情要做。不仅如此，我们还允许自己无限期地推迟处理这些令人产生焦虑的事情。这种拖延的结果是：这些问题以及它们造成的焦虑，始终悬挂在我们的头顶，使我们不得安宁。

焦虑的产生显然是由于没有处理产生焦虑的问题而造成的。我们对下面这些事情都并不陌生：去医院看病或者去看牙科医生；交纳人寿保险金；与人争论令人不愉快的事情；完成规定的任务，以及任何不愿做，但又不得不做的事情。

由于这些事情得不到及时处理和解决，我们备受折磨。我们拒绝承认它们，企图忘记它们的存在；我们通过使这些存在的问题合理化，迫使自己相信这些问题已不存在。但是，我们自己心里很清楚：这些事情依旧存在，并给我们造成了焦虑，我们最终还得理它们。既然如此，为什么不马上着手解决这些问题呢？

人之所以会焦虑，是因为在潜意识中都渴望过一种自由自在、无忧无虑的生活，在面对可能发生的事件（当然指的是消极的）或克服此事件产生的后果时缺乏信心，潜在的不自信使我们的思想、行为、情绪造成一种紊乱，肌肉不由自主地绷紧。在这种情况下，我们不仅注意力无法集中，情绪失控，而且记忆力会严重丧失。这种情况若不改善，长期下来，会造成消化不良、胃溃疡、头痛、免疫系统失调、失眠、呼吸不顺畅、疲劳……有趣的是，这种种病状都是在"不清不楚"的情况下产生的，许多人只是谈到某事时就紧张焦虑，但从未真正地面对自己，找出什么是真正的"根"，因而无法处理及解决这种焦虑及害怕的情绪。

我们每个人心里都可能牵挂着至少一件不愉快的事情，与此同时，还可能伴随着焦虑和内疚。勇敢地面对目前最令你焦虑的一件事情，先思考一下，你为什么不敢正视它，是什么使你产生了焦虑，怎样才能愉快地解决这一问题。请一位亲属或朋友陪你去看医生是不是更好一些？能否请专业人士定期为你办理保险事宜？能不能请别人帮助你分担那件必须要做的工作？假如你答应事后奖励自己一番，是不是有助于你勇敢地去对付那一挑战？请努力找出一条最简易的方法去达到自己的目标。

然后，制订并实施一项处理这件事的计划。这件事可能是倾力完成那项应该去做的任务，或者花费时间去应付那件不愉快的事情，你会发现，每件令你充满焦虑的事情都有它的解决之道。勇敢地去接受焦虑对你的挑战——请参考下面的焦虑评估步骤。

焦虑的评估步骤

第一步：事件评估

1. 我为哪件事而焦虑？

2. 我为什么焦虑？

要对这些做出直截了当的回答，越具体越好，最好拿出纸笔，清楚地写下来，问题才会明朗，仅用头脑想是不够的。

第二步：分析与理解

1. 即使我所焦虑的事情真的发生了，或最坏的结果出现了，是否真的是那么可怕？

2. 别人是不是也有过类似的遭遇？他们的反应如何？

3. 如果真的发生了，我的生活就会悲惨到极点吗？

评估及理解是很重要的消除焦虑的两大步骤，因为只有面对也许不会发生的最坏后果，我们才能从容地面对现在。

评估与理解自己的焦虑之后，接下来就是要面对现在的问题。

第三步，对所面临的处境进行再次评估（以下面的心理故事中的石油公司老板为例。）

1. 现在的真正问题是什么？（面对那个所谓的政府稽查员，真正担心的问题是什么？答案是，怕影响公司的信誉。）

2. 问题的起因是什么？（公司的员工在老板毫不知情的情况下贩卖不法石油，被人掌握证据。）

3. 解决的办法有哪些？（一是贿赂那个"稽查员"；二是不理他；三是找律师说出实情，请他帮忙解决。）

4. 我决定用哪种办法？（找律师）

5. 什么时候开始做？（第二天）

第四步：方法的有效度评估

检验你所尝试的方法是否能取得预期的效果，若没有，立即想其他的办法。

💬 心理故事

卡耐基在他的书中提到一个石油商人的故事：

我是石油公司的老板，有些货运员偷偷地扣下了给客户的油量而卖给了他人，而我却毫不知情。有一天，来自政府的一个稽查员来找我，告诉我他掌握了我的员工贩卖不法石油的证据，要检举我们。但是，如果我们贿赂他，给他一点钱，他就会放我们一马。我对他的行为及态度非常不满。一方面我觉得这是那些盗卖石油的员工的问题，与我无关。但另一方面，法律又有规定公司应该为员工的行为负责。另外，万一案子上了法庭，就会有媒体来炒作此新闻，名声传出去会毁了我们的生意。我焦虑极了，开始生病，三天三夜无法入睡，我到底应该怎么做才好呢？给那个人钱呢？还是不理他，随便他怎么做？

我决定不了，每天担心，于是，我问自己：如果不付钱的话，最坏的后果是什么呢？答案是：我的公司会垮，事业会被毁了，但是我不会被关起来。然后呢？我也许要找个工作，其实也不坏。有些公司可能乐意聘用我，因为我很懂石油。至此，很有意思的是，我的焦虑开始减轻，然后，我可以开始思想了，我也开始想解决的办法：除了上告或给那个人金钱之外，有没有其他的路？找律师呀，他可能有更好的点子。

第二天，我就去见了律师。当天晚上我睡了个好觉。隔了几天，我的律师叫我去见地方检察官，并将整个情况告诉他。意外的事情发生了，当我讲完后，那个检察官说，他知道这件事，那个自称政府稽查员的人是一个通缉犯。我心中的大石头落了下来，这次经验使我永难忘怀。至此，每当我开始焦虑担心的时候，我就用这次的经验来帮助自己跳出焦虑。

➕ 故事解读

最坏的后果是什么？当这个后果出现时，你能面对它吗？你能承担它带来的责任吗？这是人们在焦虑时要自问的几个重要的问题。

处方 2 现在就做，绝不拖延

焦虑的出现，很多时候是因为需要在很短的时间内去完成很多或者很复杂的事情，这种"时间不足"的情况却往往是由于故意拖延所致。有些人习惯性地将事情拖到最后一刻才处理，有些则因为害怕问题的影响而把问题拖到最后一刻才肯面对。可是，越是拖延，压迫感便越大，焦虑也越强。

有时，我们可能想把今天能做的事推迟到明天再去做。这种做法的不幸结果，是把自己的生活弄得杂乱无章，充满了没完成的琐事。不仅如此，为了争取记住去做这些事，我们心事重重，脑子里乱七八糟。所有这些，都给人带来了烦恼。

要做的最简单的事情是，如果可能，每当想到一件事情，就去处理它。比如说，如果你该把垃圾倒掉，为什么不马上去把它倒掉呢？把垃圾倒掉，然后忘掉这件事。明早上班时，如果你需要带什么东西，现在就把它放入提包或公文包内。如果你要将食物解冻，现在就从冰箱里把它拿出来。

如果能痛下决心，正视你的问题，及早着手处理手头的事情，你便会有充裕的时间、空间、资源，以及精神和体力去将事情办好。事情若能准时完成，出现焦虑的机会就将大大减少。这需要你有很大的决心及恒心才能完成。

"不拖延"的行为训练

从自己处理事务和工作的方式开始，养成及时处理事务的习惯。

1. 注意观察你是怎样处理工作与事务的。

如实回答下列问题：

——你是否注意到它们，后来又忽视了？

——你是否认为确实应该做，但又决定把它推迟到以后再做？

——对手头的事情，是否立即采取了行动？

——你的事务是常常得到及时解决，还是常常留下来，等待以后来解决？

——你是感到自己没有受到琐事的影响呢，还是为它们心事重重？

2. 及时处理一切你注意到，并能立即处理的事务。

如果暂时还不能进行有效的处理，列出一张单子，看一看目前有什么必要的工作要做，每天安排一点时间，处理单子上列出的要做的事情。

由于事务能得到及时地处理，事务单子也就不会成为一种负担。圆满完成任务后，你会感到自己很及时、很轻松地摆脱了它们给你带来的沉重负担。

从杂乱无章到井然有序——清理大脑；保持周围环境整洁

混乱导致焦虑——无论是大脑的混乱，还是属于你的物品的杂乱。

我们的大脑有那么多的事情需要记录下来。我们需要记住生日、约会、去买水果、某件特殊的差事、日程的变更，以及生活中无数的琐事碎节。我们常常忘掉其中一些事情，还担心着会把其他事情也忘掉，我们把大部分精力用于记住这一系列事情上。虽然，做一些这样的记忆工作是必要的，但太多了会造成不必要的烦恼，这些似乎微不足道的小事足以令人头脑混乱。

与此同时，杂乱的事情也令人焦虑与烦恼，它们会使人产生一种失控感，大多数人不喜欢产生失控的感觉，尤其是对于生活中发生的事。但我们又常常拒绝采取必要行动，去建立秩序，减轻忧虑。阻碍我们采取适当行动的原因很多，而共同的原因是：多数人对强调干净、整洁有排斥感；不喜欢清洁物品这样的琐事；懒惰。

给你的大脑一些自由，把自己的大脑从日常琐事中解放出来；消除混乱的局面，把一切事情安排得整洁有序，你的焦虑感将因"秩序"而减轻。

建立"大脑秩序"的行为训练

1. 了解有多少焦虑和烦恼是由大脑记录产生的；对自己进行一番观察，看看你如何协调自己大脑中记下的事情。

——是不是只忘记了几件事？

——记住这些事情有困难吗？

——记忆这些事情时你很卖力气吗？

——你从未忘记过它们吗？

——你是否在担心自己会忘掉什么事情？

——当感到遗忘时，你是否能有意识地提醒自己？

——你对自己关心琐事细节感到忧虑吗？

2. 使大脑得到放松，不再牢记这些事情。

要做到这一点，方法很简单，买一个能随身携带的小本即可。这种规格很小的本子能放入衬衣口袋内，再带上一支钢笔或铅笔。当你发现有什么事情应该记住，或碰到什么意外的事需要记住时，把这件事情写下来，把它从大脑中驱逐出去，解除由于要记住它而给自己带来的烦恼。

3. 要经常翻一翻小记录本。

不要忘了时常查阅你的清单，以防误事，还要记住，把已做完的事情划掉。每当想起一件事，认认真真地将其记下来，你的生活会更加有条不紊，不必再为可能忘记该做的事而焦虑。

建立"生活秩序"的行为训练

1. 重新审视自己的生活环境。

——你的家里是否干净整洁？你知道东西都放在什么地方吗？你能轻易地取到它们并将其放回原处吗？

——你的工作地点怎么样？你知道办公用品摆放的位置，并且毫不费力地找到它们吗？工作环境舒适有序吗？

2. 制订一项如何将它们进行重新安排的计划。在最后三天时将自己的计划付诸实施。

我们每个人都有属于自己的私人空间，在属于自己的空间里，我们可以安排得更好些。思考一下，哪些方面需要整理一下。

例如，你衣橱里的东西摆放得可能不整齐，你可能不知道在哪儿能找到一块浴巾，或一个能与被套相配的枕套。花点时间，把衣橱里的东西都拿出来，重新分类摆放整齐。在适当的地方贴上标签，这样，可以提醒你什么东西该放在哪个地方。当你再找东西时，就不会那么忙乱了。做完这一切以后，如果再使用衣橱时，你会感到是一种享受。

处方
4

确立明确的目标，并制订自己的时间计划表

生活中没有明确的目标，好比在黑暗中画画，既不知道已画了什么，也不知道需要再画什么，结果可能是模糊一片，乱成一团。生活中没有明确、自觉的目标是令人担忧的。你没有明确地指出你在朝什么方向前进，或该怎样做，就无法用切实的标准衡量自己的所取得的成就，因而很难做到高效率，很难使你的生活方式得到改变，很难对自己和自己正在从事的工作感到满意，其结果，是对生活产生一种盲目、模糊、空虚的感觉，焦虑就不请自来了。

树立明确、自觉的目标，可以帮助你不断前进，使你清晰地知道自己在做什么，以及怎样能够做好。如果你决定在 40 岁时拥有自己的公司和美满的家庭，你就会采取切实的行动朝自己的目标迈进。你可以确定哪些目标已经实现了，距离其他尚未达到的目标还有多远。也许你会决定，在某一特定领域，你需要集中精力；相反，你也许会认为，你的目标不现实，雄心过大。了解了这些以后，你就可以对你的目标做出调整。

然而，仅仅树立目标是远远不够的，你还要为自己制订一个时间计划表——不仅是长远目标的计划表，而且要安排好你所面对的每一天。时间是一个能使人们安排生活的概念，时间安排的紊乱会给人带来无尽的焦虑，当你不能把每一件事都完成，就会感到茫然无措。当你坐下来为自己安排一周、甚至每天的工作与生活时，你会发现，你有能力处理好每件事情，如果按计划行事，每件任务均可完成，而且还有富余时间。做完这些安排与计划后，你会感觉好极了。只要花点时间和精力，是可以学会安排时间的技巧的。

确立目标与制订时间计划表的行为训练

1. 客观地进行目标评估。

——怎样做，你才能达到一个目标？

——为了实现目标，你会付出的真正代价是什么（时间、精力、资金，还是别的什么）？

——实现这一目标需要多长时间?

——你愿意为实现这一目标,去付出所需的代价吗?

——你需要对这一目标做些修改吗?

选择生活中的某个领域,确立其目标。这一领域,可以是你的事业,你的家庭或社会生活,也可以是你的财政、工作计划,或者是你精神世界的某一层面。想一想你对生活中这一领域的希冀与梦想,督促自己去实现这一美梦。

2. 检视一下,你的时间是怎样度过的。

——你有空暇时间吗?你每时每刻都有事可做吗?

——当你有一段空暇时间时,你是不是因无事可做把它浪费掉?

——你是否把时间花在与朋友的交谈上而误了事?

——当你应该去处理日常事务时,你是否还在处于幻想之中?

——你是否使自己陷入不必要的琐事细节中去,而你本来可以去做更重要的事?

——你是否常遇到意外的事,弄得不知如何才能恢复正常工作?

3. 制订时间安排表。

第一步:先坐下来,把你每天要做的事一一列出来。然后,再把你每周、每月该做的事也一一列出。

第二步:根据需要,把时间分配一下,另外,要留出 10% 的时间,以备估计不足或出现其他意料不到的事情。同时,每天安排一段空闲时间,每天的计划里应包括完成每周和每月的部分任务。

你的计划中要包括以下几点:个人需要(吃、睡、锻炼、社交、娱乐、性生活、保养);职业(工作任务、职业教育);经济财政(簿记、付账、存取、教育、咨询);社交(电话、会面、舞会、与人一起进餐、参加宴会);家庭生活(电话、与家人聚会、全家做决定或制定计划);以及精神生活的需要(读书、娱乐、上网、游戏)。

第三步:使用这一新计划。这一计划对你发生作用吗?如有必要,做些修改,以便使其适合你的实际情况。开始使用这一计划时,也许你需要做很多的修改,以后,修改的内容会越来越少,因为随着经验的增多,你的预测会变得越来越准确。

把这一计划作为指南来使用，并对其进行不断地修改，以适应生活中的不断变化。要把计划看成是你的仆人，而不要把它当做你的主人。

把工作按重点排列成序

在某个时间，你可能会发现自己处于一片混乱状态之中。外部的压力、个人的需要和责任，似乎所有事情都在同一时刻向你大声疾呼，要求你给予解决。你感到困惑，你不知道该转向什么方向，你开始觉得自己所做的一切都是徒劳无益的，不知道该怎么办才好，这一切使你变得焦虑不安。

采取一个简单的步骤，会使一切发生改变：把工作停下来，把自己要做的每件事都认真地思考一番，再根据每件事的重要程度，给它们标上号码。你就会知道自己首先要做的应该是哪件事，即使要做完所有的事，时间仍然不够，但是，现在你至少知道了该怎样开始工作。

这种方法不仅适于那些工作繁忙、事务众多的人，而且有助于那些有很多时间，但不知该如何度过的人。有时间无事可做，同有很多事要做但没有足够的时间一样，都会使人焦虑。如果人们认为在这个世界上，总有充分的时间去做事情，他们所做的事情常常很少，而且，他们会觉得自己的生活没有方向，模模糊糊。把全部要做的事情安排一下，按其重要性列出来，就会使生活和工作建立某种秩序。而且，这样会令人产生成就感。

排列工作重点顺序的行为训练

1. **把要做的事一一列出来。**
2. **坐下来。**问问自己："什么事是我最需要做的?"将这件事标上第一号。然后，将次重要的找出来，标上号码。这样做下去，直到将单子上所有列出的事情全部标上号码。不要过于追求准确，把一天要做的事情列出大致顺序是重要的，而不是单子的准确性如何。如果过于追求单子上列出的事情是否准确，在这一天，你有可能什么都干不成。
3. **照单而行。**别忘了，是你在负责这张单子，而不是这张单子在管理着你。在执行单子上列出的条款时，倘若发现它不适合你，你随时有权将其撕碎，抛掉。

◯ 心理故事

伯利恒钢铁公司总裁舒瓦普请效率专家利进行企业诊断，总裁介绍说：我们知道自己的目标，但不知怎样更好地执行计划，所以常陷入无序的忙碌之中。利说可以在 10 分钟内给他一样东西，. 至少能把公司业绩提高 50%。利递给总裁一张空白纸条，让他在纸上写下第二天要做的六件最重要的事。

总裁定完内容后，利让他在纸上用数字标明每件事对总裁及公司的重要性次序。接着说："现在把这张纸放进口袋。明天早晨第一件事是把纸条拿出来，做第一项。不要看其他的，只看第一项。着手办第一件事，直到完成为止。然后用同样的方法做第二项、第三项……直到你下班。如果你只做完五件事，那不要紧。你总是做着最重要的事情。"

几个星期后，利收到一张 2.5 万美元的支票和一封信。那个总裁在信中说，从钱的观点看，那是他一生中最有价值的一课。

✚ 故事解读

为了能做最好的事，你要放弃一般的事。这一简单方法在任何时候对你都能有所助益。它既能在你被弄得不知所措以前帮助你，也能在你被弄得不知所措以后帮助你。新的一天开始了，有的人还没有决定在这一天里最重要的事情是什么，那么，把一天要做的重要事情列出一张清单。

处方 6　排除极端的想法，不要随意夸大你的生活状态

夸大会使人焦虑。生活中的事情，即非一切都是那么美好，也非一切都是那么糟糕，生活是由好与坏组成的混合体。生活中呈现着深浅不同的灰色，事情常常是在变化的。有许多事情，乍一看起来为阴云所遮盖，而云过天晴后，就会露出其本来面目。在许多事情上，不得不进行妥协。开始形势发展不那么理想，而其结果，可能是令人满意的。

排除极端，能帮助我们避免经历感情上的大风大浪，避免情绪上的大起大落。人们之所以从极端的角度来看问题，常常是因为希望感受更大的刺激（因此更加活泼），或者是，希望使本来复杂的事情简单化。为这种虚假的激动和简单化所付出的代价，就是焦虑和烦恼，造成感情上的失衡和目标的渺茫。

站在极端立场上看问题令人烦恼，从一开始，你就相信了已被夸大了的结果。你做出强烈的反应，是因为你把自己的臆想当做了即将发生的事实。例如，你的公司陷于僵局，正确的做法是：应该承认这一客观现实，找出原因并想出对策。典型的极端反应是把事情想得更加糟糕：想像自己会失业；会失去家庭；会受到寒冷和饥饿的威胁等等。这足以损坏促使事情得到改善的任何想法，令人不知所措，心灰意冷。

也许，你夸大事情的积极方面，可能是为了给上司留下个好的印象；夸大事情的消极方面，目的在于赢得朋友的同情和特别照顾。但你的做法不可能给你带来任何好处。你的上司将会希望你解释清楚，你夸大了的令人满意的结果，为什么与真实的结局有出人。当你的朋友们意识到事情并非如你所说的那么糟，他们会怀疑你是否真的需要同情。这样，你不仅需要应付他们对此做出的反应，而且也会为自己夸大事实来操纵别人感到内疚，进而引起更多的焦虑与烦恼。

避免走向极端的行为训练

1. 你是否对事实进行了夸大，夸大到什么程度?

注意观察自己说话时，是否对事情进行不必要的夸张，记下导致你夸张的场合，记下导致你夸大事实的情形，确定你采取的措施与方式。

——当你对事实进行夸大时，你的感觉怎样?

——它使你产生的是由夸张带来的欣快感，还是失望感?

——你是否由于夸大事实而给自己带来焦虑与烦恼?

2. 做出努力，使其达到平衡。

选择一件你用极端的观点来看待的事情，并用客观、准确的方式来评价它，说话时要努力控制自己。假如你听到自己在夸张，那就制止自己，并改变话题。如有人问你："今天好吗?"你可能会回答，"坏极了。"或"好极了。"而事实上，你只需说"还可以"或"不错"，这样的回答也许更准确一些。

处方 7 用欣赏的态度看待世界

先来做两个关于态度的练习。

练习一：环顾你的周围，在你的工作地点和家中，还缺少什么? 将注意力集中于缺少的每一件东西，集中于一切你希望能拥有的东西，在心里将这些东西列成一个单子，大声地说："我还没有得到……"把注意力再一次集中于你希望能得到，而现在还没有的东西上，然后说，"这是不公平的，因为我没得到我所要的一切东西。"这样重复说五遍，你会有什么样的感觉? 答案是：一定很糟。

练习二：反过来，现在想一想你拥有的一切及你重视和欣赏的东西，你的家庭、你的朋友、你的工作、你的美好的情感、你的健康，把这一切都一一列出来，并说："我赞赏和感谢……"反复说五次这样的话："由于在生活中，我拥有这一切美好的东西，我感到自己很幸运，很充实。"现在你感觉怎么样? 答案一定是：感觉好极了! 你还是原来的你，环境和情况也没有发生什么变化，只不过你在对同一问题的看法上，采用了不同的角度。

用欣赏的态度来看待世界，是减轻由不完美和失落感造成的焦虑的一条重要方法。我们为自己所拥有的感到充实，但是，在更多的时间里，我们却将注意力集中于自己没有得到的东西上，这么做有时是必要的——比如，当我们确立目标和展望未来的时候——但是，如果让它主宰了我们的世界观，快乐就随之远去了。用消极的态度来看待生活，不会使你体会到生活的美好，反而会耗费你的精力，阻碍你向前奋进，损害你的自尊感，使你产生自我怜悯感。

两者相比，你会采取怎样的生活态度? 欣赏你所拥有的一切吧! 你会倍感充实，充满创造力，用乐观替代焦虑。以此为基础，你就能放开思想，在生活中创造更加丰富的东西。

树立欣赏观点的行为训练

1. 把注意力集中于某一特定的世界观。

——你是否想花很长时间，要求得到更多的东西？

——你对现状很满意吗？

——你是否想从你目前所拥有的东西上，寻找其缺陷？

——你牢骚满腹吗？

——你对生活中即使是极为简单的东西，诸如食物、住所、宠物也表达你的满意之情吗？

——你是欣赏这些东西，还是把它们看做是你理所当然应该拥有的？

2. 培养以欣赏的态度看待问题的习惯。

连续几天，每天三次抓住自己对事情不满意的时刻。首先要原谅自己消极的态度，接受自己的局限性。然后，将自己的态度，由反对变成赞成。这只需要你说一些改变你的观点的话即可。假如你对工作有所抱怨，那就找出你所从事职业的优势；假如你觉得经济上不够富有，那就对自己说：我并不是一无所有。对自己拥有的东西表示赞赏，并不意味着你要停止使其得到改善的努力，事实上，你需要用一种心平气和的态度来欣赏它们，而不是感到气愤和失落。

3. 观察自己是否有所变化。

随着生活态度的改变，请你时常问自己：

——你是否感到比过去更加积极向上？

——你是否觉得自己的生活比以前更加充实？

——你感到现在更幸福吗？

如果是，你的生活就进入了一种全新的境界。

处方 8　**掌握放松的技巧**

掌握放松的技巧，是摆脱焦虑最重要的方法之一，当你长期处于焦虑状态时，会出现心慌、呼吸加快、肌肉紧张、头部不适、四肢发抖等不适反应，通过深呼吸和放松技术，可以减轻这些不适反应。

正确的深呼吸方式要点是：保持一种缓慢均匀的呼吸频率，将空气深吸入全肺，然后缓慢地全部呼出来。注意，吸气时应让你的胃部鼓起来，这表示你已用全肺呼吸。放松技术主要采用渐进性肌肉放松法，通过全身主要肌肉收缩——放松的反复交替训练，使人体验到紧张和放松的不同感觉，从而更好地认识紧张反应，最后达到身心放松的目的，并能够对身体各个器官的功能起到调整作用。

"渐进性肌肉放松法" 的行为训练

在《压力篇》中，已对这种放松技巧进行了详细的介绍，当你感到焦虑和烦恼的时候，最好重新熟悉一下练习的内容与练习次序，也可以用柔和、轻缓的语言，将练习次序录音，然后，跟着录音机来做。采用你认为最容易的办法，使自己得到放松。注意，一定要在身体的每一部位，都花足够的时间，体会到彻底放松的感觉后，再移到另一部位。

1. 选择一个你被焦虑和烦恼缠绕的日子，用20~30分钟的时间，把自己的全部精力，都用在彻底放松的练习上。

2. 寻找一块安静的、不受任何干扰的地方，关掉电话，要保证无人打扰你，不会受到外界的任何干扰。

3. 拉上窗帘或关掉电灯，以舒适的姿势躺下来，调整一下自己，变换一下枕头的位置，确保自己能做到尽量放松。你的身体各部位不要有任何支撑，肌肉要完全松弛下来。

4. 注意观察你的双脚，你的双脚感到紧张吗？如果是，想像一下，紧张慢慢融化掉，像流淌的小河，一直流出脚趾。

5. 你的踝节部紧张吗？通过呼吸，向里输气，使其流动，通过双脚，流出脚趾。

6. 你的小腿是否紧张？通过呼吸，注入空气，将其吹动，通过双脚，流出脚趾。

7. 再向上检查双膝，看看是否存在紧张。再一次让紧张融化，流过小腿、踝节部和双脚，最后流出脚趾。

8. 大腿是常常产生强烈紧张的部位，要花点时间，仔细检查一下，让一切紧张都进入你的意识，当你感觉到它以后，向里面吸气，使其融化，慢慢流过双腿、双膝、小腿，到达踝节部，最后流出脚趾。

9. 将双腿全部检查一下，它们还紧张吗？有没有遗漏你刚才检查时没注意到的紧张部位？如果有，让其融化，流出去。此时，你的双腿应该是很轻松了。感觉一下它们的重量，全身不必费什么力气支撑双腿，你的感觉如何？

10. 注意观察你的骨盆部。检查一下你的外阴、骨盆以及下腹部。这些地方紧张吗？如果感到紧张，吸入空气，使紧张融化，向下流出腿和脚。

11. 再来看看下背部，给那儿的紧张部位注入空气，用意念使它融化，向下流动，通过双腿，流出脚趾。

12. 再移到上腹部和中背部，是否存在着紧张？运用意念向其注入空气，使紧张融化，放松，使其向下流出双腿和脚趾。

13. 再来看看胸部和后背上部。通过呼吸，使那里的一切紧张全部融化。不论是在哪一部位发现有紧张的残余，均做深呼吸，使紧张融化，向下流动，最终流出你的体外。

14. 再来看看你的双肩、双臂和双手，认真地进行检查，这些部位常被焦虑情绪拉得紧绷。慢慢地深深吸气，使气流进入双肩、手臂和双手，让紧张顺着身体向下流动，从脚趾流出体外。

15. 感觉颈部和头部，检查一下前额、耳朵、口腔、下巴、眼睛、鼻子以及头皮，如果这些地方感到紧张，让它们都放松下来，让所有的紧张随着呼出的气流全部流出体外。

16. 让你的想像任意驰骋，用想像与自己开个玩笑，在意念中做一些使你感到幸福、满足的事情，你可以为所欲为。其中包括：

——去你喜欢的地方（海洋、高山、一个你喜欢的公园、一家餐厅）；

——去探索一个你从没去过的地方（另一个国家、另一个星球）：

——想像与你喜欢和尊敬的人在一起呆一段时间，甚至可以想像与一个已去世的人，或还没出生的人呆在一起；

——想像做些疯狂的、不可能实现的事情；

——在想像中发明一件什么东西；

——在想像中观察一种根本就不存在的颜色。

练习做完后，慢慢移动双脚和双手，移动腿与臂，轻轻地将自己带回到现实中来。然后，慢慢站起来，揉一揉胳臂、腿、躯干和脸，睁开双眼，向四周望一望，你一定会感觉到这时的你与开始做这个练习时大不相同。

处方 9 不被恐惧感所左右

每个人都可能遇到害怕的事。我们恐惧的可能是具体的事情，如被狗咬伤，被老板解雇，从高处跌下来，失去我们关心的人，甚至可能是与陌生人交谈。我们的恐惧也可能是笼统的，我们害怕的，甚至是不可知的东西，如外星人。一般说来，恐怖是人在成长过程中的一种正常的情绪反应，这种体验并不总是消极的，危险状态下产生的恐惧，常可以促使人尽快地脱离险境，保护自己。但如对某一特定事物、活动或处境产生不必要的和持续的恐惧，伴随着回避反映，并认识到这种恐惧是不必要的和过分的却无法控制，则是恐怖症。青少年常见的如社交恐怖症，表现为害怕到各种公共场所去，如拥挤的商店、公共汽车、剧院、餐厅等，怕被人群包围；赤面恐怖症，表现为当众讲话、写字、饮食时自感羞愧、愚蠢或笨拙，担心自己成为众人瞩目的中心而感到惊恐；动物恐怖症，即害怕某种动物；境遇恐怖症，如怕登高、临渊。此外还有异性恐怖症、学校恐怖症，表现为不敢面对异性，害怕去学校、害怕考试等。

我们都知道恐惧是怎样一种感觉，口干、出汗、心跳、恶心、胃酸欲吐、喉头堵塞、胸闷、心里空虚、头疼、坐立不安，甚至要急着去厕所，以及大难临头的感觉，都是恐惧的征候，我们的恐惧在情感上的表现都有一些相同点，但每个人对恐惧的表现却有自己的特点。

不敢面对恐惧感，就会产生焦虑与烦恼。假如不设法消除恐惧感，长期下去会成为一种痼疾，有时会发展成为对自己的恐惧感本身的恐惧，因此，你将面临着双重危险：恐惧和对恐惧的恐惧。勇敢地去面对恐惧，并使其逐渐减少，这需要我们拿出勇气，做出奉献。

用"肯定、放松、脱敏"方法去除恐惧的行为训练

可以使用三种方法，以使自己的恐惧感得到减轻。这三种方法是：脱敏、肯定和放松。

1. 肯定法：就是对自己进行观念和信仰的再教育，认清事情的真相，要尽量去找出使你产生恐惧感的错误观念，并将正确的观念——事实真相——用现在时态写在一张小卡片上，例如，有的人害怕飞行，可以写："飞行是安全的。"或"坐飞机比开汽车更安全。"

2. 放松法：如果你处在一个令人恐惧的环境中，那就使用呼吸放松的方法。这种方法不一定次次奏效，但是，一旦产生效果，其作用十分显著。使用这一方法时，要将全部注意力集中到观察呼吸和计数呼吸次数上来，从 1 数到 4，到第 5 次呼吸时，再从 1 开始数。如果在计数过程中，心里又出现了一个可怕的念头，要放弃这种念头，慢慢地，再次把精力集中到计数呼吸次数上来。

3. 脱敏法：使用这一方法时，需要一位可信赖的朋友来帮忙。想像一下造成恐惧的可怕局面是什么样子，填写出与此有关的情景、声音、气味、感觉和味道。设想自己从头至尾经历了这一情景，最终得出了积极的结果，然后，将你的恐惧与焦虑讲给你的朋友听，请你的朋友安慰你，帮你消除焦虑，并使自己相信，真实的情况如同想像中的经历一样，你已安全地通过了。如异性恐怖症即可用以下方式进行脱敏调节。先将恐惧的异性分成几等：陌生异性→一般异性→年长的异性→年轻的异性→有好感的异性，然后试着先反复接触第一等级对象，直到紧张和恐惧消除，再主动接触第二等级对象，依此类推，消除对异性的惧怕和紧张。

心理故事

刘小姐在一家外企工作多年，由于近一阶段工作节奏不断加快，来自各方面的生活压力，烦躁的周围环境，不免让曾经快乐开朗的她神经紧张，感到晕眩，呼吸困难，疑心很重。有一次在车上，又出现了类似的事情，差点昏迷过去，到医院经过心电图等检查都未发现异常。自那以来，刘小姐每当乘车时都会情绪低落，很紧张，现在已发展到因害怕而不敢乘车的程度。

➕ **故事解读**

刘小姐是由于暂时的心理紧张而引起的"广场恐惧症"。刘小姐"变得怕乘车了",就是说一旦身处某个特定的空间就变得紧张,逐渐对这一空间产生恐惧感,这属于精神恐惧中常见的现象。出现恐惧的因素很多,一是由于来自各方面的压力太大,以至把压力都归结于恐惧;另一个原因是当出现恐惧之后,想尽快消除,而此时没有考虑到出现恐惧是正常的表现,一味过度地消除恐惧只能是加重恐惧,成为心理疾病。

处方 10 过自己想要的生活——为生活规定节奏

随着社会节奏的加快,人们的生活节奏也急剧加快,以白领为主体的高强度、大压力、快节奏的"高、大、快"生活工作模式,已成为诱发现代人心理疾病的首要病灶。这类人群因长期处于精神高度紧张状态下,而又得不到应有的调适,会使其身心过度疲劳,对什么都不感兴趣。久而久之,必然会导致焦虑不安、抑郁症、精神障碍等心理问题和疾病。

我们每一个人都有不同于他人的独特的地方,都有自己的步调、节奏和风格。有些人属于早上型,每天早上从睡梦中醒来,即刻就可以开始工作;有些人属于晚上型,到了晚上才精力旺盛。有些人喜欢制订紧张的工作计划;另一些人则愿意在不受任何约束的情况下,自由地生活。有些人可以在连续不间断的大段时间里,工作得更出色;另一些人可能喜欢把时间分成若干小单位,中间不时地休息一会儿。

我们无法来评价此种方式与彼种方式哪个更好,它们之间只是存在着不同,没有好坏之别。烦恼与焦虑的产生,是由于我们没有认识到自己特有的方式,而是试图给自己强加上一种不适合自己的模式。也就是说,我们的工作和生活,是在违反自己意愿的情况下进行的,我们在试图使自己成为另一个人,而不是我们自己。

然而,在成长过程中,我们常常被告知某种方式比另一种方式更好。我们相信了那些说法，有时，还可能因为自己没有照着去做而感到内疚。我们甚至还可能为没有按"早睡早起"的说法去做而深感不安，为自己并非"健康、富有、智慧"而责备自己的睡眠安排得不合适。其实，大可不必这样。比较令人满意的做法是：了解怎样才能使自己达到最佳状态，尊重自己的个人节奏与方式，焦虑就会减少，而且，我们的创造能力会得到更加充分的发挥。

为自己规定生活节奏的行为训练

1. **确认你自己的个人节奏。**

——对你个人来讲，一天睡多少个小时最合适？一次不间断睡眠 8 个小时，还是一次睡 5 个小时，隔一段时间再睡 2 小时？或按其他分配方式来安排？

——你需要每天有规律地吃三顿饭吗？还是一天吃六顿小餐，或者一天吃两顿大餐？或者只要感觉饿了就吃？

——你什么时间做脑力劳动更合适？上午，下午，还是晚上？假如每小时或每 30 分钟休息一会儿，你的反应是否更加敏捷？

——如果利用休息时间锻炼一下身体，吃点快餐，或者放松放松，是不是效果更好？

——在什么时间你感到精力不足（比如，傍晚前常常是情绪低沉期）？什么能使你恢复精力？

——怎样才能使你的工作得到合理的安排，使你的个人需要与生活节奏有机地结合起来，并使形式丰富多彩？

——你有没有做浪费精力的事情？

2. **你的生活与你的生活节奏，以及你对生活多样化的要求是否相和谐？把需要调整的有关内容列出来。**

——你是否找到了一种对付情绪低沉的办法？

——当你的精力分散以后，你能使其再集中起来吗？

——你能否做到体力劳动与脑力劳动交替活动，以免筋疲力尽？

——你对自己的饮食及睡眠满意吗？

——你能否利用自己反应最机敏的那段时间，做最棘手的工作？利用自己感到疲惫的那段时间，做最简单的工作？

——当你需要休息的时候，你是否能使自己停下来，休息一会儿？

3. 在两天内，至少实现三个所需要做出的改变。安排好自己的生活节奏，使自己的活动多样化，你将由此受益匪浅。

——在做出改变时，你有什么感觉？

——生活节奏调整后，你每天的生活是否更丰富了？还是令你无法忍受？

——你的精力是更旺盛了，还是觉得更不充沛了？

——你完成的工作量比以前更多，还是更少？

特别提示：工作目标定位与生活节奏

工作目标定位应以建立规律的生活节奏和劳逸适度为前提。目标定位高低、好坏都会直接影响有规律的生活节奏的建立。一般说，每完成一项工作任务，可谓是一个工作周期，当你潜心钻研，克服了一个又一个难题，达到"柳暗花明又一村"的境地时，心情会豁然开朗，愉悦之情会油然而生，这种成功的欢悦心理对消除疲劳颇有裨益。这需要工作目标定位确切，同时要不断提高工作水平，增强决断能力，切忌漫无边际陷于讨论再讨论、研究再研究之中。

有人观察，人的精神状态，一般在上午8时，下午2时和晚上8时最佳，最佳状态持续2小时左右，各有一次回落。如能利用这种起落变化，科学安排作息时间，是建立有规律生活节奏的最好办法，就能最大限度发挥智能和潜能，既能保持大脑良好的活动状态，又能增进健康。但是，真正做到并非轻而易举，因而，即使工作忙，任务重，一时做不到科学安排作息时间，那么无论如何要给自己留出一定的"喘息时间"。比如，阅读、写作1小时后，最好休息片刻。连续写作、阅读时间最长不要超过2小时，否则，不仅工作效率不高，而且非常容易产生疲劳。

处方 11 在娱乐和嗜好中消除焦虑

　　娱乐是解除焦虑与烦恼、善待自己的好办法。在这段可以纵情欢乐的时间里，你可以无忧无虑，不再担负任何责任，既使发生了什么差错，也不必理会。可是，我们当中的许多人，在有意无意地抵制娱乐。真的有空暇时间去娱乐时，没有几个人能痛痛快快地玩一场。更多的人，去参加更适合成年人做的、带有履行责任性质的活动。许多人认为，娱乐活动并不重要，不值得去参加。也有的人认为，娱乐活动浪费时间，因而，许多人把它置之度外。大多数人认为娱乐是自己童年的事，不应该再去想它，只有儿童才有嬉戏的权力。我们丢掉了娱乐的习性，忽视了我们对它的需要。我们心中已形成了作为一个成年人的固定形象——在抑制状态下生活，而不能在嬉戏中失去控制，随心所欲。我们也许会觉得，自己在嬉戏时是愚蠢的、可笑的和不适当的。

　　人们以看电视、听音乐、走访朋友作为娱乐的项目，一些具有主动性的娱乐活动，常被这些被动的消遣活动取而代之。我们并非贬低这些被动的消遣活动，然而，它们与娱乐的真正含义确实有着很大的不同。娱乐是天真、有趣、引人入胜的活动，它是一种嬉戏，而且可以采取各种各样的方式，如用枕头打闹、化妆舞会……不管采取什么形式，娱乐都是为了转移成年人的兴趣，把埋藏在内在的童心呼唤出来。

　　使自己陶醉于一种嗜好之中，也是一种减轻焦虑与烦恼的方法。爱好可以使我们的身体得到放松，为我们增添新的活力。我们可以如醉如痴地沉湎于自己的嗜好之中，甚至可以将自己的职责和问题完全抛置脑后，暂时享受一段自由和无忧无虑的生活。在爱好中得到放松，我们就可以在工作中表现得更加富有创造性，取得更多的成绩。

学会像孩子一样玩耍的行为训练

1. 弄清你对娱乐的态度。

　　——当你周围的成人们在娱乐时，你有什么感觉？

　　——当有人邀请你共同玩耍时，你是愉快地加入，还是拒绝？

——你喜欢娱乐，而且争取参加更多类似的活动吗？

——当你看到孩子们玩耍时，是否常常要制止他们的游戏？或者，当你看到孩子们玩耍时，那情景使你怀念自己的孩童时代吗？

2. 找出适合你的娱乐方式，至少列出你喜欢的 20 种。

打扑克牌、下棋、各种体育运动、文字游戏、计算机游戏、表演、玩水、智力游戏、绘画等等，也许都会给你自由和快乐感。

3. 每天至少用半个小时的时间参加游戏。要像孩子似地去玩耍，表现得天真一些，去大声地笑，去感受无拘无束带给你的快乐。开始时，可能需要一段适应时间，因为对这些游戏你可能已荒疏很久了，但是，要坚持下去，看看你对此喜欢的程度如何。不必把游戏看得过分认真，也不必强求自己将游戏做好。这是一段你表现真正的自己的时间。

培养个人爱好的行为训练

1. 如果你尚没有发现自己的爱好，那么就找到它。

其方法之一，是追溯自己的童年时代，回忆那些在你更加活泼好动的时候，曾使你着迷的活动。

——你过去喜欢做模型吗？

——你喜欢过栽培植物吗？

——你喜欢素描吗？

——喜欢参加体育运动吗？

——唱歌、跳舞怎么样？

——喜欢收集东西吗？

——喜欢阅读某一学科的有关书籍吗？

——喜欢绘画吗？雕刻呢？

也可以想一想成年后使你感兴趣的活动，其中一定有你曾想"等有一天我有时间时再做"的事情。

发现爱好的另一个方法，是参加成人班的学习，其中很多课程可以培养成人的爱好。

2. 确认你要尝试的爱好。

准备好你为从事这一爱好需要的东西，然后去试试看。记住，你这样做完全是为了娱乐，而不是为了工作。要带着使自己快乐的目的，轻松愉快地去从事这一爱好。倘若一开始你就发觉这是一种负担，那么，你选择的爱好一定不适合你。

3. 不妨找个周末，彻底沉湎于自己的爱好之中。

特别提示：10 种白领时尚休闲生活

在都市人的休闲活动中，有 10 项休闲活动已逐渐受到青睐，并且已成为一种时尚。这 10 项休闲活动是：钓鱼、学画、跳舞、登山、耕田、击剑、出海、骑马、驾驶飞机、打高尔夫球。

钓鱼是一项培养个人耐性的休闲活动。普通的装备很简单，一根钓竿、一些鱼饵和一个水桶就可以出发了；

学画、写毛笔字是一种既高雅又怡情养性的活动。过去，琴棋书画是衡量一个人是否受过良好教育的标志。在当今工作、学习生活节奏紧张的情况下，抽出一点时间来学画写字也是一种很好的休闲活动；

跳舞是陶冶性情、愉悦身心的一种活动，也是一种易学难精的技艺，跳舞除了可增强心肺功能外，还有利于身材健美；

登山也是一种时尚的运动，既可以锻炼一个人的意志和体魄，又可以欣赏大自然的美景和呼吸新鲜空气；

耕田可以说是一种返朴归真的时尚。在空气污染严重、喧嚣、浮躁的都市呆久了，难免要怀念乡村的生活方式；

击剑本是中世纪欧洲贵族爱好的一种运动，如今也为许多青年男女所喜爱；

扬帆出海是西方国家一种很时髦的休闲活动，同时也是颇为讲究技巧的运动；

在绿草如茵的草地上策马奔驰，是都市人最惬意、最浪漫的享受之一；

驾驶飞机在蓝天上自由翱翔，可能是每个人的梦想。但是由于此种休闲活动要受到种种客观条件的限制，只有极少数人才会有机会实现这一梦想；

打高尔夫球也逐渐受到都市人的青睐，但由于消费过于高昂，一般的人是玩不起的，被人们称为贵族运动。

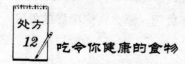

处方
12 **吃令你健康的食物**

吃不健康的食物是导致我们焦虑的又一原因。食物既可以为我们的身体提供健康的营养，也可以对身体造成压力。为了保障我们的健康，应该了解食物的不同特点，避免吃过于增加压力的食物。

导致焦虑的食物

白糖与酒属于高压力食品。除了热量外，它们没有为身体提供任何营养。它们使身体不得不加速运行，以便消化它们，并最终把它们从消化系统中清除出去。这些高热量食物，常常使人的体重增加，对身体内的所有系统造成压力。医学证实，焦虑症患者对酒精的耐受力较差，只要少量的酒，就会引起他们的恐慌；而许多患者在喝酒之后的 6~12 个小时，会明显出现恐慌症状。不过对于一个经常喝酒的人来说，突然戒酒反而会引起焦虑、抑郁等精神方面的症状，必须循序渐进，慢慢减少饮酒量。

咖啡因也是一种高压力食物。咖啡、可乐和茶，是现代人的日常饮料，但它们所含的咖啡因早已被认定是引起焦虑不安的主要成分。以咖啡来说，一天喝个一两杯，并且中间隔开几小时，不但不会有不良的影响，还能振奋精神、带来愉悦；但医学证实，有焦虑感的人一天喝 4~5 杯咖啡（约含 480 毫克咖啡因），会明显地更加焦虑，证明咖啡对大脑确实具有药理作用。喝太多的可乐与浓茶，与喝咖啡一样，对人体也有负面的效应。咖啡因人为地刺激身体，使身体处于不必要的兴奋状态。神经系统也同时受到刺激，这一兴奋状态一直持续到其作用消失。咖啡因的兴奋作用消失以后，人们会感到精神倦怠，体力下降。与此同时，为了清除咖啡因，身体内的各个系统要不断工作。增加这种能量，也许会使你感到暂时的兴奋愉快，但是，其代价是昂贵的。

吃陈旧的食物，是造成焦虑的又一原因。陈旧的食物给身体提供的只是空热量，使体重增加，给身体加入了过量酸类和盐基化合物（这种化合物会使血压升高）；陈旧的食物含有防腐剂（防腐剂与有些疾病有关），我们用陈旧的食物填饱了肚子，就阻碍了我们吃更富营养的东西。

精面粉及其制成的食品损耗了身体内的维生素，也会造成焦虑。

有些食物会造成微妙的食物过敏反应，它对身体的作用与吃进微量毒药产生的影响无异。这样的食物比较常见的有两种，它们是小麦和牛奶制品。它们会使人产生诸如头痛、头晕、消化不良、腹泻和精力不足等病症。

"吃得健康"的行为训练

1. 观察你的食谱，你是怎样吃的以及你的感觉如何。

——你是有规律地按时吃饭吗？

——你吃的是高压力的食物吗？

——你的食谱均衡吗？（每类食物都吃一些：谷类、奶类、水果和蔬菜、肉、鸡、鱼或其他高蛋白食物。）

——你的精力充沛吗？头脑清楚吗？

——你的情绪如何？是平静的呢，还是起伏不定？

2. 改变你吃东西的方式，用更适合你的方法去吃。

减少你摄入的一种或几种高压力的食物，如果能做到，也可以取消一些。你在精神上或身体上有没有感觉到什么差异？你的精力更充沛了吗，还是相反？提高你对所吃的食物、吃的方式，以及所造成的影响的认识，你就能更好地理解，你选择自己的日常饮食习惯是基于什么因素。

由于许多种情感与食物相关联，所以，改变饮食习惯应谨慎进行，不可急于求成。明确自己的某种特定饮食习惯，其意义非常重大。这是因为，它们可能相互渗透，并积习成性。因此，对自己要宽容些，检查一下，看看你是否给自己确定了太高的目标，难以达到。如果你为众多的焦虑所困惑，不妨先尝试做些小改变，等待时机，再做其他重大改变。倘若你又吃了已决定禁食的东西，那就承认这一事实，只要再次保证以后不再吃就行了。原谅自己的错误，振作起来，重新开始。

特别提示：试试碳水化合物

碳水化合物对脑部化学作用的机制会产生影响，因而对减轻焦虑与压力有明显的效应。因此，紧张焦虑时不妨试试以下食谱：

马铃薯、面食、豆类、谷类，这类含淀粉的碳水化合物，会让人镇静下来；

天然的甜食如蜂蜜与红糖，有安抚精神的作用；

虽说巧克力、可乐和茶都含咖啡因，但焦虑、紧张时，吃点低脂巧克力或喝些许含糖的可乐（约220毫升左右就够了），或一杯加了两茶匙糖的茶，也会让你感觉轻松许多；

睡前吃些洋葱，它含有一种抗氧化剂，具有温和的镇静作用，有助于放松精神、帮助入睡。

处方 13 学会放弃之道——不再去想已经丢失的东西

你丢失了什么？

你碰到过这样的事情吗？你正在准备去上班，却发现钥匙不见了，在你平时放钥匙的地方找不到，你开始四处寻找。你检查了另外几个你认为可能放钥匙的地方，但还是没找到。你开始感觉到自的焦虑在增长——时间耽误得越来越长，你快要迟到了。越是紧张，寻找工作越是紊乱无序，时间在渐渐地流逝。最后，要么是终于找到了它们，要么是没有找到，只得空手离开家。无论结果是怎样，你常常是大脑失去平衡，感到非常烦恼。

这样没有目的地乱找，常常给寻找者带来焦虑和不安，然而，这并不是不可避免的。如果事先做了准备，丢失了东西，可以不必急着去寻找，我们或者可以用备用的一串钥匙（或不管是什么，对我们来说是必需的东西）来替代；或者干脆放弃丢失的东西，不管丢失的是什么，不再去想它。花费大量的时间寻找丢失的东西，会给我们带来很多的烦恼，不管是花费的时间，还是牺牲了的平静的心情，都是不值得的。

丢失了东西，会使丢失者产生很多与当时情况本身毫不相干的联想。例如，在上面的事例中，促使你疯狂地搜寻的，也许根本不是丢失的钥匙，而是"我丢失了钥匙，怎么这样愚蠢"的想法。正是这些联想，常常引发伴随东西的丢失而产生的恐慌和焦急。我们对东西的丢失所做出的反应，与丢失东西的损失本身，可能不成比例，能够认识到这一点，对我们不无裨益。事实上，仅仅这一认识本身，也许足以减轻我们的一些焦虑。

丢失了又如何？

放弃丢失的东西，需要我们接受自己的损失，不要反复思考怎样能找到它。假如利用静想回忆的办法没有什么收获，你丢失的东西可能就找不到了。但是，这显然不能保证你有更多的时间和精力去为此而忧虑。如果你发现自己的思想不断纠缠在丢失的东西上，那就问问自己，除了东西丢失本身以外，丢失对你是否还意味着什么其他的东西。首要的问题是停止责备自己，要原谅自己，这样感觉也许会更好一些。

我们还可以用肯定句来帮助自己接受损失：即使真的丢失了（那件东西），我也是安全和健康的。这种方式同样适用于你的工作和你生活的其他领域，想想看，工作中有许多事情并非人们想像中那么重要。如果某件事可做可不做，就可以将它放弃。并不是所有的事都值得你花时间和精力去处理，放弃它实际上是为其他重要的事情积蓄力量。不会放弃的人不仅会身心疲劳，而且会导致工作效率的下降，影响工作质量。

忘记不美好的往事；不要对他人言行去过分在意；别再不自觉地与他人比较；不过分地追求完美——总之，别再想已经失去的东西。

"学会放弃，接受损失"的行为训练

1. 注意观察自己对丢失的东西做出的反应。

——你能轻易地原谅自己吗？

——你能平静地对待这件事吗？

——你是不是为丢失东西焦虑不安、惊惶失措？

——你能使自己的心情平静下来，不再去想这件事吗？

——你是否总想设法找到它，摆脱不了它的纠缠？

——对丢失东西，你是感到无所谓，还是觉得受到了困扰？

2. 想想看。如果丢失了这件东西。会给你带来什么影响。

把对你或你的家庭关系重大的东西列在单子上：钥匙、摇控器、电话号码簿、信用卡密码、保险单、银行账簿、支票簿、证券契约单，或任何其他东西。然后把任何能复制的，均制成副件。把这件东西及其复制品分别放在两个安全可靠的地方，列出一张表，提醒自己东西放在哪儿，把表放在一个安全的地方，这样就会消除在找不到东西或丢失东西时而产生的焦虑感，你只要找到副件代用就是了。

3. 争取不再去想你丢失的东西。

假如丢失的是一件有感情价值的珠宝，或是一件贵重的器材，要想不去理会它，是很难做到的。但是，对于我们的生活来讲，我们给自己增添的烦恼所造成的损失，比失去那件东西本身更加严重。

4. 如果你丢失的东西。非得找到不可，你不妨试一试静想回忆的办法。

静静地坐下来，计数你的呼吸次数，每组四个数字（1，2，3，4；2，2，3，4……）一共数 10 分钟。要允许干扰念头的出现，然后让它像泡沫似地消失，并再次把自己拉回到计数呼吸次数上来。10 分钟后，闭上双眼，在心里想像自己正面对一块空白的屏幕，自问："我的（手套）在哪儿？"等一会儿，再看看屏幕上出现了什么。你常常会看到你丢失的东西出现在屏幕上的图像。

处方 14　尽快将做了一半的事情做完

人们会由于感到在生活中永远无法完成必须要做的事情而增添焦虑与烦恼。在生活中，似乎总有没完没了的事情等待我们去做。工作计划只完成了一半，卫生还没有打扫完，来函尚未回复……日常琐事剥夺了我们享受自由的权力。

如果将这些没有完成的事务处理完，我们就可以在生活中创立一种完全的自由感。事实上，我们需要付出的代价是那么微不足道，把事情安排妥当，使各项任务得以完成就足够了。为了寻找任务没有完成的合理借口，我们消耗了那么多精力，而我们本可以把这些时间用于做眼前的工作，完成它，解除压在我们身上的沉重负担。

列出所有应完成的工作的单子，这样做本身就可以减轻很多烦恼与焦虑。事实上，完成了这些工作，将会有助于使其他问题得到解决。

摆脱琐事困扰的行为训练

1. 了解一下生活中没有完成的事情，以及它们给你造成的影响。

——在你视力所及范围之内，还有多少事情没有做完？

——你意识到自己在负载着这些包袱吗？它们在拉你的后腿吗？

——你看见它们就感到不舒服吗？在某种意义上它们使你感到不愉快吗？

2. 注意观察你的生活。

将一切等待你去完成的事情：工作中的、家里的、亲属的、社会的、财政上的，以及精神上的列出一张单子。将这些事情评估、确定一下，什么是最需要首先解决的。

3. 根据事情重要程度的不同，每天花半个小时，去解决单子上列出的需要解决的问题。

你要做的事情可能包括整理报纸、清理抽屉和墙壁、打电话、整理相册里的照片、装饰屋子、规划和整理你的衣柜，或是履行自己的社会职责：回信、付账，以及完成你的计划，如读完正在读的一本书（或写作）。

4. 当你把单子上列出的工作一件一件地完成后，用笔将其一一划掉。

你有什么感觉？你是不是为此而感到满意和轻松？你觉得你可以更自由地享受闲暇时间吗？也许你决定，有些单子上列出的工作，你不准备再去做，做出这样的决定也很好，决定放弃尚未完成的工作，也是一种解除负担的有效方法。

处方
15
学会将心中的愤怒宣泄出来

愤怒是人类最原始的情绪之一，也是最常被不适当地表达的一种情绪。许多人学不到健康的宣泄方式，有的极力压抑，有的动辄暴怒。许多成人未能做出良好的表率，青少年也因而学不到适当的表达方式。

愤怒是一种自然的，具有自卫性质的强烈感情。当人们感到自己受到威胁或伤害时，就会产生愤怒的情绪，强烈的愤怒会导致敌对和暴力行为。愤怒的产生，常常是在人们感情上受到伤害的时候，而不是在真正处于危险之时。愤怒的表现形式可能是愤世嫉俗、冷嘲热讽，这会妨碍建立正常和谐的人际关系，损害人们的工作成绩，导致婚姻破裂。这些无疑会使人们做出紧张焦虑的反应。我们所处的社会是靠人与人之间的合作和帮助维持的，因而必须经常控制某些直觉的情感。重要的是，要承认别人与自己都有情绪存在——但是不能拿它当借口，毫不考虑地发泄你的不满。与此同时，有些人还时常害怕把愤怒表现出来。担心一旦暴露了自己的恼怒，就会失去他人的支持。不愿表达自己愤怒的人，常常变得闷闷不乐、孤僻离群，甚至抑郁沮丧。

平静、直接地表露自己的情绪——你要允许自己发怒，但要学会合理地宣泄。

宣泄愤怒情绪的行为训练

1. 了解自己的愤怒之源及情绪反应。

——什么事情使你发火？是哪些人让你恼火？什么条件会引起你发火？

——你的反应是怎样的？不知所措、担心、不舒服、痛苦、自尊心受到伤害、脉搏加快、情绪激动，或是呆板冷淡？

——哪种态度会引发你做出强烈的反应？恩赐态度、发牢骚、傲慢、冷淡、安抚、独断、自卑？

——哪个人常常使你恼火？

——你对自己的愤怒采取什么措施？你属于遇事冷静型的人吗？你是发完火就了事，还是事后也耿耿于怀？

——你拒绝承认自己愤怒情绪的存在吗？

2. 建立一本"愤怒日记"。

如果你是一个易于愤怒却不善控制的人，建议你设立一本"愤怒日记"，记下你每天的发怒情况，并在每周做一个小结，这会使你认识到：什么事情经常引起你的愤怒，了解处理愤怒的合适方法，从而逐渐学会正确地疏导自己的愤怒。

记录应由 5 个部分组成：

——简要地说明使你生气的事件；

——在从 1（轻度激怒，没有明显反应）到 10（狂怒）的量表中评估你的生气程度；

——直接引起你生气的事件、言语或行为（导火线），比如某人说话的语调，或一段特殊的谈话等；

——引起你生气的潜在原因，比如，你为另一件事感到烦躁不安，你极度疲倦，感到恐惧等；

——在这种情况下，疏导愤怒的合适方法（至少一种）。

坚持下去，相信你会受益于你的愤怒日记。

如果你是内心愤怒却不愿公开表达的人，那么请记住：单纯地压制愤怒不仅会引起生理障碍，如高血压、溃疡病、周期性偏头痛等，还会转化成神经官能症、抑郁症等心理疾病，并且会削弱你的自尊心。在与他人发生争执时，对自己应该如何行动犹豫不决的人，会觉得自己是一个懦夫。

3. 练习有效地表露你的愤怒。

对那些心里一有不快就发火的人，他们需要克制自己的愤怒；对那些把愤怒全部埋在心里的人，他们需要把自己的愤怒表露出来。

如果你属于点火就着的人，要做到自我控制，可以采用下面几种方法：

——从 1 数到 10；

——假想这个人穿着内衣站在你面前；

——想一想这个人所具有的你喜欢的优点；

——做 4 次或 4 次以上的深呼吸；

——在讲话前慢慢地踱步一圈；

——推迟冲突的发生，直到你较好地控制了自己的情绪。

当你做好了准备，觉得可以冷静地面对另一个人的时候，那就可以去同他讲话，要尽量用平静的语调，使用柔和的语言，同时要继续做深呼吸。

当你克制住了自己的愤怒之后，选择一次或多次你很想避免与另一个人接触的场合，鼓足勇气，用平静、明确的态度，去与他或她进行面对面的交谈。即使遇到困难，也要保持平静。只要表达出自己的真实感情即可，而不是用你的观点去说服对方。

假若你不能带着愤怒去面对面地与另一个人交谈，或者你的处境也确实不能让你去面对对方，那就把你的愤怒写在一张纸上，把你的怨恨全都写出来，然后自由地发泄。当你彻底发泄了你的情绪后，把这张纸撕成碎片，扔掉。

特别提示：适当地表达愤怒的几个原则

1. 你发出的言论是指向行为的，而不是指向某个人。换句话说，你可以批评他人的工作，但不要指责他人的才智。

2. 不要赘述过去的事，指责仅仅指向眼前的事。

3. 永远不要涉及他人的家庭、种族、宗教、社会地位、外貌或说话方式。

4. 不要限制别人发火。当你向别人怒吼时，对方也有回敬的权力。

5. 如果你在其他人面前不公正地对一个人发了火，那么，你必须当着其他人的面向他道歉。

6. 让别人明确地知道你为什么生气。

7. 不要将事情做绝，要给自己留有余地，在你冷静下来后，可以重新考虑。如果可能的话，给对方留一条后路。假如对方主动纠正了过失或道了歉，你就不要继续发火了。

处方 16　走进大自然

每个人都需要与自己内心的天性保持不断的联系，当我们为现代生活的外部标志（城市、机器、噪音、污染）所包围时，我们很容易迷失其中，并失去自我。因而，我们变得易激动、困惑，感到生活没有方向，充满焦虑，烦躁不安。

大自然会带给我们灵感，走进大自然，我们会发现真正的自我。大自然以其宽广的胸怀接纳着我们，深深地影响着我们。美丽的鲜花、潺潺的流水、茂密葱郁的草木、蔚蓝的天空、轻轻拂过的微风、威严古老的大山、星光与月色——这一切，都有助于我们得到更新与放松。

大自然可以帮助人们摆脱焦虑，还因为它对人的生理有所助益。植物释放出新鲜的氧气，吸收二氧化碳，为我们的生活环境提供了新鲜的空气，自然界中还有大量的负离子使人精神振奋。坐在河流入海处，轻松愉快地眺望广阔的海洋，从山顶上眺望辽阔的天空，参加一次野餐……都会令人兴奋不已。在繁忙的工作之余，我们渴望到海滩上去，渴望能在一条小船上顺流而下，或是在一个严寒的夜晚，到雪地里撒欢……与大自然的接触越紧密，我们的生活就变得越丰富。然而，我们却往往不为自己提供更多地接触大自然的机会。

走进大自然的行为训练

1. 独自一人在大自然中至少呆两个小时。

注意欣赏周围的自然环境：听一听，闻一闻，摸一摸，尝一尝，看一看，对每一种感觉都集中注意力进行体会。当你的注意力完全集中于大自然的细微变化中时，让你的思绪逐渐缓慢下来，并使其逐渐消失。体会一下自己的感觉与在喧闹的都市里有何不同。

——你独自融入于大自然中，感觉得到放松了吗？

——还在为某件事焦虑和紧张吗？

——大自然中有哪些令你感动的风物？

2. **把自然界里的东西带回家。**

回到家里后，问问自己，你是否愿意给自己的房子里带进更多的自然界里的东西。如果是，那就把你最喜爱的东西，如贝壳、水晶石、鲜花、植物、动物，带回自己家中来。

163

处方 17 重视自己的需要

每个人都有自己的需要：身体需要、情感安全需要、社会需要，以及希望得到别人尊重的需要。我们的许多需要得到了满足，但还有一些尚未得到。如果我们的某种需要长期受到夫忽视，焦虑的征候就会逐渐出现。它可能是身体上的、情感上的，或者是精神上的。比如，失眠会造成困倦、急躁、情绪抑郁、厌恶与人呆在一起，这种种表现是对你忽视自己某些需要而发出的信号。大概归纳起来，人类的需要主要有：

——身体需要（食物、睡眠、锻炼、触摸、性欲）；

——安全需要（住房、财政来源、监护人）；

——社会需要（爱人、朋友）；

——职业需要（生活目的）；

——情感和精神上的需要（爱情、自尊、受到别人尊重、与内心的自我相联系、由自己独立支配的时间）。

有一些人甚至认为，忽视自己的需要是高尚的。我们受到的传统教育通常是：应该把别人的需要放在第一位。我们拒绝承认自我的需要，忽视了自身的重要性。关心别人的需要是重要的，但是，我们首先应该关注到自己的需求。我们必须使自己保持健康，并处于最佳状态。只有这样，才能对别人担负起责任。

满足自我需要的行为训练

1. 检视自己，看看你的哪些需要没有得到满足。

——有其他人在场时，你就感到急躁，而独自一人时觉得很平静吗？如果是这样，那么，你可能需要更多独处、不受外界影响的时间。

——你觉得困倦、头脑昏乱、心里烦躁不安吗？那么，你可能需要更多的睡眠。

——你是否觉得浑身疼痛，体重增加，身体丧失了弹性？那么，你可能需要改善饮食，加强体育锻炼。

要注意任何身体、精神和情感上的不和谐表现。这种不和谐的声音，是你对自己发出的警告，表明有些需要没有得到应有的重视。这是在你面前举起的红旗，在对你说："停下来，看一看，听一听。前面有危险。"

2. 找出两三种被你忽视的需要，制定出一项满足这些需要的计划。

处方 18 避免精疲力竭——留一点时间给自己

许多人似乎都在超负荷运转，时间太少，而要做的事又太多，由此而引发的焦虑感所占的比例是较大的。有人叹息：我完成了所有的任务，工作、家庭、孩子……却无法找到真正属于自己的时间。我们总感到被过重的负担压垮，总是感到有无尽的事情等待自己去做，似乎永远也没有尽头。然而，即使真的有很多任务等待去完成，你就认为自己没有权利去享受空暇时间了吗？这种想法会造成更大的焦虑。

超负荷的工作有时会令人产生成就感，但这也会成为人们走向精力耗竭的第一步。长此以往，你会对自己的工作及生活（一件待办的事、你手头的计划书、家务）失去兴趣，使你处于低效率的状态之中。

避免精疲力竭——你需要给自己一个优先权，给自己安排一段时间去尽情地娱乐，做你自己想做的事情。

给自己"优先权"的行为训练

1. 想一想，你是如何平衡自己的需要与家庭、工作的关系的。

——你以自己的个人需要为重吗？

——你为自己留有足够的时间了吗？

——你是否照顾到了自己必需的方面：饮食、睡眠和锻炼？

——你有参加家庭娱乐与社交的时间吗？你有完全供自己娱乐的时间吗？

——你能否为了他人或工作的需要，而无视自己某些"无意义"的愿望？

2. 评价你的习惯与自己的需要的关系。

——你每天安排了多少时间去满足自己的需要？

——除了睡眠以外，你为自己安排的时间占其他时间的百分比是多少？

——这段给自己安排的时间能够满足你的需要吗？你需要更多的时间吗？能得到更多的时间吗？

3. 做出决定，为自己的娱乐和需要安排适当的时间。

你可以用这段时间去自己做点事情，或者与他人一起做点事。可以用这段时间去读书、做放松锻炼、唱歌、演奏乐曲、参加体育锻炼、游泳，用某种方式接受照顾，或者去做其他任何你生活中很少做，而又很想做的事情。无论多忙，要坚持每天为自己留有一段空余时间。

🗨 心理故事

张女士就是一个走向精疲力竭的例子。她是一名专职服装设计师，已婚，有个年幼的孩子，家庭主妇。张女士感到等待自己去做的事太多了。

张女士典型的一天是这样度过的。早上5点钟起床，做些简单的准备工作，就去帮孩子洗脸、穿衣服，还要为全家准备早餐。早餐过后，张女士把孩子送到学校，然后去上班。下午3点钟，张女士离开自己的公司，把孩子送到专门聘请的保姆家中，然后再回来做自己的工作。张女士回到自己家里时已是下午5点半，马上就要准备晚餐。收拾完餐具后，张女士要去为孩子洗澡，然后为他读故事，直到他睡着。这时，已是大约9点钟了。张女士感到疲惫极了，需要有点自己的时间安静一会儿，然而，这是她能与丈夫在一起的惟一一段时间。

周末安排得更紧，去购物、洗衣服、整理家务、参加社交活动……张女士连一点空闲时间也没有给自己留下来。渐渐地她变得爱发火，当有人请她帮忙做点事情时，她总是气哼哼地给予拒绝。她越来越爱对孩子大叫大嚷，与丈夫的关系也开始疏远起来。不仅如此，她开始患顽固性腹痛，经诊断，是初期结肠炎。

➕ 故事解读

张女士把自己的每一分钟时间，都花在了照顾别人和做好自己的工作上。然而她的自我牺牲并没有获得报偿，反而为此付出了巨大的代价，失去了心理平衡，失去了身体健康以及家庭生活的和谐。这种状况是可以得到改变的，张女士应相信，她自己的需要与别人的需要同等重要，甚至比别人的需要更重要。张女士应该这样做：从孩子和家庭中寻求帮助；重新考虑自己在工作上花的时间是否太多了；从丈夫那里寻求更多的理解与支持。

处方 19 正视环境带来的焦虑

给人造成烦恼的外部环境有各种方式：噪音、被污染的空气、令人不适的气温、令人不快的湿度、尘埃、拥挤杂乱、不协调的家具、不良的光线、电器的辐射（电脑、电视机、微波炉）、不舒服的衣服。在任何时候，我们都要对付外部环境造成的烦恼，这是不可避免的。

外部环境给我们带来了忧虑与烦恼，造成的后果有多种多样。任何忧虑，最终都将削弱我们所拥有的精力。我们全力奋斗，抗拒噪音的干扰；我们的身体要过滤污染的空气中的有毒物质；我们在炎热、寒冷、潮湿、干燥的环境下力求体内的平衡；我们的大脑，在拥挤杂乱中寻找秩序；我们在昏暗的光线下保护着自己的视力；我们在有辐射的环境中丧失了精力和健康；我们对不适的衣服采取无所谓的态度……

必须正视生活中外部环境为我们带来的焦虑。环境带来的焦虑对于生活在都市里的人是一个特殊的挑战，但是，经过一番努力，是可以战胜的。

解除环境焦虑的行为训练

1. 注意体会自己对周围环境的感觉。

不管你是在家里、在户外，还是在工作时，或者旅游时，都要注意体会一下你对周围环境的感受如何。

——喧闹吗？被污染了吗？或是安静整洁的吗？

——温度与湿度适宜吗？能否使你的鼻子和口腔保持湿润的状态？

——周围的东西摆放整洁有序吗？还是拥挤杂乱？你对整洁与杂乱的反应如何？

——有足够的光线吗？

——你能否限制自己接受诸如电视、电脑等辐射的可能？

——你对自己穿的衣服感到十分舒服吗？

——家具是否适合你的爱好，为你提供了方便吗？

通过对以上问题的回答，你会对自己所处的环境有更深刻的认识，也将体会到环境是怎样对你造成影响的。

2. 确定哪一种环境干扰最令你焦虑不安，采取措施使焦虑的程度得以减轻。

选择几种真正使你不安的事情，想想办法，使焦虑得到减轻。比如，如果是在冬季，气候比较寒冷，暖气、空调等供暖设施使室内湿度相对减小，你可能感到鼻子和口腔干燥，那就用增湿器加大空气的湿度。如果衣服做得太紧，那就把它改得宽松一些。如果有必要，现在立即解开一个扣子，透透气，你会立刻感受到由此带来的不同。

 处方 20 承认自己的局限，接受自己的不足之处

有些事情，我们无能为力

大多数焦虑的产生是由于我们试图改变无法改变的事情。周围世界的不公正和荒谬，很容易激起我们愤怒的情绪。的确，世界上有很多事情需要我们去改变。但是，焦虑能带来什么结果呢？焦虑能使我们收到什么效果吗？除非我们能区别出什么事情是可以改变的，什么事情是无法改变的，否则，焦虑不可能使我们达到任何目的。

行之有效的选择只有两种：要么采取措施使问题得到解决，要么承认你无法或不准备使其改变。任何其他选择都是在浪费精力，其结果必将产生焦虑与烦恼。无能为力——这正是意欲改变一件事情，而又无法实现时常常产生的感觉，这种感觉增加的焦虑最多。倘若你不想或无法改变一件事，那就接受这一现实，承认自己的局限性，不要让自己陷入毫无结果的、不必要的忧虑之中。当你改变某一件事的时候，如果能力有限，要尽可能地原谅自己，放弃焦虑，让自己的心情平静下来。

如果焦虑感真的产生了，就要认识并接纳焦虑的客观性。我们的情绪并不是主观意志能完全控制的，如在众人面前讲话时紧张，常常是越想控制则紧张得越厉害，越想控制则焦虑越盛。相反，如果对待焦虑采取接纳的态度，焦虑产生后，告诉自己：我焦虑了，这是一种令人不安的感受，我自己控制不了，就只能接纳它。这样，虽然看来好像是一种消极的态度，然而，任何情绪的过程都有它发生、发展、高潮、下降及结束的过程，只要我们接纳它了，最终它也就消失了，正所谓"无为而无不为"。

关于"完美"的另一种注释

我们背上不必要的焦虑与烦恼包袱的又一原因，是总期望自己完美无缺。我们对自己的局限的认识不足，对自己期望过高，不合情理，是我们产生失望和幻灭感的根源，给我们造成了很大的压力，阻碍了我们去做得更好。

但是，对自己或对别人承认自身的缺陷，并非那么容易，因为这有时要伤害自尊心。然而，正因如此，才能使我们获得巨大的慰藉：我们不必再展示完美无缺的形象；我们不必再费尽心机掩盖自己的缺点；我们不必再戴上一副假面具。

保护自身虚假的形象本身，只会使我们长期生活在不安与焦虑之中，担心被人揭发，暴露真相。于是，我们会竭力掩盖一切痕迹，保护自己的所谓完美形象不受损害。我们担心，一旦放松警惕，就可能露出真相，惟恐别人发现了我们的真面目。我们为使自己保持完美形象所做出的努力越大，它给我们带来的焦虑和烦恼就越多。

接受真实自己的行为训练

1. 假如你碰到认为需要改变的事情，首先自问。

问问自己："这件事能改变吗？"如果你确认可以改变，再问自己："要使这件事变得更好，我应该做些什么？""我做好改变这件事的准备了吗？"倘若答案是肯定的——好极了，那么应立即确立自己的目标，制定一项计划，然后采取行动。如果你没有做好改变的准备，或者，这一改变无法实现，那么，事情也很简单——承认现实，不要为此而忧虑重重。

2. 观察一下，你在出现过失时是怎样表现的。你为自己保持完美形象下了多大功夫。

——你认为过失是生活的一部分，并不是什么大不了的事情吗？

——发生过失后你就停下来，感到很气馁吗？你为此觉得很尴尬吗？很丢面子吗？你感到恐惧吗？你觉得很气愤吗？

——你是轻易地原谅了自己的过失，还是把自己责骂一顿，贬低一通？

——你掩盖自己的缺点呢，还是能勇敢地暴露自己的缺点？

3. 接受这一事实：你并不是完美无缺的。

不管是面对自己，还是在别人面前，要坦然地承认自己的不足。如果事情做错了，要承认错误。在适当的场合，对人说声对不起。同时，要原谅自己的过失。不要过分地责备自己、贬低自己，更不要去反复考虑倘若不出现这样的错误，其结果会是怎样。接受这一简单的事实：你做错了事，就勇敢地承担由此而带来的后果。也许这意味着要你去面对使你不愉快的人，也许你要为此付出经济或感情上的代价。但只要接受自己的缺点，并冷静地寻求解决之道，你会为此变得更加坚强。

处方 21　通过负起责任，赋予自己权利

通过负起工作或生活中的责任赋予自己权力是减轻焦虑与烦恼的重要方法，因为很多烦恼的产生是由于我们处于一种自己无法控制的局面。研究结果表明，对事情的结局感到有能力进行控制，可以有效地缓解情绪。然而，在生活中，很多人拒绝负起责任，放弃了自己的权力。

我们一贯习惯于逃避自我责任，不愿承担起任何责任。在引起争端的时候，我们常常否认自己对此所应负的责任。

——"如果他不说我活干得不好，我不会大喊大叫。"而不是："当他说我活干得不好时，我确实对他发火了。我希望自己当时告诉他，他的话使我感觉如何。"

我们在为自己的过失寻找借口的时候，也在逃避自我责任。

——"如果他停车慢一点，能及时发出信号，我就不会撞上前面这辆车。"而不是："我确实跟前面的车跟得太紧了，没办法在必要时迅速停下来。"

拒绝接受自我责任的另一个重要原因，是人们把自己看成是受害者，没有看到自己应负的责任，或是放弃了自己应承担的责任。

——"那个可恶的老板差一点解雇了我。"而不是："因为这两天总是迟到，我差一点被老板解雇了。"

认真地负起责任——对自己负责，对他人负责，是非常重要的，它帮助我们更清醒地认识现实，为我们更加积极、有效地满足自我需求提供了可能，它推动我们改变生活中令人不满意的事情，减轻生活中面临的焦虑与烦恼。

承担生活责任的行为训练

1. **选择一个你习惯逃避责任的生活领域。**寻找一切可能使你发挥作用的方式，并检视一下你是如何逃避责任的：

——你是否满足于现状，尽管面临着一些问题，也没有采取可能的行动？

——你是否回避对另一个可能使事件发生变化的人施加影响？

——你是否通过不介入来逃避责任？

——你是否通过否认自己的作用来保全自己的面子？

2. **如果发现你使用了上面列出的方式，那么。采取措施，改变它。**

也许你需要改变自己的态度，也许需要你去对别人澄清事实，或者需要自己去改变这一局面。

3. **用一个肯定句来增强自信。**例如，对自己说：我会对此负责，我对这件事会起决定性的作用。

4. **想像自己负起了责任。**在潜意识中创造一种氛围，增强自己的责任心。利用视觉、触觉、味觉、嗅觉和听觉，想像自己承担起责任时，身心状态如何。

每天坚持做肯定和想像练习，注视事情的发展，看看你是否能心甘情愿地承担你的那部分责任。要学会勇敢地承担，它会赋予你巨大的力量。

改掉不良习惯

　　不良习惯带来的焦虑与烦恼给我们的身体造成了负担，它耗费了我们的精力，我们本可以用这些精力去做更有益、更快乐的事情。大部分人都有一种或多种对身心有害的习惯，你的不良习惯是什么？抽烟？嗜酒？过度摄入咖啡因或糖分？不讲卫生（皮肤、牙齿、头发)？睡眠没有规律？缺乏锻炼？有着不健康的吃饭方式？

　　摄入不健康的物质无异于自我毒杀，消化系统、排泄系统、循环系统必须加速运行，才能将这些不良物质从体内清除掉。每种物质以不正常的方式影响着神经系统，并造成压力。香烟对人体产生两种相互矛盾的作用——放松和加速（与此同时还耗费了维生素 c）；酒精是一种抑制剂；咖啡因使体内各系统加速运行；吃糖果会造成突来的能量冲击，继而转入明显的松懈状态。上述各种物质，都没有给身体带来任何好处，而是使身体做了多余的劳动。

　　关心自己的习惯，对于限制焦虑也有着重要的意义。选择一种你认为不好的习惯，或者减少对它的依赖，或者彻底去掉这种习惯。

改掉不良习惯的行为训练

1. 你对改掉某一不良习惯的想法有什么反应？

　　某些习惯，你明知是不好的，但它在你的生活中曾帮你达到某一目的。你可能不愿放弃它，这会给你改掉这一不良习惯造成阻力。这种阻力的出现，不一定马上就那么明显，但要保持戒备。要承认这种抵制力量的存在，然后，尽力避免让自己沉湎于这一不良习惯，不管内心的阻力有多大。

2. 把一切固执的情感和心情都用笔记下来。

　　当你已减少了对这一习惯的重复次数，或已放弃了这一习惯时，注意观察你对此的感觉如何。要确认哪些习惯最妨碍你生活的和谐，并设法改正。你并不要因有不良习惯就认为自己是无可救药或软弱的人，要想克服不良习惯，需要采取耐心、谦卑和认可的态度，而且要有决心，如果你在克服不良习惯的过程中发生了动摇，再重新开始你的努力。对自己要抱理解和原谅的态度。一段时间后，当你再次翻开记录你情感变化的笔记本，你会为自己而骄傲。

3. 21 天改掉坏习惯的行动步骤：

A. 写下你希望加以改进的习惯。

B. 写下你希望达到的目标。

C. 给你的目标加以细分，分解成小目标。

D. 写下你目前的坏习惯给你的生活带来的影响。

a

b

C

E. 写下改掉旧习后将带给你的好处。

a

b

C

F. 调整自我状态，采用"矫枉过正"的方式，夸大改正的效果。如你经常迟到，就连续三个星期提前半小时到公司。

G. 绝不向自己妥协。告诉自己，21 天是有意识且连续不断地练习从而形成某种习惯的最短时间。

H. 取得别人的支持和帮助。

I. 在一张小卡片上写上"自我声明"，自我提醒。

J. 激励自己。

K. 设想你的新目标。

L. 不要让过去的失败干扰你。

处方 23 认真地接受批评

在工作、学习、生活过程中，难免会遇到批评，有时心里很不好受，认为别人处处与自己过不去，自己不令人满意，恨不得找个地方藏起来。在受到批评时，人们通常因陷于两种困境而焦虑不安：要么断然否认这种批评的合理性，要么不假思索地接受批评，并为自己的过失惶惑不安。因而或是埋怨别人，或是埋怨自己。抱怨别人："别人说错我了，这不是我的错"；埋怨自己："我怎么会这样，我真不争气，我不行了，太没用了。"顺着想下去，或是越想越觉得是别人的错或别人怨枉了自己，或是越想越觉得自己一无是处，没有用。想得自己一点自信心都没有了。最后的结果只能是，不再做事，躲避，不敢面对自己身上的毛病。

人们总是期待着自身的完美，并为此付出了昂贵的代价。正是由于试图树立尽善尽美的不现实的自我形象，使我们筋疲力尽。在日常生活和工作中，人们总是尽力避免出现差错，尽力否认自己的错误，尽力避免在意识到自己犯错时而可能产生的感觉，如耻辱、尴尬、畏惧、自我怨恨等。在受到批评时有一种不悦感，总希望听好话，这是一般人的通病。

但事实是，人是在接受批评中长大成熟的，善于接受批评的人不易摔大跤。最好、最有效的方法有三：当听到批评时，让自己有一个良好的心态，虚心地接受，毛病出在哪，就找一个改正的方法；将注意力集中在眼前的这件事上，就事论事，不要扩大范围；抱着"有则改之，无则加勉"、感激别人帮助自己的心态，听取来自不同方面的批评。

正确对待批评的行为训练

1. 当你受到批评时，注意观察自己有何表现。

——当有人告诉你，你错了时，你做出的是怎样的反应？

——你是否为自己进行辩护，滔滔不绝地讲出一连串你没有错的理由？

——你是否对自己感到很失望，以至于精神不振，无法让自己再去做其他事情？

——你是否觉得自己受到了伤害，非常气愤，并与对方争吵起来？

——你能认真地接受批评吗？

——你能否认真地想一想对方所讲的内容，接受其中正确的部分，并指出其错误所在？

——在这种相互作用、相互影响的过程中，你的情感有哪几种？焦虑、恐惧、傲气十足、气愤、平静、激动？

2. 勇敢地面对和处理别人提出的批评。

要争取把自己置于这一事情之外，用局外人的观点公正地来看待这件事（要做到这一点并不容易，但是，这样做肯定是有益的）。要诚实地承认自己在这件事中曾担当的角色，如果承认自己犯了错误，可能使你感到自卑，但是，也会帮助你放下包袱，建立自尊。

——你能采取措施，避免这件事的发生吗？

——关于这件事，一个公正的旁观者会对你说些什么？

——一个公正的旁观者会对别人说些什么？

——你怎样做能使这一冲突得到解决？

3. 学习用新的方式。对批评做出不同以往的反应。

对受到的批评进行一番思考，并接受这种批评。也许有必要在感情上自我抑制一下，以便更好地处理问题。仔细想一想并承认你做了什么，才造成了目前这一局面。如有可能，设法改变这一局面。千万不要责备自己，也不要惩罚自己。要承认自己有局限性，并为自己有采取行动的勇气而自豪，让你的自尊和自信同时增长。

处方 24　学会倾诉，并进行自我激励——掌握语言的力量

语言的力量是巨大的，可以影响到我们思维和感觉的方式，当你向人倾诉心中的烦恼时，当你用肯定的语言进行自我激励时，语言将对缓解焦虑情绪起到极大的作用。

不管如何能干，我们总有一些难于解决的问题，如果不能适当地予以处理，焦虑就会出现并累积起来。由于自尊，很多人会羞于向别人提及自己的问题和烦恼。其实找人倾谈，好处甚多。每个人都有自己的长处，你认为难于处理的事，在其他人眼中可能十分容易。同时，你将自己的烦恼向别人倾谈后，不愉快的情绪也会随之宣泄，压力和焦虑会因此而得到缓解。感情的负担得到释放，人就会随之变得较为冷静和清醒，解决问题的能力也会提升。

为了说明语言的自我激励作用，我们来做一个练习。

告诉自己，明天是一个令人愉快的日子。当你从睡梦中醒来时，你会感觉到全身舒服，精力充沛，并产生积极向上的感觉。你将准备兴致勃勃地去处理各项工作，一切将会很顺利，你将度过圆满、愉快、丰收的一天。

再告诉自己，明天将是沉闷和不快乐的一天。你会怎样？你将强迫自己从床上爬起来，面对一天的工作任务不知所措，你会感到事情的进展不会很顺利，而且会遇上意想不到的麻烦。你会为此而感到情绪低落，消极失望。很明显，我们内心对话的质量影响到自身的情绪，你将度过漫长的一天。

尽管我们可能认识不到，但在大部分时间里，我们都在对自己说话。对自己讲些什么，会影响到我们的情绪和感觉，我们可以争取有意识地用真诚、均衡的方式与自己进行交谈。要充分利用言语的力量，让它为自己的利益服务，你有权这样做。

与自己交谈的行为训练

1. 观察你在潜意识中是如何与自己交谈的。

——这种交谈是积极的，还是消极的？

——是真实的，还是虚伪的？

——是均衡的，还是夸张的？

——是平静的，还是歇斯底里的？是在接受，还是在拒绝？当你听到这种交谈时，你有什么样的感觉？

不管谈话的内容是什么，让交谈以自己的方式继续下去。

2. 每天选择一个心理的消极面进行自我交谈，并将积极的态度融入进去，使自我交谈更加真实。

例如，你可能在为一次重要会面做准备，你听到自己这样说："我知道我会将这次会面弄糟，我永远没法把自己的头发梳理好，我的上司或许将在会谈结束后解雇我。"

不妨换成这样的声音："我已做好了一切准备，我的衣服看起来很不错，我对自己要讲的话抱有充分的信心，我能平静地陈述自己的意见。"

这种自我谈话显然比第一种更加积极，你对此感觉如何？你是否觉得已控制了自我交谈的内容，并因此减轻了焦虑与烦恼？

教你摆脱五种最常见的心理困境

PSYCHOLOGY

CHANGE YOUR CONDITION CHANGE YOUR LIFE

心理自助

覃卓颖／编著

（下）

吉林人民出版社

PSYCHOLOGY

CHANGE YOUR CONDITION CHANGE YOUR LIFE

心理自助

吉林人民出版社

处方 25 *权衡自己所冒的风险*

生活中无处不充满了风险。我们在街上行走、驾车旅行、与陌生人交谈，或尝试新事物时，都是冒着风险。风险对于人类的生活来说是重要而不可或缺的，它给我们的生活增添了刺激，也带来了机会。然而，生活中也有一些风险，不仅不会给我们带来好处，反而会令人增添很多焦虑与烦恼。

我们时常冒一些不必要的风险。之所以要这样做，是因为追求刺激、冲动、自我毁灭、气愤等非理性的情感在作怪。一个最得不偿失的冒险事例是在高速公路上超车，让车全速前进，好像自己是在参加比赛，或有什么急事，全速超过前面的每辆车，弯弯曲曲地穿梭前进。这种把安全抛诸脑后的做法并不一定能使驾车者节省时间，但出现车祸的几率却增加了，会为车上的人增加不必要的焦虑。为这种危险而提心吊胆，根本就不值得。在限速内行驶，也许不能使你感到兴奋和激动，但安全感会令你心境平和。再如赌博，这种冒险可能使你获得收益，也可能使你走向自我毁灭，无论结果如何，你都将付出巨大的心理代价。

如果你要去冒险，首先要弄清为什么要这样做，参加这种冒险带来的报偿和为此付出的代价都会是什么。换言之，人生的冒险是有意义的，但是，我们应弄明白，是在冒什么样的风险，以及为什么要冒这样的风险。

权衡风险的行为训练

1. 观察你自己是否乐于冒险。

——你经常冒些风险吗？

——你是谨慎和镇静地去冒险吗？

——你过着很少有风险的平静生活吗？还是甘愿去冒许多大风险？

——你能在冒险前有意识地权衡自己所冒风险与报偿间的利害关系吗？

2. 你面对风险时所采取的方法。

——你适合这种方式吗？

——你对这种方式满意吗？

——它使你感到不知所措，还是使你感到很满足？

——你为这样的冒险方式而感到焦虑吗？

——这种冒险方式，对你来讲足够刺激吗？

——你由此得到了很多好处吗？

——你渴望冒更多的风险吗？

3. 如果你发现自己的冒险方式不令人满意，制订一项计划，来改变你的冒险方式。

如果需要改变自己的生活习惯，在计划中应列得具体一些。或许你需要大胆地向他人索要你需要的东西；驾车行驶时需要谨慎些，少冒险；或许你需要在投资方面冒更大的风险；或是为了达到某种目标，采取一些大胆的做法。

4. 实施你的计划。留意你对自己改变前后的生活方式的感觉，改变是否使你感觉更好，使你的焦虑得以减少？你认为你现在的冒险方式和以前的冒险方式之中，哪一个更好？当你对你所要冒的风险进行了一番评估，你会感到更加安全。

处方
26 为自己留下充足的时间

你的时间看起来很充足吗？用充裕的时间来完成某一事情会带给人极大的享受。人们感到焦虑和烦恼的一个重要原因，是在安排（或者说是没有安排）自己生活的时候，对时间做了不切实际的要求。对大多数人来讲，迟到是导致焦虑的一个重要原因。由于这是一个反复出现的问题，你可能会为许多不必要的变化所控制，使自己处于警戒状态，以防备意外事情的发生。

举例而言，假设在没有意外发生的情况下，从你家到办公室需要 30 分钟时间，也就是说，如果：

1. 公共汽车按以往的速度行驶；

2. 没有塞车、没有发生交通事故；

3. 在你正要出门之际，没有一个很长的电话要接听；

4. 没有把必需的物品忘在家里。

所以，如果一切都很顺利，从家里出发到开始上班，你需要 30 分钟的时间。假如你是在上班时间前 30 分钟离开家，一路上，你就会为迟到而焦虑。这种情况的补救措施也并不复杂：只要提前 40 分钟离开家就行了。你的心情会因此而变得更加轻松，在上班的路上，你就可以愉快地享受这段旅程，不必再为交通或其他无能为力的事而担心。另外，坐在汽车里如醉如痴地读书，比咬着手指头暗暗催促汽车快一点更有趣。

给自己留下足够时间的行为训练

1. 回顾一下自己安排时间的方法。

——你能毫不费力地安排足够的时间去做事吗？

——你安排足够的时间去认真、彻底地完成你的任务了吗？

——你是如何安排时间的？怎样做会使你更容易地处理所面临的事情？

——你只是需要 10 分钟的机动时间呢，还是需要对你安排时间的方法进行改变？

2. 对自己的安排和习惯做一番必要的评价，以便减少日常生活中的焦虑。当你为自己必须要做的事情安排了大量时间的时候，你有什么感受？你喜欢这种新的感受吗？还是更喜欢以前的方式？

处方
27
理智地面对冲突

面对冲突的方式

每个人都有可能与他人产生误解，其结果就是彼此疏远，彼此伤害。我们可能只记住了与那人关系中的消极方面，事实上，用积极的态度去面对对方，焦虑与烦恼也会为此而变得越来越少。一般人不外乎用以下五种方式来面对冲突：

1. **竞争攻击**。一个人只追求满足一己之私，而不管他人时，就产生了竞争行为，此时会为了争取胜利而不惜攻击、侵犯与伤害他人。这种做法常导致双方关系的破裂、敌意增加，而且当人们用此心态进行报复时，会连原来为什么会发生冲突的原因都忘掉了，无法就事论事，而变成"我就是要赢"

的输赢之争。

2. 屈从退缩。若一方一味屈从对方、完全听任对方、满足对方需求，将对方需求看得比自己还重要，就是屈从退缩。我们可从婚姻暴力中受虐妇女的身上看到，她们常采取此法，一旦这种方式成为习惯性的反应模式后，结果常是很糟糕的，一是完全没有照顾到自己的需要、压抑自己的情绪，如果因过度压抑而爆发，情况更难以收拾；二是退缩屈从往往会更激怒对方，成为另一个冲突的爆发点。

3. 逃避。当一个人企图摆脱冲突情境，假装问题不存在，不关心彼此的需要时，就是逃避。不论是转移问题或离开现场，都表示没有面对这个问题的打算，这么做，坏处当然是没有试图解决冲突，冲突的原因依然存在。然而，逃避也有积极的一面，尤其当双方的情绪无法控制时，这么做有降温的效果，可以让双方冷静下来，恢复理性思考；或者是当你觉得你们的关系不重要，冲突解决与否无所谓时，就可采用此法。

4. 妥协退让。当双方都必须放弃某些权益、各退一步而共同分享利益时，就形成了妥协退让的结果，此时，双方都牺牲了某些权益而换来不是最满意但能达到共识的结果，这是小输小赢的策略。

5. 合作将问题解决。当双方都希望能满足彼此的需要，就应采取"合作将问题解决"的策略。如果彼此都愿意用开放、平等、客观的态度来沟通，澄清彼此差异，共同思考如何来解决问题，往往能使双方关系更进一步，找到彼此都满意的解决问题的方法。

上述的前三种意图，无法照顾到彼此的需要，结果常造成某一方或双方的伤害；若双方都能以"合作将问题解决"的策略来面对冲突，可以帮助我们妥善地处理所面临的问题，是比较好的策略，然而，我们也必须要了解，即使如此，也不是所有的冲突都能得到解决。

心平气和地面对冲突的行为训练

1. 想一位由于问题没有澄清，你一直躲避的人，这个人可能是一位亲属、朋友、同事或者邻居。

回想一下造成误解的那次事件，这个事件可能小到一个不假思索而说出的词，也可能大到一次欺骗性的商业交易或人格背叛。争取在心里再次回放那时的情景，尽量从双方的观点来理解这件事，看看你是否可以确定什么错了，以及为什么错了。

2. 想像如果再发生那样的事件，是否会出现不同的结果。

——你要向对方说些什么？

——他反应会是怎样？

——你将怎样面对他所表现出的情绪？

——你将怎样对付自己产生的情绪？

——你们的交流将逐步升级为激烈的争论，还是一直保持冷静？

3. 找机会与对方接触。

见一见冲突的另一方，或者，通过电话与对方谈一谈，将自己对这次事件的想法整理一下，仔细想一想你要对对方讲些什么话，要避免进行指责与辱骂。去与这个人会面或通电话，解决有关的问题。对你采取的行动和做出的反应要采取认真负责的态度，如果你有看法，那是你自己的，即使那只是对另一个人的反应，你对自己产生的情绪仍然负有责任。与对方谈话时，要尽量做到心平气和，表示出那次事件对你产生了怎样的影响，倾听对方做出的解释和发表的观点。既使你不同意，也要尽量争取理解对方。

4. 争取找到原谅他人的方式。

即使你没有得到对方的谅解，甚至，对方冷落了你，也要争取找到关心对方的办法。看看在别人没有好好地对待你时，你是否能对其产生好感。要明白，将从沉重的负担下解放出来的是你，而不是什么其他的人。

最圆满的结局，是双方互相理解、原谅，如果真是这样，那就应该表示祝贺。

处方
28
摆脱身心紧张

人们是如何摆脱心理紧张的？

人们发生心理紧张之后，常会采用一些方法以求摆脱。这种方法大致可分为两类：第一类以回避、被动、抑制、内向为特征；第二类则以进取、主动、活跃、外向为特征。常用方法如下：

第一类：

1. 自我镇静。主动克制烦恼。

2. 超然摆脱。设想发生的事情与己无关，用冷眼旁观的立场，理智地分析事实，解除紧张的情绪反应。

3. 自我否认或欺骗。不相信或闭目不承认事件已发生，认为是别人误传。

4. 休息、睡眠。如愤怒时宁愿去睡觉，睡醒后一切也就烟消云散了。

5. 转换为躯体症状。如头痛、胃痛、身体不适等，希望病后可减少自己的义务，求得别人的谅解、同情与支持。

6. 吸烟、酗酒、服镇静药，以解愁闷，在醉生梦死中解脱。

7. 撒娇、装糊涂、行为幼稚化，以此逃避现实。

8. 惩罚自己。如自残，怨天尤人，以此要挟别人。

9. 幻想，白日梦。在幻想中转败为胜，以阿 Q 为榜样采用"精神胜利法"。

10. 歪曲事实。把坏事说成好事，自欺欺人，打肿脸充胖子。

11. 口是心非。表面镇静，内心恐慌。

12. 信仰宗教与神佛。因失意而皈依某种宗教或迷信神佛。

13. 痛哭流涕，可怜自己或自杀轻生。

第二类：

1. 发奋读书，拼命工作。以此恢复受挫的自尊心。

2. 参与娱乐休闲活动或热心社会公益事业，以转换注意力。

3. 幽默、自我解嘲，以松弛紧张气氛。

4. 向亲朋好友倾诉，求得同情与安慰。

5. 归咎客观，责怪别人，摆脱责任。

6. 寻衅挑剔，迁怒于人，找"出气筒"。

7. 蛮干，一意孤行。不计后果，铤而走险。

上述这些是人们用以摆脱心理紧张的方法，往往因人、因场合的不同而有所区别，这些方法有的是合理的、可取的，能够真正解决问题；有的则是不合理的，甚至是无效的、不正确的。因此人们在心理紧张发生后，应该面对现实，冷静分析，努力克服或转移情绪，发挥自身的心理优势。

通常，当紧张来临时，我们会有强烈的身体反应，即感到身体绷紧和全身不舒服，这是焦虑最明显的表现，即使不触及潜在的其他问题，要直接减轻身体的紧张程度也是可能的。虽然这并不是包治百病的灵丹妙药，但是它会极大地缓解你的焦虑感。

减轻身体紧张程度的行为训练

1. 找出身体的紧张区域。

让我们仔细地观察全身的每一部分——要从头到脚，从脚到头。确定紧张的程度，注意那些张力较强的区域。在每一区域停留一段时间，使自己熟悉这些区域。换句话说，要在心里将这一区域描述一番。是什么样的颜色？什么样的形态？范围有多大？如果它会说话，会讲些什么？

2. 设想心里有一双眼睛，正在注视着这一区域。

这一区域正在开始溶化，或许它在溶化中还保持原来的颜色，或许它会变成另外一种颜色，它的形状也可能发生变化。让这块紧张区域继续溶化，注视着这条由溶化了的"紧张"汇成的小河向下流去，一直流出体外。例如，你把头疼描述成是红色的，你可以幻想一条红色小河，沿着你的背部、腿部向下流淌，一直流出你的脚掌。这样做了以后，你的紧张应该有所减轻。

3. 找出紧张的区域，使这些肌肉收缩到最紧的程度。倘若紧张感还未消除或者你没有充足的时间，还有一条更简便的方法，也可以减轻肌肉紧张。

保持紧张，从 1 数到 6。然后，突然放松肌肉。这样，几乎可以立即使肌肉得到松弛。紧缩肌肉的方法很简单，只要夸大你感觉到的肌肉紧张程度就可以了。这种方法对于那些习惯于久坐办公室的人最为有益，他们的紧张是由双肩发展起来的。将双肩尽量提高，从 1 数到 6，然后，突然让它们落下来，肌肉就会得到放松。最后，做 5 次深呼吸，使整个胸腔都吸足空气。

第3节
常见焦虑症状的应对之道

● 社交焦虑障碍

很多人都曾有过在社交或公众场合中害羞、焦虑的体验，这种单纯的害羞和暂时的焦虑情绪是正常的心理反应，可如果这种感觉非常强烈，甚至对社交场合产生过分、不合理的恐惧，那么很可能是社交焦虑障碍的表现。

如果你太害羞

害羞，是一个人成长过程中常见的一种正常焦虑现象，但如果这种焦虑持久而且严重地影响了正常工作与生活，则成为一种病态心理——社交焦虑障碍，即社交恐怖症。

社交焦虑障碍，西方国家资料显示其终身患病率为 10～13%，可见该病发病率之高。但社交焦虑障碍往往容易被人忽视，甚至认为是害羞或性格问题。每个人都在社交或职业场合体验过不同程度的害怕与焦虑，社交焦虑障碍患者的家人、朋友，甚至医生都认为这只是一般性问题。其实，社交焦虑障碍往往会导致严重的社交功能丧失等问题。社交焦虑障碍大多数起源于青春期（13～19岁），影响着其整个成长阶段。由于害怕和回避社交，社会技能的锻炼机会就会减少，工作、学习能力也会随之下降。据临床咨询案例统计，社交恐怖症患者女性多于男性，未婚独身、教育程度低、社会阶层低及失业者居多。严重的焦虑，扰乱了正常的生活和工作，使患者陷于痛苦之中。

◎ 心理故事

好莱坞最著名的影星嘉宝竟是世界上最害羞的人。嘉宝拍戏时，除了她的摄影师外，任何人都不能在场，尤其是扮演痛苦表情时，连导演都得离开，以至于发生过这么一种怪现象：有人虽然和她同拍一部电影，却连一次面也没见上。每当她演完一场戏，就马上躲开，藏到舞台后面简陋的化妆室里再也不肯出来，外面还得由警察站岗确保他人不能进入。

盛名之下，嘉宝成了世界上最寂寞的人。她独居一处，整个美国知道她住处的不过寥寥十几个人，甚至连邻居也几乎见不到她。有一次，她租了一栋房子，付了三个月房租，只因一个摄影师发现了她的隐身之处，仅住了三天就搬走了。由于害羞，她的生活极其简单，她走下银幕后，从来不擦胭脂，不涂口红，不染指甲，她外出时只穿工作服和水手裤。她的汽车也是老掉牙的，式样极为陈旧。她只有三个仆人，一个是黑人女仆，一个是厨师，一个是汽车司机。她喜欢动物，每当她遇见狗或马，就要停下来抚摸一番，柔声细气地跟它们说话。

➕ 故事解读

像嘉宝这种在平常的工作及社交场合感到害羞和持久的害怕，就属于社会焦虑障碍。许多人以为不愿与人交往是因为过于害羞导致的，并没有意识到这是一种心理障碍，更不知道它可以通过矫正而得以改善。

你经历过以下情形吗？

—— "我在同学面前很害羞，一说话就脸红，这使我很难堪。想到要和别人说话，我就非常紧张、心慌。我很想能和大家正常地交往……"

—— "和同事们外出聚餐本是很平常的事情，可对我来说，简直是天大的难事。我担心我会说些愚蠢的话，担心在别人面前吃东西时的动作……我真恨我自己。"

—— "我最怕开会了，在众人面前发言时，我紧张得说不出话来，喉咙像是被什么东西堵住了一样，恨不得马上逃走。因为这个原因我放弃了很多升职的机会……"

—— "我的学习成绩下降得很快，因为我不敢看黑板，我害怕与老师对视……"

社交焦虑障碍主要有以下表现：

1. 害怕被人注视与评论；

2. 认为别人能看出自己不自然的神情与窘态；

5. 预计别人对自己的评价是否定或蔑视的；

4. 对害怕的场合采取回避态度或痛苦地忍受；

5. 在害怕的场合常伴有脸红、手抖、恶心或尿频等躯体症状。

社交焦虑障碍的典型恐怖情境包括：被介绍给别人，与上级或异性见面，约会，接电话，接待来访者，在被别人注视的情况下写字或吃东西，在公开场合讲话，上公厕，在商店与人谈价或试穿衣服等。

自测：你的害羞是否已形成社交焦虑障碍？

下面是一个评定社交焦虑障碍的量表，如果你有其中的某些症状，就应警惕患有社交焦虑障碍的可能。

1. 害怕当众打电话。

2. 害怕参加小组活动。

3. 害怕在公共场所吃东西。

4. 害怕和他人在公共场所饮酒。

5. 害怕和权威人士谈话。

6. 害怕在观众面前表演或讲话。

7. 害怕参加聚会。

8. 害怕在他人注视下工作或写字。

9. 害怕给不熟悉的人打电话。

10. 害怕和不熟悉的人谈话。

11. 害怕和陌生人会面。

12. 害怕进入别人已经就坐的房间。

13. 害怕成为众人注意的中心。

14. 害怕在会议上发言。

15. 害怕参加考试。

16. 害怕向不熟悉的人表示相反的意见。

17. 害怕与人对视。

18. 害怕做报告。

19. 害怕到商店退货。

20. 害怕参加聚会。

21. 害怕拒绝推销人员。

22. 害怕参加一些对自己重要的交际活动。

挥别社交焦虑症

社交焦虑障碍是一种慢性疾病，病理较长，自发缓解的可能性较小，仅有少数受过高等教育、起病年龄大的社交焦虑障碍患者的缓解可能性大一些，但社交焦虑障碍本身却是能够治疗的心理疾患。治疗它，首先，要通过药物缓解对恐怖情境的害怕情绪和躯体症状；其次，须结合认知治疗纠正引起焦虑、紧张的错误认知以减轻持续性焦虑；再次，须进行行为脱敏和社会技能强化训练以减少回避行为，建立正常的社会交往行为。该项治疗最好在心理治疗专业人员指导下进行。

下列的心理疗法可供你进行自助：

1. 不要"看着别人活，活给别人看"，要问一问自己的生活目标是什么，如：我是谁？我是不是每天都有所进取？学会正确认识自己，愉快地接纳自己，以自我评价为主，正确对待他人评说。

2. 在社会交往中，让自己坦然、真诚、自信、充满生命的活力，充分展示你的人格魅力，就会赢得成功。

3. 锻炼人际交往中的亲和力。一个人的人格魅力往往是智能与内心世界的流露，学会"人合百群"是新世纪社会交往的需要，应摒弃"物以类聚，人以群分"和"酒逢知己干杯少，话不投机半句多"的陈旧观念，学会适应，学会赢得别人的信赖。

4. 活得积极自主，潇洒自在，为自己寻求快乐，焦虑、烦躁等消极情绪对于解决问题无济于事，心平气和、乐观、勇敢、自信，是克服焦虑的精神良药。

● 青春期焦虑症

青春期是焦虑症的易发期，这个时期个体的发育加快，身心变化处于一个转折点。随着第二性征的出现，个体对自己在体态、生理和心理等方面的变化，会产生一种神秘感，甚至不知所措。诸如女孩由于乳房发育而不敢挺胸、月经初潮而紧张不安；男孩出现性冲动、遗精、手淫后的追悔自责等，这些都将对青少年的心理、情绪及行为带来很大影响。往往由于好奇和不理解会出现恐惧、紧张、羞涩、孤独、自卑和烦恼，还可能伴发头晕头痛、失眠多梦、眩晕乏力、口干厌食、心慌气促、神经过敏、情绪不稳、体重下降和焦虑不安等症状。患者常因此而辗转于内科、神经科求诊，而经反复检查并没有发现任何器质性病变，这类病症即为青春期焦虑症。

表现

青春期焦虑症通常分为急、慢性两种，男女比例约为 1：1.4。

急性青春期焦虑症：

又称惊恐发作，约占青春期焦虑症患者的 20~30%，其主要表现为：

1. 突然发作，伴有莫名其妙的恐惧和惊慌，严重的会有惊恐万分之感，仿佛死亡已临近。

2. 有明显的植物精神症状，如心慌、心乱、心跳剧烈、胸闷、心口疼痛和四肢麻木感；严重的，会全身虚汗不断，瞳孔放大，浑身发抖不能控制，甚至晕眩昏厥，大小便失禁。

急性焦虑一次发作数分钟至数小时，很容易被误诊为心脏病等急性躯体疾病。

慢性青春期焦虑症：

慢性焦虑症比较多见，占70%以上。患者常处于持续的焦虑状态中，可几个星期或更长。主要表现为：

1. 终日忧心忡忡、担心、紧张和害怕，但担心的事实际上不会出现，或者不会那么严重。这一点患病青少年本人也很清楚，但自己却控制不住，以致终日坐立不安，面色时时紧张，对声音和别人的动作过分敏感，稍有动静，便大惊小怪，注意力和记忆力都减退，学习成绩下降。

2. 植物神经系统症状明显，如口干、肚子胀、胸前有压迫感、心慌、心跳快、小便多而频等；女孩还多见脸色潮红、月经不调等症状。

3. 运动性不安。表现为坐立不住，想做点事，但做精细动作时经常失误，如穿针线时把手刺破，洗杯子时失手摔坏等；疲乏，总想躺下来但又睡不着，睡着后又特别容易被一点小声响惊醒；还容易做噩梦，惊醒后很害怕，但又说不清是什么原因要这样恐惧和心神不定。

4. 常为一些小事苦恼不堪，自责，对困难过分夸大，遇事总往坏处想，常无病呻吟，对躯体不适特别关注。难以做出决策，即使做出决策，仍对可能出现的差错过分关注，担心由此招来大祸。

自我疗法

青春期焦虑症会严重危害青少年的身心健康，长期处于焦虑状态，还会诱发神经衰弱症，因此必须及时予以合理治疗。一般是以心理治疗为主，配合药物治疗。此处介绍几种自我疗法。

暗示疗法。自信是治疗青春期焦虑症的必要前提。焦虑症患者应暗示自己树立信心，正确认识自己，相信自己有处理突发事件和完成各种工作的能力，坚信通过治疗可以完全消除焦虑疾患。通过暗示，患者每多一点自信，焦虑程度就会降低一些，同时又反过来使自己变得更自信，这个良性循环将帮助你摆脱焦虑症的纠缠。

深度松弛疗法。如果患者能够学会自我深度松弛，就会出现与焦虑状态相反的反应，这时其身体是放松的，而不是为某些朦胧意识所控制。自我深度松弛对焦虑症有显著疗效，如：患者在深度松弛的情况下去想像紧张情境。首先出现最弱的情境，重复进行，患者慢慢便会在想像出的任何紧张情境或整个事件过程中，都不再体验到焦虑。

分析疗法。有些焦虑是由于患者将经历过的情绪体验和欲望压抑到潜意识中去的结果。因为这些被压抑的情绪体验并未在头脑中消失，仍潜伏在无意识中导致病症。患者整天忧心忡忡、痛苦焦虑，却不知其所以然。此时，患者应分析产生焦虑的原因，'或通过心理医生的协助，把深藏于潜意识中的"病根"挖掘出来，必要时可进行发泄，这样，症状一般可消失。

刺激疗法。焦虑症患者发病时脑中总是胡思乱想，坐立不安，痛苦不堪，此时患者可采用自我刺激，转移注意力。如在胡思乱想时，找一本有趣的能吸引入的书读，从事自己喜爱的娱乐活动，或进行紧张的体力劳动和体育运动，以忘却心中的烦恼。

催眠疗法。大多数患者有睡眠障碍，难以入睡或梦中惊醒，此时可进行自我催眠，如闭上双眼，进行自我暗示："我现在躺在床上，非常舒服……我似乎很难入睡……不过没有问题……我现在开始做腹式呼吸……呼吸很轻松……我的杂念开始消失了……我的心情平静了……眼皮已不能睁开了……手臂也很重，不想抬了，也抬不起来了……我的心情十分平静……我困了……我该睡了，我能愉快地睡着……明早醒来，我心中会非常舒畅。"

💬 心理故事

小李近半年来总感到莫名其妙的烦躁不安，心神不定。想到学习，就担心考试考不好；在路上骑车时，害怕别人会撞到自己；有时甚至担忧自己或家人会突然死去。每当这种念头产生时，小李就会满头冷汗，四肢发凉。晚上经常做噩梦。因为总是这样焦虑紧张，小李的学习成绩一落千丈。

➕ 故事解读

青春期焦虑症的产生一般和个体素质有关，大多数病人平时较为敏感，对外界刺激反应强烈，易于着急、担忧、惊慌失措，并产生不安全感。在已有的人格基础上，如果突然遇到各种重大生活变故，如亲人猝死、父母离异、家庭不和、住院手术、转学等时，常会突然爆发，或使原先隐匿的症状明朗化。

● 考试焦虑

考试焦虑作为一种消极情绪，严重影响一些学生在考试时学习成绩的真实发挥，尽管平时学习成绩很好，但由于考试焦虑情绪作用而考得很糟。

考试焦虑是比较复杂的消极情绪现象

不少人对考试焦虑提出了各自的观点和理解，如：考试焦虑是一种处于失助和紊乱状态下的消极情绪；考试焦虑是一种习惯性的、条件性的情绪反应；应当把考试焦虑看做是同注意和认知评价相联系的紧张情绪状态，等等。总而言之，考试焦虑是在一定应试情境的激发下，受个体认知评价能力、人格倾向及其他身心因素所制约，以担忧为基本特征，以防御和逃避为行为方式，通过不同程度的情绪性反应所表现出来的一种心理状态。

一般认为，考试焦虑是由三种基本成分交织而成的一种复杂的情绪反应。

第一种是认知成分。以担忧为特征，由消极的自我评价或他人评价所形成的意识体验，继续下去，多次强化，就会形成习惯化的思维定势，如，有的学生一看到重大考试，就说："惨了!""糟了!""完蛋了……"这些语言暗示在认知上维护了焦虑状态，从而干扰了考试正常水平的发挥，长此以往，会转化为慢性焦虑症，不能发挥正常的认知功能，对人的评价缺乏客观标准，自制力下降，社会适应能力下降。

第二种是生理成分。有特定的情绪反应，如心率加快、呼吸急促、肠胃不适、尿频多汗、头痛、易疲倦、心悸、失眠、多汗、尿频、厌食、月经失调等症状，引起神经衰弱、胃炎、溃疡等疾病。生理现象的反常，导致焦虑加深，情绪浮躁。

第三种是行为成分。常以防御或逃避性反应表现在一定的行为方式上。如考前隍恐不安，多余动作或思维负担加重，草率答题，严重时逃避考试。焦虑状态使考试成绩不佳，而考试失败又加剧了焦虑状态。于是，考试与认知偏差、焦躁不安、成绩不佳形成恶性循环。

你在担忧什么?

考试焦虑是以担忧为表现形式的，总体上说，这些担忧主要表现在以下几个方面：

1. **担心考不好，他人对自己有过低的评价**。例如，"如果考得不好，人们将对自己的能力产生怀疑"，"如果考得不好，意味着自己并不像原来所想像的那样聪明"等等。

2. **担心对个人形象有所损坏**。例如，"重大考试之前或考试期间，我常常会想到其他人比自己强得多。""如果我考得不好，且不说别人对我有什么看法，就是自己也会失去信心。"等等。

3. **担心未来的前途**。例如："一般来说，考试成绩好的人将来必定会在社会上取得更好的地位"，"考试结果的好坏，将在一定程度上影响我的前途，一想到此我就心烦意乱"等等。

引起紧张的主要原因还有父母要求过严、对自己期望过高和害怕失败等，有些人甚至为了多记、强记考试知识而"披星戴月，闻鸡起舞"，导致睡眠严重不足，这样不仅没有收到好的学习效果，反而影响了正常的记忆能力，本来已经记住的知识，常因害怕会忘掉，强迫自己不停地埋头苦干，偶尔遇到小挫折就会恐慌不已。

消除考试焦虑的自助策略

自信训练：

考生运用交互抑制原理，自我表达正常的情感与自信，使那些消极的自我意识得到扭转，以削弱或消除考试焦虑，增强考试信心。无端的忧虑与苦恼，对试前的复习有百害而无一利。因而最重要的是按照复习计划有条不紊地进行，扎扎实实做好各种准备，这才是应采取的态度。这样针对每一种担忧，自己与自己辩论，以提高自信心。

考试焦虑的产生往往与消极的自我暗示有关。一想到考试，有考试焦虑的学生首先想到的往往是"我肯定考不好。""要是考砸了怎么办？"而且这种思维还有扩大化的倾向："我要是考砸了，父母一定会很失望的。""我要是考砸了，老师一定会批评我。"这些想法导致焦虑水平上升，影响了考场上的正常发挥，而考试成绩不理想又强化了这些想法，下次考试时，焦虑更重，对成绩的影响更大，造成恶性循环，难以纠正。要想打破这种恶性循环，就要树立正确的自我意识，增强应试信心，具体做法是：

1. 学会捕捉消极的自我意识。当消极想法出现时，要及时抓住它。做到这一点并不容易，需要平时勤加练习。

2. 向消极的自我意识挑战。捕捉到消极的想法后，就用现实的积极想法加以对抗。比如，你可以问问自己：如果不受到考试焦虑的影响，可以发挥正常水平的话，考不好的几率是多少？消极的自我意识已经存在很久了，要想彻底改变，需要反复应用对抗手段，才可以让积极自我意识最终战胜消极自我意识。所以，在平时反复练习对抗技巧，才能够得心应手地运用。

时间安排与饮食训练：

要科学地安排学习时间，因人而异地制订学习计划，不可打"疲劳战"。一般学习 50 分钟就要休息 10 分钟，学习之余，要适当参加文体活动，当感到压力大或身体疲劳的时候，有必要调整一下学习的节奏，听听音乐，散散步。不要一味地消磨时间，这样反而会使心情急躁，事倍功半。应保持每天 8 小时的睡眠时间，中午也要休息一个小时左右，对消除疲劳和紧张有好处。

考前是脑力和体力的特大消耗期，应注意对营养的补充，特别是对脑营养的供给，考生在此期间应多食富含卵磷脂、胡萝卜素以及维生素 B、C、E 的食品，多吃蔬菜、鱼类等。综合而均衡地补充营养，对避免和消除学生的考前紧张有一定的帮助，但没必要买过多的补品，喝过多的健脑口服液，一来没有明确的疗效，二来反而会制造紧张的气氛。有张有弛才是致胜之道。

深呼吸缓解训练：

紧张焦虑会导致呼吸不由自主地加快，从而导致"过度呼吸"。急促的过度呼吸会引起一些生理变化，如心跳频率和强度的增加，肾上素分泌增加，唾液分泌减少，恶心呕吐，肌肉抽搐等，这些变化都是来自自我调节的神经系统的反应，也就是说，你无法通过意识直接控制这些生理变化。所以，当你在焦虑紧张时，想通过自我意识让自己不冒汗、不心慌是十分困难的。你能做的一种最简单、最有效的努力就是控制呼吸，通过呼吸缓解焦虑。

具体做法是：保持坐姿，身体向后靠并挺直，松开束腰的皮带或衣物，将双掌轻轻放在肚脐上，要求五指并拢，掌心向下。先用鼻子慢慢地吸足一口气，大约数 4 个节拍，然后慢慢吐气，也用 4 个节拍，每次连续做 4～10 分钟即可。也可以闭上眼睛做，边做深呼吸边想像一些美好的情景，效果会更好。除了在安静的环境中进行深呼吸外，也可以在看电视、走路、临考前去做。

肌肉放松训练：

紧张焦虑会导致二氧化碳和氧气在血液中比例失调，从而改变血液的酸性，引起钙在肌肉和神经中的急剧增加，使敏感度提高，使人产生各种不适反应。肌肉松弛法有利于缓解肌肉紧张。所谓放松，是指努力体会肌肉结束紧张后的舒适、松弛的感觉，比如热、酸、软等感觉。可以在早晨醒来和晚上睡觉前各做一遍。具体做法是：

1. 头部放松。用力紧皱眉头保持 10 秒钟，然后放松；用力闭紧双眼，保持 10 秒钟，然后放松；用舌头抵住上腭，使舌头前部紧张，保持 10 秒钟后放松。

2. 颈部肌肉放松。将头用力下弯，努力使下巴抵住胸部，保持 10 秒钟，然后放松。

3. 腹部肌肉放松。绷紧双腿，并拢膝盖，伸直上抬，保持 10 秒钟，然后放松；将双脚向前绷紧，体会小腿部的紧张感 10 秒钟，然后放松……

此外还有肩部、臀部、胸部等肌肉的放松。

考场中的放松训练：

做好准备！全面复习所有内容；

在考试前的那个晚上睡个好觉；

考试前要留有充足的时间做需要做的事情，以确保早一点到达考场；

临考前要放松；

不要指望在考试前一分钟的复习；

不要饿着肚子进考场；

随身带一些糖果或其他营养品，也许可以帮你解脱些紧张；

满怀信心去迎接考试。把考试看做是一个机会，能显示你已经学了多少知识并且能从已学的知识中获得一种鼓励；

计划好在考试中所用的时间；

仔细阅读各项说明；

改变坐的姿势，以使自己放松；

如果遇到难题，避开它，继续做下一题；

当别人开始交卷时，不必惊慌，教师不会给首先交卷的学生任何奖励。

💬 心理故事

王某，女，19 岁，某综合大学哲学系二年级学生，从大学一年级第二学期开始，她就出现了心理问题，主要表现为每到期末复习考试临近期间，就紧张焦虑，还伴有较严重的睡眠障碍。她说："我学的虽然是哲学专业，但却还要学高等数学和物理等理科课程。我在中学学习时，数理化就是弱项，所以才报考了文科，不料到了这个系也要学习数学、物理，我感到负担沉重。一年级的第二学期开学初，我就因数学等三科不及格进行了补考，情绪一直十分低落，无法自行缓解。"

➕ 故事解读

有考试焦虑症状的考生应向消极的自我意识挑战，树立正确的自我意向，增加应试的自信心和自制力，减缓和克服考试焦虑的担忧成分，以一种从容的状态走进考场。

● 金钱焦虑

面对金钱的不安全感

不喜欢金钱的人可以说少之又少，但有了钱后，每个人对钱财的态度可能都不一样。有人会尽情享受，有人却惜财如命，也有人整天害怕失去钱财而焦虑不堪。严重的，甚至害怕赚钱，或拥有钱财。

在一项调查中，受试者被问及，在他们的记忆里，哪些情绪反应与金钱有关。71%认为是焦虑；52%认为是消沉；52%则认为是愤怒。

金钱焦虑是一种令人不快的情绪，极端时甚至会造成神经衰弱，它可能显示出对被欺骗的恐惧，对钱财灾难的预期，或担心金钱多少会控制自己的生活。有些焦虑的人希望利用钱去买他人的爱，以平衡内心的恐惧，对这些人而言，金钱焦虑就是一种情绪上的不安全感。

成功人士证明，金钱焦虑在有成功倾向的人里少有立足之地，对成功者而言，焦虑程度低与高收入、财经知识广泛有关，因而，迈向成功的目标时充满信心。

相对地，焦虑程度高的人很难有正面的自我形象，这些人是被外在因素所控制的，也就是说，他们相信成功是由外部力量决定的，不管他们怎么努力都无济于事。

自测：金钱焦虑量表

下面的"金钱焦虑量表"可以表明人们对金钱的关切和焦虑程度是否与成功有关。

测验包括20个题目，每个题目都与对金钱的态度有关。以4种方式计分，选一个最适合自己态度的答案，写下正确的号码，全部回答完毕，再根据计分方式算出总分。

1. 从来不；   2. 有时候；   3. 常常；

4. 经常（近于一向如此）

1. 我担心赚钱会使我迷失了自己。 （　　）
2. 我担心朋友若知道我有钱，会向我借钱。 （　　）
3. 我担心如果我赚太多钱，会扯进复杂的税务问题。 （　　）
4. 我担心不管我赚多少钱，永远也不会满足。 （　　）
5. 我担心如果我有很多钱，别人喜欢我是因为我有钱。 （　　）
6. 我担心钱会使我沉溺于所有的恶习。 （　　）
7. 我担心如果我赚钱比朋友多，他们会嫉妒我。 （　　）
8. 我担心如果我大把地赚钱，钱会控制我的生活。 （　　）
9. 我担心如果我有钱，别人一有机会就会欺骗我。 （　　）
10. 我担心钱会成为我追求真爱的障碍。 （　　）
11. 我担心如果我有很多钱，我会一天到晚害怕会失去它。 （　　）
12. 我担心钱会使我变得贪婪，并且过分地野心勃勃。 （　　）
13. 我担心管理为数不少的钱会造成我无法负荷的压力。 （　　）
14. 我担心如果我赚了很多钱，我会失去工作的意愿。 （　　）
15. 我担心如果我有了很多钱，我会利用钱去占别人的便宜。 （　　）
16. 我担心拥有很多钱会使我的生活不再单纯。 （　　）
17. 我担心比我所爱的人赚更多的钱。 （　　）
18. 我担心金钱是万恶之源。 （　　）
19. 我担心拥有大量的金钱会使我陷入失败的境地。 （　　）
20. 我担心我没有能力处理巨额的钱财。 （　　）

把每个题目作答时的号码加起来，得数就是你的总分。

你的总分：（　　）分

得分在20~24分，很低；得分在25~30分，低；得分在31~37分，中等；得分在38~57分，高；得分在58分以上，很高。

得分很低者： 虽然焦虑水准低与成功有关，但得分太低却可能显示这种人缺乏对成功的兴趣与雄心。焦虑水准低但要在可控制的程度下，才表示具有可改变或改善生活的良性关切。如果你得分很低，可能是因为你对现状太过满足，充满信心而没有金钱焦虑，或者你是想避免因钱财问题而做必要改变，究竟是哪一种原因，得好好问问自己。如果是第一个原因，金钱恐惧根本不会阻碍你的成功。

得分低者：对现有的钱财状况颇感舒适，商业知识广泛，相信自己可以完全控制成功的机会，并对成功地处理金钱问题深具信心。得分落在此组的人，都能正面看待自己的目标，承担必要的风险，迈向自己所希望的未来。

得分中等者：对金钱在生活中所扮演的角色感到不确定。对他们而言，对金钱充满关切，取得和持有却会令他们担心。如果这种焦虑会驱使自己去控制好金钱，就可能步上成功之路；如果老是想逃避钱财风险，整天因没有安全感而害怕，这种焦虑就会阻碍他们去赚更多的钱。如果得分落在此组，可能会被焦虑所误，但只要你愿意，是可以做到自我掌握，迈向成功的。

得分高者：很难去享受自己所拥有的钱财。而且，他们的焦虑会使挑战和成功失去魅力，因为他们觉得成功只会带来害怕失去（成功）的焦虑。焦虑的人因此会把自己隐藏在一些过度保护性的行为里，诸如强制性的储蓄，或不信任他人。偶尔，这些焦虑程度高的人也会失去防卫，以不太恰当的方式和外界接触。不过，万一接触失败，就会加深他们的焦虑。得分落在此组，是很难成功的。

得分很高者：这种人需要立即寻求解除焦虑的方法及技巧，或许，还包括专业的诊断。焦虑太大会使人万念俱灰，不想追求任何目标。得分落在此组，对周围的人根本无法相信，不可能享受成功所带来的任何乐趣；最重要的是，这种人很难成功，相反，他们往往为钱而付出了昂贵的代价。

远离金钱焦虑的行为训练

1. **改变心态**。如果不论你赚多少钱，仍无法负担得起所有你想要的东西，那么，接受以下理论：你赚得越多，欲望就越大。下定决心，当你实在很想要某件东西时，就牺牲另一件东西。

2. **检查你的年收入和支出**。如果你的收入似乎少得不够周转，大概有三个原因：一是可能忘记将那些零星花费预算进去——那些零碎的小项目，可以把你的收入蚕食到一毛不剩。二是你可能疏忽了一些大项目，那些足以使你的收入大量滑落的开销，例如房子、汽车保险和人身保险等。三是一些意外花销，如汽车或房屋修理。

3. **要学习什么事值得付出努力，什么事不值得。**不值得为一点小开支焦虑，有的人会反复计算区区几十元的花费，因为他们觉得财力有限，但这的确不是聪明之举。此外，应减少使用信用卡，它会减少你对钱包的控制（并不是说信用卡不好，而是你该如何利用它）。只要你买的东西是在你的预算控制下，就用现金支付。如果你付不起全额，就表示你花费过度了。

4. **善用你的钱。**当你的钱很有限的时候（即使不是），如果你知道如何聪明地花每一分钱，那么便可以减少自己的焦虑和担心。当你花钱时，你所买到的多是物质的东西，如面包、衣物，你所做的决策却将决定你一生的活法。你的决策可引领你更接近或更远离你的抱负、憧憬和那些对你有意义或无价值的东西。想一想你自己的人生哲学和对未来的理想抱负，制订一套计划来掌管你的花费，那么你将会向一个对自己最有意义的人生迈进。

◗ 心理故事

美国的喜剧家菲尔兹不但擅长说笑逗乐，也以"会保护钱财"而著名。此君担心钱财会被人算计，把钱分散存入世界各地 200 个以上的银行里，每个账户都用不同的户名存钱，菲尔兹死于 1946 年，他的这些账户至今没找到几个。这种对失去钱财的恐惧，结果使得其子孙失去了 60 万美金以上（在当时并不是小数目）的财富，可谓得不偿失。

⊕ 故事解读

对金钱的忧虑会导致家庭中主要的一些心理压力——焦虑、紧张、失眠和消沉等等。这些现象会使生理功能失调，导致疾病，例如关节炎、高血压、溃疡和心脏病。对大多数人而言，金钱代表着安全——一种负责照顾我们生活的方法。对另一些人来说，金钱意味着控制或权力。

● 孕期焦虑

据调查显示，有 98% 的孕妇在妊娠晚期会产生焦虑心理，有些人善于调节自己的情绪，会使焦虑减轻，有些人不善于调节，焦虑心理越来越重。

孕妇的忧虑

1. 城市女性大多是初产妇,缺乏对生产的直接体验。从电视、报刊等媒体上又耳闻目睹了许多他人生产的痛苦经历,考虑到自己也将经历此过程,心中不免焦虑。

2. 怕孩子畸形。虽然做过多次检查,但检查毕竟是通过机器和各种化验,有些胎儿存在健康问题不能查出,产妇对此焦虑,怕生个不健康的宝宝。

3. 对胎儿性别的忧虑。城市人对生男生女大多能正确看待,但在人的潜意识里仍有某种对胎儿性别的好恶,或家人对生男生女比较在意。不知胎儿性别,心中不免打鼓。

4. 患有妊娠高血压综合征、妊娠合并心脏病等产前并发症的产妇,由于自身健康存在问题,同时也怕殃及胎儿,因此也易焦虑。

5. 由于到孕晚期各种不适症状加重,如出现皮肤瘙痒、腹壁皮肤紧绷、水肿等不适,使心中烦躁,易焦虑。

6. 由于行动不便,整日闭门在家,注意力集中到种种消极因素上,加重焦虑。

7. 担心孩子出生后,自己的职业受到影响或家庭经济压力加大,而产生焦虑。

焦虑情绪不但危害孕妇的自身健康,也对胎儿产生极为不利的影响。胚胎发育第四周,神经系统开始发育,到 6~7 个月时,胎儿的大脑已基本上具有和成年人一样的沟回,各种感觉器官也逐渐形成,对来自母体的各种刺激都能做出反应。孕妇因焦虑情绪所引起的一系列生理变化,可通过胎盘传递给胎儿,影响胎儿的健康发育,甚至影响婴儿出生后的智力发展,严重者可导致胎儿畸形甚至流产。

德国儿科专家对德国畸形婴儿进行长期的研究后发现,希特勒上台前,新生儿的畸形率是 0.7%;希特勒发动第二次世界大战前,已上升为 1.7%;二战时又上升为 2.6%;战后则高达 6.5%。战争恐怖和战后政治危机引起孕妇心理紧张,是导致畸形儿增加的重要因素。研究还发现,妊娠头三个月内,孕妇受惊吓、过分忧虑、情绪紧张,是引起婴儿颚裂和兔唇畸形的重要原因。

丈夫要做的

妻子怀孕后，虽然绝大多数丈夫会千方百计为其增加营养，以保证母亲、胎儿的健康，但却很少有人知道，仅有饮食方面的营养是远远不够的，孕妇更需要有愉快的心情和稳定的情绪，即"心理营养"。

怀孕期间，孕妇随躯体的变化容易引起情绪波动，如妊娠早期常因妊娠反应恶心、呕吐，而导致疲乏、心烦意乱；不少孕妇越临近产期，越惧怕分娩时的疼痛；或担心未来孩子的性别不理想，受家人的歧视而忐忑不安等等。这时孕妇非常渴望得到丈夫、亲人的体贴、关怀和理解。因此，丈夫应经常抽空陪其散步、听音乐、闲聊或欣赏精美的图片，或一起想像未来孩子的样子，并帮孩子设计美好的前程等，尽量减少家庭琐事对孕妇的劣性刺激。

在妊娠最后阶段，孕妇常表现为心理依赖性强，希望寻求保护，引起他人重视。这种反应并非娇气，而是一种正常的心理反应。孕妇可能会喋喋不休，这是宣泄不良情绪的合理渠道。此时丈夫要理解妻子情绪上的波动，耐心倾听妻子诉说，给予妻子精神上的鼓励和安慰，打消其心中顾虑，特别是在孩子的性别上不要给妻子施加压力。

丈夫还可为妻子轻抚腹部，一方面是与尚未谋面的宝宝交流，另一方面又减轻了妻子的不适，使妻子依赖心理得到满足，焦虑情绪得以改善。

孕妇要注意的

1. 纠正对生产的不正确认识。生育能力是女性与生俱来的能力，生产也是正常的生理现象，绝大多数女性都能顺利自然地完成，如存在一些胎位不正、骨盆狭窄等问题，现代的医疗技术也能采取剖腹产的方式顺利地将婴儿取出；最大限度地保证母婴安全。

2. 孕妇应学习有关知识，增加对自身的了解，增强生育健康宝宝的自信心。

3. 有产前并发症的孕妇应积极治疗，与医生保持密切联系，有问题时及时请教，保持良好情绪。

4. 和其他年轻的妈妈们交流一下，讨教一些经验。

5. 临产前做一些有利于健康的活动，如编织、绘画、唱歌、散步等，不要闭门在家，整日躺在床上，这只会使你把注意力集中到对未来的担忧上。

抑郁篇
抑郁症的自疗规则及认知疗法

抑郁症和人类的历史一样久远，很多人在一生中都会受到它的侵袭。有时，我们会突然莫名其妙地感到悲伤：世界变得如此的灰暗，我们总是期待着能有一只安抚的手伸过来，可最终却总是孤立无援。对于有些人来说——抑郁——就像无法穿越的厚厚的屏障，那是人们为自己构筑的心灵牢狱。

美国伟大的小说家海明威、法国短篇小说之王莫泊桑、诺贝尔文学奖获得者日本作家川端康成、前苏联田园诗人叶赛宁、苏维埃时代优秀的诗人马雅可夫斯基、《毁灭》作者法捷耶夫、我国近代学者王国维、现代作家王以仁、诗人朱湘、台湾女作家三毛和当代作家徐迟这些中外知名作家都系自杀而死——其元凶即是抑郁症。

第 1 节
抑郁之门

·····················

情绪抑忧郁消沉向来是人类头号的心理健康问题，著名心理学家马丁·塞利曼将抑郁症称为精神病学中的"感冒"。它泛滥普及的程度，在精神病理的领域层次中像感冒般平常。大约有 12% 的人在他们一生中的某个时期都曾经历过相当严重的抑郁症，尽管大部分抑郁症不经治疗也能在 3~6 个月期间结束，但这并不意味着当你感到抑郁时可以不用管它，事实上，抑郁和感冒是截然不同的，因为它能够致人于死地。

● 从一名抑郁症患者的自述中认识抑郁症

抑郁症患者如是说

"3 年前我生了个男孩，那是我一生中最幸福的时光。在此之前，人们都说我们不会有孩子的。可以想像，我从未感到如此幸福和欢乐。在那几个月时间里，我还是力争做个名副其实的好母亲，而且，绝大部分事情证明我是合格的，为孩子做什么事情都给我带来了无限的享受。孩子满 3 个月的时候，我们搬了家，从那时起，我的生活似乎发生了变化。我开始变得孤独，没有朋友，也没有什么人来和我聊天，我开始对丈夫发火。孩子彻夜地哭闹，我感到烦恼极了。后来几个月，我开始变得神经质，感到压抑，专爱挑丈夫的刺儿，我的情绪非常低落。我也去找过大夫，但这些事我不能对大夫谈，也不能对丈夫谈，不能对朋友谈，更不能对母亲谈。

"我开始感到我的一切都出了毛病，左胸部总是十分疼，我很害怕，但却不敢对任何人说。我无法和丈夫做爱（这倒并不是因为恐惧），无法忍受丈夫碰我。最后我去找大夫，他给我做了 x 光检查等等，我怀疑自己得了癌症。

203

当我做家务或带孩子到附近去玩耍时，总是感到右胸疼。我记得那时我根本无法读报，无法看新闻。不论我怎样努力摆脱这种状况，我仍是越来越消沉。丈夫后来带我去找一位心理医生，他用抗郁剂为我治疗。但我无法向他谈我的病情，无法去告诉他我所有的哪怕是小小的恐惧。我咽不下他为我开的药，心情变得越来越坏，连婚姻对我来讲也是枷锁，我却无力改变这一切。早晨我害怕起床，所有的时间里，我把自己关起来，眼睛都哭肿了。我敢肯定，孩子也一定感觉到了这一切，他不再像以前那样和我玩耍了，也不曾从我这儿得到一丝温暖。半年后我能与别人接触了，心想这对我有好处，但后来并非如此，反而比以前更觉抑郁。

"一个恐惧接着另一个恐惧向我袭来。我失眠了，我害怕黑夜来临，因为我知道那时我无法休息，神经极度紧张，喘不过气来。白天我无法吃东西，神经麻木，灰心丧气，但我强迫自己要振作起来。我总觉得能有办法整理出头绪来，求人们来帮我一把吧。我才 27 岁，有丈夫和可爱的孩子。想想过去几年里所过的那种生活，我再也无法承受这种精神的折磨了，请帮我摆脱这心灵之苦吧。"

给"抑郁"下个定义

我们的生活中，充满了大大小小的挫折和失败，很多人都会经历失业、离婚、失去心爱的人，或其他各种痛苦。常常我们最梦寐以求的东西，再也不存在了；常常我们最爱的人，再也不能回到我们身边。每当这些时刻来临的时候，我们都会体验到悲伤、痛苦，甚至绝望。通常，由这些明确的现实事件引起的抑郁和悲伤，是正常的、短暂的，有的甚至有利于个体的成长。但是，有些人的抑郁症状并没有十分明确、合理的外部诱因；还有一些人，虽然在他们的生活中发生了一些负面生活事件，但是，他们的抑郁症状持续得很久，远远超过了一般人对这些事件的情绪反应，而且抑郁症状日趋恶化，严重地影响了工作、生活和学习。如果是这样，那么很可能，他们患了当今世界第一大心理疾病——抑郁症。

抑郁，英文为 depression，无论在汉语还是在英语中，这个词都已经存在了很多个世纪。在中国古代的中医文献中，早就有"郁症"这一类别。但是，在今天，广义上的"抑郁症"其实指的是一大类心理障碍，我们把它们统称为"情绪障碍"，情绪障碍包括许多不同的障碍，其中主要有重性抑郁症和慢性抑郁症。此外还包括抑郁性神经症、反应性抑郁症、产褥期抑郁症、季节性抑郁症、更年期抑郁症，等等。狭义上的抑郁症是指重性抑郁症。

如果非要给抑郁症下个定义，那么，可以这么说，抑郁症通常指的是情绪障碍，是一种以心境低落为主要特征的综合征。这种障碍可能从情绪的轻度不佳到严重的抑郁，它有别于正常的情绪低落。

抑郁症是一种危害人类身心健康的常见病，约 13～20% 的人一生中曾有过一次抑郁的体验，其终生患病率为 6.1～9.5%。专家们认为，随着人们生活压力的加大和工作节奏的加快，会有更多的人感到紧张、疲劳和郁闷，加上经济拮据、失业和下岗等因素，抑郁症的发病率会进一步增加。抑郁症的发病年龄绝大多数是处于工作年龄段，严重的抑郁症患者中有 15% 可能自杀而死。也就是说，抑郁症既可以影响人们的工作，又可危及患者的生命。1990 年美国就有 1100 万抑郁症病人，每年的直接医疗费用达 21 亿美元，造成的间接损失达 400 亿美元。据世界银行按疾病负担排位中预测，到 2020 年女性抑郁症患者将居第二位，男性为第八位。

心理故事

在《红楼梦》中，林黛玉抒发她心境的《更香》一诗确切地反映了林黛玉的抑郁心境："朝罢谁携两袖烟？琴边衾里两无缘。晓筹不用鸡人报，五夜无烦侍女添。焦首朝朝还暮暮，煎心日日复年年。光阴荏苒须当惜，风雨阴晴任变迁。"其中"焦首朝朝还暮暮，煎心日日复年年。"这两句诗，十分形象地反映了林黛玉在贾府寄人篱下的忧郁心境。在某种程度上，用这两句诗来概括抑郁症患者的心境，是再恰当不过了。林黛玉写此诗时，还不能说是患了抑郁症，只能说是一种抑郁心理。因为从后两句诗中还能看到她有振奋进取的一面。"光阴荏苒须当惜，风雨阴晴任变迁。"在这两句诗中，她还告诫自己，对流逝的光阴应珍重爱惜，风雨阴晴不定任它变化更迁。这种珍惜时间、无所畏惧的生活态度是抑郁症患者所不具备的。

然而到了《红楼梦》第八十三回时，林黛玉已由抑郁心理发展为抑郁症了。书中写道，王大夫诊完脉后说道："六脉皆弦，因平日郁结所致。""这病日常应得头晕，减饮食，多梦；每到五更，必醒几次；即日间听见不干自己的事，也必要动气，且多疑多惧。"这都是抑郁症的主要症状。

➕ 故事解读

抑郁症患者几乎看不到一线光明，人生的道路几乎满是荆棘，仅看到困难，看到阴暗的一面，并无限夸大困难、阴暗的一面，任意设想困难，每天都生活在诚惶诚恐之中，真可谓是"一年三百六十日，风刀霜剑严相逼。"

● 正常情绪与病理性抑郁的区别

忧郁是一种很常见的情感，人们常说，人有"七情"——喜、怒、哀、乐、惊、思、恐，忧郁悲伤是人之常情。当人们遇到精神压力、生活挫折、痛苦的境遇或生老病死等情况，理所当然地会产生忧郁情绪。但抑郁症则是一种病理性的忧郁障碍。正常与病理性忧郁可以从以下线索加以区别：

1. 正常人的情绪忧郁是以一定客观事物为背景的，即"事出有因"的。而病理情绪忧郁障碍通常无缘无故地产生，缺乏客观精神应激的条件。或者虽有不良因素，但是"小题大做"，不足以真正解释病理性忧郁征象。

2. 一般人情绪变化有一定时限性，通常是短期性的，通过自我调适，充分发挥自我心理防卫功能，即可重新保持心理平稳。而病理性忧郁症状常持续存在，甚至不经治疗难以自行缓解，症状还会逐渐加重恶化。心理医学规定一般忧郁不应超过两周，如果超过一个月，甚至数月或半年以上，则肯定是病理性忧郁症状。

3. 前者忧郁程度较轻，后者程度严重，并且影响患者的工作、学习和生活，无法适应社会，影响其社会功能的发挥。更有甚者可出现自杀行为。

4. 抑郁症可以反复发作，每次发作的基本症状大致相似，有既往史可查。

5. 抑郁症患者家族中常有精神病史或类似的情感障碍发作史。

● 抑郁症的四大症状

英国知名心理学家特罗茜·罗尔认为，如果你想为自己建造一个抑郁的"牢狱"，你会坚持认为下面六点是绝对的真理。

——无论我表现得如何善良美好，我确实是坏的、恶的、无价值的、一无是处的、为自己和别人所不容的；

——我害怕其他人，我恨他们，妒忌他们；

——生活是可怕的，而死亡却更糟；

——过去我碰上的都是坏事，将来降临到我头上的也只有坏事；

——生气是错误的；

——我不能原谅任何人，而最不能原谅的还是我自己。

可以说，这就是抑郁的来源，是人为的心理陷阱。抑郁症包括情绪症状、认知症状、动机症状和躯体症状。

情绪症状

情绪症状是抑郁症的最显著、最普遍的症状。主要包括两个方面：抑郁心情和兴趣的消失。抑郁症患者的生活中，似乎充满了无助和绝望。如果让抑郁症患者描述他的心情，他往往会说："悲哀、无助、绝望、孤单、不幸、垂头丧气、无价值、丢脸、惭愧、闷闷不乐……"虽然抑郁症患者的基本情绪是抑郁，但他们的心情，或者说他们的抑郁情绪随时间的不同而不同，具有节律性症状特征。即使是在一天的时间里也会有所变化，表现为晨重夜轻的变化规律。一般来说，抑郁症状在早晨最明显，患者往往觉得几乎没有力量从床上起来，随着一天的推移，情绪会慢慢好转一些，晚上的心情相对最好。几乎和抑郁一样普遍的另外一个情绪症状是兴趣的消失：抑郁症患者往往体会不到生活的乐趣。过去感兴趣的事物，喜欢参加的活动，现在一点也引不起他们的兴趣。兴趣的丧失往往是从某一些活动开始的，比如工作。但是，随着抑郁症状的发展，慢慢对几乎所有东西都失去了兴趣。

认知症状

认知症状是抑郁症的另外一大症状。主要体现为无端地自罪、自责，夸大自己的缺点，缩小自己的优点，表现了一种认知上的不合逻辑性和不切实际性。抑郁症患者对自己的评价总是消极的，这种消极的思维，为他眼中的自己和未来都蒙上了一层厚厚的灰色。一旦有挫折发生，抑郁症患者就会把全部责任归咎于自己。某些极度抑郁的患者，甚至相信他们应该为世上的不公正和不平等现象负责，他们应该为自己的"罪恶"而受到惩罚。

动机症状

抑郁症患者的动机症状体现在做任何事情都缺乏动力。不同的人有不同的动机水平，大多数人，都能够做到早晨按时起床，按时去工作或上学，能够积极寻找各种方法来使自己和他人充满快乐。但是，对抑郁症患者来说，不要说积极寻找各种方法来充实自己，要他们开始做任何事情都是一件极其困难的事，需要做激烈的自我斗争。严重的抑郁症患者，每天会披头散发躺在床上一动不动，终日茶饭不思，眉间紧锁，寡言少语，甚至以泪洗面。即使他们有所动作，也明显缓慢。

躯体症状

隐藏得最深的是抑郁症的躯体症状。随着抑郁症状的发展，一切生物的、心理的快感都消失殆尽。抑郁症患者的胃口常常不佳，即使是平时爱吃的人，美酒佳肴也勾不起他的食欲，因而抑郁症患者常常会变得消瘦，体重明显下降。睡眠也出现各种问题，晚上难以入睡、早上又早早就醒了，即使睡着了，睡眠的质量也很差。胃口不佳，睡眠不好，渐渐患者就会变得虚弱、疲劳。抑郁症患者的性生活也会受到影响，男性的勃起障碍和女性的性冷淡都是常见的现象。

● 抑郁症的六大表现

六大表现为：日常兴趣显著减退甚至丧失；无望感；无助感；积极性和动机丧失；丧失自尊和自信；感到生活没有意义。

抑郁症是一种精神病理状态或综合征，它由若干成分组成。抑郁的基本状态是心情低落。这种心情需持续至少两周才能确诊。患者感到痛苦而求治，他们的心情低落妨碍了正常的社会功能，这是临床上区分病态和非病态的通用标准。心情低落可视为抑郁症的基本症状，这就是说，抑郁症必有心情低落，没有心情低落便不是抑郁症。

抑郁症的典型表现与隐性表现

1. **日常兴趣显著减退甚至丧失**。这一点往往很明显，有的患者甚至连看电视的兴致都提不起来。家庭主妇患抑郁症时往往体验不到操持家务和带孩子所带来的乐趣，甚至感到成了一种负担，这是和病前完全不同的。

2. **无望感**。每一个正常人都对未来抱有希望，有所期待，对某些事甚至抱有强烈的愿望或渴望。抑郁症患者却失去了这些，对于他们来说，前途是灰暗的，看不到光明。严重者感到绝望，认为一切都糟透了，无可挽回，甚至认为人类的前途也是毫无希望的。

3. **无助感**。患者感到处于孤立无援的境地，像掉入大海中或深渊的底部，既无力自拔，任何人也救不了他或帮不上忙。有些患者对医生说，他能体会到医生的好意和为他所做的可贵努力，但却无济于事，这使他十分惭愧和内疚。

4. **积极性和动机丧失**。患者感到没有精力，似乎生命之泉已经枯竭。他什么也不想干，根本没有动力，即使勉强做点什么也感到力不从心和十分困难，实际上什么也做不好、做不成。患者有时也想到必须振作精神，可怎么也振作不起来。患者痛苦地感到他似乎从"根"上已经坏了，而且记忆力变坏，什么也记不得，完全丧失了思考能力，脑子里空空洞洞的。

5. **丧失自尊和自信。自我评价显著下降**。患者认为自己什么也不懂，什么也不能，简直是十足的废物。严重者有自罪观念，回顾过去感到自己一无是处，罪孽深重。

6. **感到生活没有意义**。这不只是感到某一种具体的活动没有意义，而是生活中的一切都没有意义，生活本身没有意义。患者往往有想死的念头，甚至有自杀的计划和行动。

所有这六个症状都与下降、减退、没有或丧失有关，因此人们常用"失落感"来概括。但失落感比上述症状的含义要广得多，生活总是有所得便有所失的，当一个人感到得失相当甚至得不偿失，便会有失落感。青年女子结婚得到了丈夫的爱却感到失去了父母的爱；几经周折终于到了国外的留学生当然有所得，但也可能会感到失去了亲人和家乡的温暖，这一切都可能使人有失落感，但显然并非都是病态的。也许，抑郁症是严重而深刻的失落感。

典型的抑郁症并不难识别，但多数抑郁症患者并不总是表现为终日唉声叹气、以泪洗面、寻死觅活，许多抑郁症的表现形式不易被察觉。如：

"微笑"型抑郁。这类患者虽有抑郁的主观体验，但在旁人面前，却总是有说有笑，旁人很难察觉到他是"强装笑颜"。

"勤勉"型抑郁。典型的抑郁症患者往往做事提不起精神、不愿动、工作效率低。而有些患者却表现为"工作狂"，他们全身心地投入工作，终日忙忙碌碌，甚至废寝忘食，最怕"闲下来"。

"隐匿"型抑郁。以躯体不适为主，抑郁情绪却不明显。患者将主观抑郁归咎于躯体问题。

抑郁症的上述几种表现并非少见，由于不"典型"，故易被忽视或误诊，使患者长期陷于精神痛苦中而不能自拔，甚至导致自杀。抑郁症是治疗效果较好的一种精神障碍，早期识别非常重要。

● 抑郁症的七大类型

1. **内源性抑郁症**。即有懒、呆、变、忧、虑五大特征。所谓懒，就是做事提不起劲；呆是记忆力衰退，反应迟钝；变就是性情大变；忧是无缘无故感到沮丧；虑则是对生命价值感到怀疑，对生活缺乏信心。

2. **反应性抑郁症**。即由各种精神刺激、挫折打击所导致的抑郁症。在生活中，突遇天灾人祸、失恋婚变、重病、事业挫折等，心理承受力差的人，容易患反应性抑郁症。

3. **隐匿性抑郁症**。情绪低下和忧郁症状并不明显，常常表现为各种躯体不适症状，如心悸、胸闷、中上腹不适、气短、出汗、消瘦、失眠等。

4. **以学习困难为特征的抑郁症**。这类抑郁症，可导致学生产生学习困难，注意力涣散，记忆力下降，成绩全面下降或突然下降，厌学、恐学、逃学或拒学。

5. **药物引起的继发性抑郁症**。如有的高血压患者，服用降压药后，导致情绪持续忧郁、消沉。

6. **躯体疾病引起的继发性抑郁症**。如心脏病、肺部疾病、内分泌代谢疾病甚至重感冒、高热等，都可引发这类抑郁症。

7. **产后抑郁症**。特别是对自己的婴儿产生强烈内疚、自卑、痛恨、不爱或厌恶孩子的反常心理。哭泣、失眠、吃不下东西、忧郁，是这类抑郁症患者的常见症状。

心理故事

1999 年 2 月 20 日，前世界拳王泰森在美国马里兰州的蒙马利监狱中砸电视机成为一个热门话题。据报道，泰森患有抑郁症，他的私人医生给他开好了处方，让他服用欧美流行的抗抑郁药物"左富乐"。他在狱中不愿接受狱医的心理治疗，因此，狱医擅自决定给泰森减轻药量，并从 19 日起停止给泰森提供药物，而引发了这场风波。

故事解读

很多人在一生中会有一段时间生活在抑郁中，抑郁的心境是一种忧伤、悲哀或沮丧的情绪体验，也就是我们常说的"不快活"。它不仅与许多精神和躯体疾病有关，而且与社会外部环境的许多因素也有密切的关系。如贫困、失业、婚姻问题、家庭不和、年老和伤残等均可诱发抑郁症。

有抑郁心境的人经过适当的自我调整和心理治疗，是可以纠正的。只有当抑郁心境发展到一定程度，具备了抑郁症的基本特征，并持续一段时间，产生严重自身社会功能损害后，影响到自己的学习、工作和生活时，就成为抑郁症了。也就是说，抑郁不等于抑郁症，但抑郁情绪如得不到及时调整和治疗，可以发展成为抑郁症。泰森因长期紧张的拳击生活，加上多次因强奸案和暴力犯罪，两次判刑入狱，对他的身心打击的确很大，泰森长期处于这种抑郁心境下发生抑郁症就不难理解了。

抑郁症的报警信号

以下 19 条是抑郁症的报警信号，假若有一条特别严重，或数条同时出现，就很可能是抑郁症发作的征兆，一定要提高警惕。

1. 生活缺乏愉悦感，经常为了一些小事，无端地感到苦闷、愁眉不展；
2. 对以往的爱好，甚至嗜好，以及日常活动都失去兴趣，整天无精打采；
3. 生活变得懒散，不修边幅，随遇而安，不思进取；
4. 长期失眠，尤其以早醒为特征，持续数周甚至数月；
5. 思维反应变得迟钝，遇事难以决断；
6. 总是感到自卑，经常自责，对过去总是充满悔恨，对未来失去自信；

7. 善感多疑，总是怀疑自己有大病，虽然不断进行各种检查，但仍难释其疑；

8. 记忆力下降，常丢三落四；

9. 脾气变坏，急躁易怒，注意力难以集中；

10. 经常莫明其妙地感到心慌，惴惴不安；

11. 经常厌食、恶心、腹胀或腹泻，或出现胃痛等症状，但是检查时又无明显的器质性改变；

12. 无明显原因食欲不振，体重下降；

13. 经常感到疲劳，精力不足，做事力不从心；

14. 精神淡漠，对周围一切都难以发生兴趣，也不愿意说话，更不想做事；

15. 自感头痛、腰痛、身体疼痛，而又查不出器质性的病因；

16. 社交活动明显减少，不愿与亲友来往，甚至闭门索居；

17. 对性生活失去兴趣；

18. 常常不由自主地感到空虚，觉得没有生存的价值和意义；

19. 常想到与死亡有关的话题。

必须一提的是，多数抑郁症患者还伴有躯体症状，如睡眠障碍、疼痛、乏力、胃部不适、食欲欠佳、心慌气短，以及各个系统的症状。隐匿性抑郁症患者往往没有情绪低落等典型症状，却以躯体不适为主。其特点是症状很多，以头痛、失眠为主，尤其是容易早醒。此外，还有昼重夕轻的昼夜节律，以及春秋季节重而夏季轻的季节性规律，并多有焦虑情绪，女性患者月经期焦虑症状加重。对老年性抑郁症更应当多加重视，人们常错误地认为抑郁症是衰老的必然结果，因而更容易被忽视和误诊。

● 自测：抑郁症的测试量表

如果你自己，或者你的亲属，长时间心情不好、失眠、不爱说话、不爱活动等，可以用下面的心理测查方法，进行初步测试。

抑郁自评量表（简称SDS）是1965年仲氏发表的，是一种患者能够自己进行的抑郁自我评定量表。此量表简短，一般在10分钟之内就可以完成，无需用任何仪器设备，方法简单。由20个问题组成，每一个问题代表着抑郁症的一个症状特点，可以综合反映出抑郁症的行为症状以及心理方面的症状，而且可以判断出有没有抑郁症状及抑郁的轻重程度。

ZUNG 氏抑郁量表

请根据你近一周的感觉来进行评分，数字的顺序依次为：1. 从无；2. 有时；3. 经常；4. 持续

1. 我感到情绪沮丧，郁闷。	1	2	3	4
*2. 我感到早晨心情最好。	4	3	2	1
3. 我要哭或想哭。	1	2	3	4
4. 我夜间睡眠不好。	1	2	3	4
*5. 我吃饭像平时一样多。	4	3	2	1
*6. 我的性功能正常。	4	3	2	1
7. 我感到体重减轻。	1	2	3	4
8. 我为便秘烦恼。	1	2	3	4
9. 我的心跳比平时快。	1	2	3	4
10. 我无故感到疲劳。	1	2	3	4
*11. 我的头脑像往常一样清楚。	4	3	2	1
*12. 我做事情像平时一样不感到困难。	4	3	2	1
13. 我坐卧不安，难以保持平静。	1	2	3	4
*14. 我对未来感到有希望。	4	3	2	1
15. 我比平时更容易激怒。	1	2	3	4
*16. 我觉得决定什么事很容易。	4	3	2	1
*17. 我感到自己是有用的和不可缺少的人。	4	3	2	1
*18. 我的生活很有意义。	4	3	2	1
19. 假若我死了别人会过得更好。	1	2	3	4
*20. 我仍旧喜爱自己平时喜爱的东西。	4	3	2	1

此量表最后结果的计算方法为：先把 20 个题目的分数相加，得出总分，再转换成百分指数，方法见公式：

指数计算公式：指数 = 总分（得分）/ 总分满分（80）× 100%

你的得分：（　　）分，指数（　　）

总分的正常上限为 41 分，标准总分为 53 分，仅做参考。指数与抑郁症状的严重程度的关系如下：

指数在 50% 以下：正常范围（无抑郁症状）；

指数在 50～59%：轻度抑郁；

指数在 60～69%：中度抑郁；

指数在 70% 及以上：重度至严重抑郁。

注意事项：

1. 这是个自我评定量表，因此，要患者或心情不好的人自己评定，别人不要提醒，更不要加以帮助或提出意见，来改变测试者的看法。

2. 此量表评定的时间，不是几小时或一两天内的体会，时间范围一般应该至少是一周的时间，如果是第一次评定，最好是两周的时间。

3. 此量表 20 个题目中，有一半（10 个）题目的问题是按症状的有无来提问的，如："我夜间睡眠不好"。评分时，从无、有时、经常到持续共四个等级，评分从 1 分到 4 分，逐渐加重。

无——代表没有失眠（1 分）；

有时——代表一周之内有 1～2 天失眠（2 分）；

经常——代表一周之内有 3～4 天失眠（3 分）；

持续——代表天天失眠（4 分）。

4. 另一半题目的问题，是与症状相反提问的，如"我吃饭像平时一样多"。实际上，抑郁症患者有食欲下降的症状，但问题却是反向的，在评分时，从无、有时、经常、持续的四个等级评分，也正好相反，是逐步减轻的。

无——代表不是和平时一样多，而是每天都吃得比平时少（4 分）；

有时——周内 1～2 天吃得和平时一样多（3 分）；

经常——周内 3—4 天吃得和平时一样多（2 分）；

持续——每天吃得和平时一样多，无食欲下降的症状（1 分）。

所以，在进行评定时，千万要注意某些题目的问题是属于正向的，还是反向的。

在回答时，应注意有的题目陈述的是相反的意思，例如，心情忧郁的患者常常感到生活没有意思，但题目之中的问题是感觉生活很有意思，那么评分时应注意得分是相反的。这类题目之前加上了 * 号，提醒各位测试及被测试者注意。

第2节
抑郁症的自疗规则

规则 1 不要为自己寻找借口

抑郁症患者惯于为自己的行动寻找借口。以下是几段典型的片断：

抑郁者："我不知道哪儿出了毛病，总是累得不行，甚至在早上起床时也是如此。我简直是拖着身体熬过这一天的，我感到精疲力竭。"

朋友："是不是你该休假了？如果放下手头的工作去休息休息，你就会感觉好多了。到海滨去休假，享受大自然的阳光雨露吧。"

抑郁者："你的话有道理。我确实需要休息一下，但我脱不开身啊！新经理才来几个星期，对这里的情况还不熟悉，他总是找我问这问那。秘书小姐正在休病假，医生给她开了个含糊其辞的病假条，天知道什么时候才能上班。我的孩子马上就要参加毕业考试了，我得随时掌握他的复习进度。"

有时候，人们在为自己辩解时，甚至没有意识到这是一种借口：

妻子："你看看孩子把屋子弄成什么样子了！到处是脏衣服和脏碗盘。我简直成了他的奴隶，除了跟在他屁股后面收拾破烂外，就再没别的事可干似的。"

丈夫："随他去吧！孩子已经这么大了，应该会收拾自己的房间了。要是他不收拾的话，就让他在那乱七八糟的屋子里凑合好了。你不必为他做这做那，他该学会自立了。"

妻子："你和他没什么两样，他是从你那学来的。你哪次脱下衣服不是随便一扔就不管了？"

其实，如果仔细分析的话，这就是一种"转移"策略，因为有些妻子觉得，要是丈夫和孩子不再需要她的话，她的存在就失去了价值。她必须为丈夫和孩子操持家务，为他们做事情，这样他们就会需要自己，否则他们就有离开的可能。是不是这样？

不为自己寻找借口的行为训练

1. 如果你希望走出抑郁之门，首先要注意你经常是在什么时候为自己寻找借口的。

比如，你可能会说："是的，我很抑郁，但我不想让任何人知道。"因此，你不让别人走入你的内心世界，就永远不会找到走出抑郁的通道。

当你偶然意识到自己正在为自己的行为寻找借口时，你应扪心自问：

——你为什么要这样做呢？

——你为何拒绝别人的忠告？

——你是否因抑郁而对任何新事物毫无兴趣？

——当你确实去接触些新事物，但没有立刻从中得到收益时，你是不是立即停止这种尝试？

——你是否把"出师不利，就应全盘放弃"当成了自己生活的金科玉律？

这种寻找借口的把戏阻止我们去接受新思想。新思想往往让人不舒服，它暗示着以前的观点可能错了，它让你身边原本清晰的事物看起来捉摸不定。正是这种"借口"使你逃不出抑郁的魔掌，你总是利用它，尤其是在你寻求帮助以结束你的痛苦时更是如此。

世上没有什么魔力能消除你的痛苦，让你尽情享受你应该享受到的生活。你的每一个行为都会带来相应的后果，谁也不可能逃避它的制约。如果你认为自己是个不受欢迎、卑鄙可恶的小人；如果你的人生哲学使你悲观失望，对别人充满恐惧；如果你不能摆脱你的过去，对未来又充满疑虑；如果你告诫自己少发火但又总是不能原谅别人，那么你就永远不会成为一个快乐的人。你的这些信念以及随之而来的一切都会成为你抑郁的借口，给你带来痛苦。要消除这种痛苦，惟一的办法就是改变你自己的信念，要走出抑郁这座牢狱，你就必须改变自己。

2. 改变信念。但不要以为只要改变了原有的信念，就会减少烦恼，无忧无虑地生活。

抑郁者总是认为，只要有人能够改变他们的信念，一切就都迎刃而解了。他们认为：

——那些没有我这些烦恼的人根本不可能有什么麻烦事。（因此当我现在的烦恼消除后，我就再不会有烦恼了。）

——幸福与快乐就意味着每件事情都是完全确定不变的。（因此除非我能确切地知道今后将发生什么，否则我将不可能获得幸福。）

可以说，这是两条错误的假设。所有的人，不管是穷人还是富人，年轻人还是老年人，聪明人还是愚笨的人，都有自己的烦恼，都有自己一本难念的经。我们都希望过上稳定的生活，都想能够筹划未来并让自己的梦想成为现实，但谁也不可能获得绝对的稳定，不可能没有任何烦恼忧愁，生活经常被我们远远不能把握的事情左右着。

抑郁者要明确：即使改变了原来的信念，将来还会遇到各种各样不可预知的问题，因为谁也不可能预见将来的事情。改变自己原有的信念，会面临各种挑战，但它会带来更多的机遇。改变信念就像探测无人区，没有人会给你引路，你只能和帮助你的人一道探险，在共同并进的路途中，努力寻找到有价值的东西。

3. 当你已经决心不再为自己寻找借口时，应该反省一下，每当面临危机时。你的惯常反应是什么。

在这种情况下，每个人的反应无外乎两种：或者冷静地面对现实，以寻求一种最好的解决办法；或者回避矛盾。当你试图改变旧有信念以寻求一条走出抑郁之路时，你可能会碰到许多新观念，也会长许多见识。对那些你视为危险的新事物，你的惯常反应如何呢？是像一只乖巧的兔子躲到安全的角落，还是筑一道深壕把自己深藏其中？如果你喜欢回避矛盾，你就可能会觉得自我反省很可怕，你会说："难道我自己反省得还不够吗？"而那种固执己见的人就不会说这种话，因为这种人总认为自己没有必要改变旧有观念。他会说："我最了解我自己，我喜欢有条不紊。"新思想和新体验并不可怕，它们富有魅力、激动人心，它们使生活更加丰富多彩、充满乐趣，它们只不过是我们将要赢得胜利的挑战而已。

4. 审慎处世。达到内心平衡。

摆脱抑郁的折磨，从根本上讲就是学会如何审慎处世，如何达到内心平衡，这需要我们每个人去亲身体验和感受才能悟出其中奥妙。心理学家在分析了16世纪以来有关抑郁症的文献后指出：抑郁症只是在最近才被当成一种疾病，而在以前人们一直把它看成是缺乏生活的艺术和缺乏必要的自我认识。

过一种审慎而有节制的生活，其要点就在于对日常饮食起居给予足够的重视，以增强身体机能的灵活性；有意识地忘却心理上的不愉快和身体上的不适感；作为社会的一员，要磨炼自己的意志以从容应付逆境；增强责任感并积极地选择一种审慎的生活方式。

理解并运用这类忠告对于你摆脱抑郁至关重要。世界上并不存在特别的钥匙帮你打开抑郁这座精神牢狱的大门，事实上，大门总是敞开着的，只是你没有看见。为了找到它，你只能踏上一条崎岖的旅途，这是一次艰难的旅行。你会遇到各种难题，有时你甚至怀疑到底能不能找到它。但是，只要坚持下去，你就会到达自己的目的地。也许你会害怕踏上这条漫长而无路标的旅程，但你一定不要气馁。正如老子所说："千里之行，始于足下。"

心理故事

有一只兀鹰，凶猛地啄着一名村夫，把他的靴子和袜子撕成碎片后，它便狠狠地啃起村夫的双脚来了。正好这时有一位绅士经过，看见村夫如此鲜血淋漓地忍受痛苦，不禁驻足问他："为什么要忍受兀鹰啄食呢？"村夫答道："我没有办法啊！这只兀鹰刚开始袭击我的时候，我曾经试图赶走它。但是它太顽强了，几乎抓伤我脸颊，因此我宁愿牺牲双脚。我的脚差不多被撕成碎屑了，真可怕！"

绅士说："你只要一枪就可以结束它的性命呀！"村夫听了，尖声叫嚷着："真的吗？那么你助我一臂之力好吗？"绅士回答："我很乐意，可是我得去拿枪，你还能支撑一会吗？"在剧痛中呻吟的村夫，强忍着被撕扯的痛苦说："无论如何，我会忍下去的。"于是绅士飞快地跑去拿枪。但就在绅士转身的瞬间，兀鹰蓦然拔身冲起，在空中把身子向后拉得远远的，以更大的冲力，如同一根标枪般，把它的利喙刺入村夫的喉头，村夫终于倒在地上死了。

✚ **故事解读**

这是一则卡夫卡寓言。村夫为什么不自己去拿枪结束掉兀鹰的性命，宁愿像傻瓜一样忍受兀鹰的袭击？

兀鹰可以象征着萦绕人生的内在与外在痛苦，而抑郁症患者就像那个村夫一样，为自己忍受的痛苦寻找各种各样的借口，沉溺于自己臆造的幻想中，痛苦得不能自拔，甚至好。像"爱"上了自己的痛苦，不愿亲手挥别它，尽管有时只是举手之劳而已。

 规则 2 　了解自己的极限

很多抑郁者因过度劳累而感到自己无法应付。他们意识到自己的失败，并因此而羞愧，以致陷入抑郁。抑郁症患者很少把脚放在桌子上，安然享受休憩的时光；也很少有抑郁的人能意识到自己的极限。有时，这与完美主义密切相关。专家喜欢用"燃尽"一词比喻成抑郁的导火索。无论是留在家里忙于照顾孩子，还是忙于应付各种工作任务，你一定要记住：你与其他人一样，所能做的工作是有限的。

思索一下你用于"挖空"自己的方式，不要因感到自己"燃尽"而苛责自己，坦诚地面对这一事实，想办法解决问题。

——你的生活中是否有足够多的快乐事情？

——你能努力增加这样的事件吗？

——你能向他人谈出你的感受，并寻求帮助吗？

如果我们不能创建足够的个人空间，就会产生"燃尽"的感觉。例如，有些忙碌的白领因过度工作，没有创建足够的个人空间，而出现"燃尽"的现象，最终陷入抑郁。

不同的人产生"燃尽"现象的程度不同，尽管有些人看起来似乎能应付各种事情（这使我们感到自己也必须像他们一样），但我们未必能够像他们一样。每个人的极限不同，并且，我们的极限是因时因事而变化的。

再给自己一点爱

要做到这一点很难，可一旦做到了，那么其余的一切就都好办了。抑郁者往往不愿意这样做。正常人在生病时，会想尽一切方法使自己早日恢复健康。但抑郁者不管忍受着怎样的折磨，都不愿去减轻这份痛苦。更为糟糕的是，抑郁者还反过来虐待自己，强迫自己像机器人那样不停地运转，不是有意识地去想些愉快的事或沉溺于幸福的遐想中，而是任可怕的幻想占据脑海。正常人的饮食是有规律的，而抑郁者却要么让自己挨饿，要么大吃特吃，随后又后悔自己太没有节制。正常人在疲劳时，会设法让自己放松放松，做些轻松愉快的事，而抑郁者甚至明知自己正做着愉快的事情，却硬要迫使自己相信并不喜欢这类事。

抑郁症患者中绝大多数人从来就没有放松过对自己的严格要求。他们认为，哪怕做一点小事，也要尽可能把困难想得多些。每当给自己买了件可爱的东西，他们都会加倍工作，或者同时也买件东西给别人送去。如果生了病，他们不是躺在床上休息而是挣扎着去上班。抑郁症患者之所以这样忽视自己的健康，而处处事事都竭力为他人着想，其原因就在于他们把自己视为是无价值的，他们总是想做好自己份内的事情，从不敢怠慢半分。

抑郁是一种深刻的情绪体验，每种情感体验都伴随人体的生理变化。在经受一次强烈的情绪波动后，我们需要一段宁静的时间使身体机能恢复正常。长期的、巨大的精神压力使人的身体抵抗力明显下降，因而抑郁症患者比正常人更容易患病。因而，必须珍惜自己，更加爱护自己。

关爱自己的思维训练

1. 对自己和他人都宽容些。看到生活的乐趣。

以前，也许你有过业余爱好，喜欢参加体育运动。可现在，任何事情都提不起你的兴趣，当别人邀请你去散步，你会婉言谢绝人家的好意："是啊，天气真不错，可我没兴致出去。我一走远路胸口就疼，再说邻居们看到我在外面散步会怎么说呢，他们还以为我是在装病呢。"你宁愿呆在家里面对墙壁发呆。你没能看到那可能会驱散你心头阴云、能给你以生活勇气的美丽景色，也没能体验到运动所带给你的快乐。你失去了与别人沟通的机会，要知道别人的智慧和爱往往会给你带来巨大的安慰。所有这一切归根结底就是因为你把自己封闭起来，不让自己享受到生活的乐趣。

在这种情况下，你的心灵会受到严重的伤害。现在，是你温暖自己心灵的时候了。为此，你要对自己宽容些，同时也要从善的角度去理解别人，不要一刻不停地评价别人、批评别人、谴责别人。

2. 人际交往并不一定是个收支平衡的过程。要学会接受别人的帮助与关怀。

你用审慎的目光看待周围的一切，就连和别人打交道也总是细心地盘算着到底给予别人多少、索取别人多少。只要有人送给你礼物或给你以友爱，你便觉得一定要等量地回报人家。你能够帮助别人，却无法在接受别人恩惠时落落大方。当别人给你友爱时，不论他用何种方式表达，你总会感到惴惴不安，因为在你看来，人际交往是一个收支平衡的过程，你害怕欠下无力偿还的债务。为了摆脱抑郁的桎梏，你必须懂得：一种充满着爱的温馨的人际关系并不是一道收支平衡的演算题。

陷入抑郁的牢狱中，你便会觉得过去的爱心、同情心全都消失了，因此当别人给你哪怕只有一丁点儿的恩惠时，你都觉得自己不应接受，你担心无力等量地予以回报。现在是你学会接受别人帮助和关心的时候了。当别人送给你礼物时，要大大方方地感谢人家，而不要再说什么"你真不应该……"之类的话。人们大多是乐善好施的，那就让他们痛痛快快地给予吧！

3. 接受别人的称赞，同时赞美自己。

与此同时，你也要学会接受别人的称赞。不要再说"这件旧衣服我已穿了好几年了"或者"我算数字时脑子笨死了，要不是同事帮忙，我是没法完成这项工作的"等等。你甚至还可以赞扬自己，当然这很难做到。

对自己要宽容而不苛刻，就是说，要尽可能地以普通人的标准来要求自己。你既不是世界上最完美、最了不起的圣人，也不是世界上最坏、最阴险的恶魔，与其他人一样，你是"好"与"坏"的混合体，你并不像你认为的那样一无是处。请记住——善待自己吧。

心理故事：

萧先生从 20 多岁起就开始做生意，如今他 40 多岁，功成名就，有一个幸福的家庭，有自己的楼房和汽车，有自己的公司和企业，他的名牌产品享誉海内外，他真是一个很幸运的人了。然而，有一天，他去找心理医生，说自己很苦恼："我拼搏奋斗了快 20 年，什么都有了，可现在一想，却不知道自己活着是为了什么，也不知道什么是快乐和幸福，好像人都麻木了，真不知道自己是怎么了……"

萧先生说，每年他大约有一半的时间出差，不出差的时候每天也要深夜才回家，家里人早吃过晚饭了。所以，他几乎没有时间陪家人一起吃饭，更没有时间陪他们出去旅游。妻子和孩子知道他忙，也从不要求他陪他们出去玩……就这样，萧先生成了一架工作机器，一个工作狂。

他也想改变这样的现状，可是，好像是一种巨大的惯性在起作用，他不可能完全放下工作去休闲，好像那样既对不起公司，也对不起自己。他在现实生活中几乎失去了自我，成了工作的奴隶。

➕ 故事解读

许多人有一个错误观念，以为爱自己就是贪图享乐，其实，这是完全不同的概念。那些贪图享乐、贪污腐化的人是不可能真正爱自己的，一个道德防线崩溃的人，往往也葬送了自己的健康。我们说的爱自己，是爱护自己和家人的身心健康，有节奏地工作和生活。一定要保证全身心地放松和休息，从而更高效、更有创新性地投入工作中。人不是无情无欲的，如果一切都服从于工作，就会导致自我压抑，像萧先生一样出现抑郁症的症状。

规则 4

分散你的注意力

有时，当人们感到紧张、抑郁的时候，会变得易激惹。这种情况下，尝试放松的效果并不理想，因为大脑无法安静下来。因此，你需要从事一些体力活动，以分散你的注意力。比如整理花园、跑步、跳健美操、搞家居装饰等。任何包含身体运动的活动都会有益处，如果你因愤怒或挫折而陷入了紧张状态，体力活动将是帮助你的最好方法。

大脑处于抑郁状态的时候，我们满脑子想的都是生活中的消极事件。有时，我们甚至会陷入绝望之中。如果你发现自己的思维处于消极事件的漩涡中，应马上做一些事情分散自己的注意力。否则，这些消极思维将不停地在你脑中闪现，使你的情况变得更加糟糕。

你的观念的确影响你大脑的工作状态。设想一群非抑郁的人参加下述实验：每到晚上8点钟，他们便开始进行性幻想。你认为他们的身体与情绪会发生什么变化？最可能的结果是：他们的性欲望被唤起，大脑的性激素分泌量增多，从生理上为性生活做好了准备。

你或许已经发现，人们的身体可以被他们的幻想所改变（或唤起）。然而，你或许没有想到，抑郁观念同样能够影响身体的变化，影响大脑化学物质的分泌。正如人们通过冷水浴或其他活动来分散注意力、控制性欲念，抑郁观念也可以被控制。你应当尝试找到分散注意力的方法，避免因沉溺于消极思维而产生抑郁情绪。

 规则 5 改变你的行为

抑郁的时候，人们对日常必须的活动都感到力不从心。因此，应对这些活动进行合理安排，以便能一件一件地完成。以卧床为例，如果躺在床上能使我们感觉好些，躺着无疑是件好事。但对抑郁的人来说，事情往往并非这么简单。躺在床上，并不是为了休息或恢复体力，而是一种逃避的方式。因为无所事事，你会为这种逃避而感到内疚、自责。并且，躺着使你有更多的时间思考自己的困境。床看起来是个安全的地方，然而，长此以往，你的状况会更加糟糕。因此，最重要的是，努力从床上爬起来，按计划每天做一件积极的事情。请记住：你的大脑欺骗你，说你不行，劝你放弃努力，而你必须慢慢地使自己相信，你能一点一点地将事情做好。

有时，一些抑郁的人常常带着这样的念头强制自己起床："起来，你这个懒虫，你怎么能光躺在这里呢？"其实，与之相反的策略也许会有帮助，那就是学会享受床上的时光。一周至少一次，你可以躺在床上看看报纸，听听音乐，并暗示自己：这多么令人愉快。你应当学会，在告诉自己起床做事情的时候，不必再简单地强迫自己，而是鼓励自己起床。因为躺在那儿想自己所面临的困难，会使自己感觉更糟糕。

规则 6 走出抑郁：创建"个人空间"

有时，我们在创建"个人空间"方面也会出现问题。我们常忙于满足他人的需要（如家庭的需要），以至于没有给自己留下足够的空间。我们忙得疲惫不堪，想逃离这一切。其实，如果你觉得自己需要有独处的时间，不妨与你的亲人谈一谈，做一番解释，你必须清楚，需要有属于自己的时间不等于说要离弃他们，相反，这对你是一个积极的选择，使你能够更好地面对自己。

许多人会为自己需要独立的空间而感到内疚。其实，你应当将这种需要告诉你所爱的人。不要以为，需要个人空间就意味着你有问题，或是你与家人的关系出了问题，任何人际关系都会时不时地出现紧张。如果你懂得在人际关系中为自己留有一点空间，你将会减少内心潜在的不满及想逃避的欲望。

规则 7 寻找心灵的绿洲——让身心安宁的放松术和冥想术

当人们遇到家庭不和、工作困难、事业受挫、人际关系处理不当、失学、失业、恋爱失败、久治不愈的躯体疾病等种种心理紧张刺激时，往往情绪低沉、沮丧、悲伤，甚至悲观厌世，尤其是那些性格不开朗、多愁善感的人更是如此。当紧张和焦虑伴随着抑郁症患者时，如果能在自己的内心深处寻到一块宁静的去处，就不会跌进抑郁的深渊。

陷入抑郁就像被抛进一潭深水，越是挣扎，身体越是下沉。但如果你能保持镇静，抓到救生圈，水就会自然地将你托起。同样，如果你想走出抑郁的牢狱，就应该依靠自己的力量把自己解放出来。

让身心安宁的行为训练

1. 掌握一套放松身体的技巧并持之以恒。

其要点是：任意选择好身体某个部位的肌肉，用手捏紧它，然后再放松。你可以用这种方法让身体达到完全的放松。当你注意到身体的某个部位处于紧张状态时——如紧绷着的面部肌肉，或呼吸短促，胸口闷得慌，你就应有意识地收缩肌肉，然后放松，接着再慢慢地、深深地吸几口气。在刚开始学习时，最好能先接受一点正规训练，比如，瑜珈术会帮你的忙。

也许你身体的某个部位过于紧张，而你以前又没有意识到，最好就有关如何放松的问题去求教于有经验的老师。瑜珈老师会说："现在请你把肩部放松一些。"你也许会想："我的肩部不就放在那好好的吗？怎么还能放松？"可是掌握技巧之后你会发觉，你的"放在那儿好好的"肩部原来确实是可以放松的。

一旦你对放松技巧运用自如，那么，当你面临困境，感到精神压力很大，或者你有半小时的闲暇时间，你都可以静静地练习放松身体的技巧。但是，身体上的放松并不总伴随有精神上的放松。你还要学习一整套放松心灵的好方法。

2. 寻找使你"忘我"的自然境界——冥想之道。

抑郁症患者应特别留心的是：什么样的事物能使你摆脱烦恼的漩涡，能使你进入更真实美妙的忘我境界。有些人喜欢凝望天空、树丛、飞鸟，他们甚至喜欢住在通过每个窗口都能眺望天空、树丛和绿茵茵的草地的房子里；有些人喜欢在闲暇时，步入大自然的怀抱中、聆听美妙的音乐，或欣赏一首好诗，因为这么做会使人达到一种澄明的境界——冥思的本质即在于此，它为人们的心灵找到了一块宁静的去处。

诚如一位心理学家所说的："在海边漫游时，你可能突然陷入冥想。应任思绪自由驰骋，而不要去追。惟一值得你追忆的就是它以前是什么，惟一值得你想的就是'过去'是已经逝去的'现在'。当你在山丘旁散步时，周围的风景会让你明白什么是美，什么是生活中的痛苦，这样，你就会弄明白属于你自己的悲伤。"你只要准备一块足够大的地毯和坐垫就可以了，每个人都可以按照他自己的水平选择适合的练习程序。学会自由舒展、控制呼吸、放松躯体以及收敛感官等方法，你将领略到冥想状态的感觉。

事实上，是否参加瑜珈训练班并不重要，但是，你必须为自己找到一种如何沉思的最佳方法。

第一步，挤出点时间，并把屋子腾出点空间来，把注意力从日常生活的琐事中移开，请家人在你练习的那段时间里不要来打扰你。

第二步，选择一种最佳坐姿，坐在地板上或椅子上均可，但最好不要躺着，以免昏昏人睡。你可以用布把头蒙上，或闭上眼睛，或使眼睛专注于某一特殊物体———盆花、一幅画等。

第三步，使感官收敛于内，专注于自己的坐式和躯体感觉。让呼吸尽量深沉一些、缓慢一些，你便能让注意力专注于某物，比如专注于呼吸，你甚至可以感觉到气流的进出和呼吸的次数。你也可以使精神专注于某种颜色，或者不断地重复默念对你具有某种特殊意义的词语，如"爱情"和"企盼"，"和平"与"光明"等。

在你收敛感官的过程中，可能受到杂念的干扰。不用管它，只需把注意力集中于你的呼吸、某种颜色或某个词语上。刚开始时，要做到这点十分困难，但你必须坚持下去。也许开始时你最多只能静坐几分钟，但你会慢慢发现，静坐沉思不仅能给你带来愉快，而且能给你带来持续的宁静和放松感。这样，你便会自然而然地延长静坐沉思的时间。当然，有时候你的心情会由于受到外部环境的纷扰而感到心浮气躁，但这都是暂时的，千万不要半途而废。

当你渐渐意识到万物变化无常（更何况你那些最艰难的日子也只不过是过眼烟云）时，你便能对一切事物采取超然的态度，而只专注于把握现在。去沉思就是去学会如何全神贯注。比方说，当你看见一个小女孩时，你可以去想她如何美丽，但又何必去追究她的过去，又何必为她的将来担忧呢？当你做饭时，对于做饭以外的事情，你又何必去操心呢？所以，全神贯注就意味着只关心事情本身而不必考虑其结果如何。从某种意义上讲，学会如何把握住现在就是学会如何生存。

💬 心理故事

一位抑郁症患者向医生抱怨自己胸部和胳膊疼痛。他说："我觉得可能是心脏有毛病的缘故，而其他医生根本不相信我的话，硬说这是身体紧张造成的。"他坐在那里，身体前倾，紧握的双手放在膝盖上，显得很不自然。但是，医生想让他放松一下自己的紧张状态，他却无法做到。他不停地向医生诉说其他一些病症，诸如不能清晰地思考问题，整天提心吊胆、恐惧不安，生活对他已显得枯燥无味、毫无意义……似乎他的生活就像在独木桥上行走，稍有不慎就会掉进万丈深渊。

➕ 故事解读

事实上，他的确长时间处于紧张状态中，在这种状态下，肌肉便会产生疼痛和其他奇怪的感觉。这并不是说有某种神秘的力量阻止他去放松自己，而是他害怕一旦自己松弛下来，某种可怕得多的厄运就会降临到自己头上。

规则 8 **相信自己，也相信他人**

两种极端的想法

改善人际关系是极为重要的，如果你身处受忽视的环境或与你关系密切的人一天到晚批评你，那你要从抑郁中解脱出来便很难了。换句话说，在你力所能及的条件下改善人际关系，对你走出抑郁将起到巨大的作用。所以，你应该好好地学习与人交往的策略，努力寻求朋友和亲人情感上的支持，增加人际交往的信心，同时，相信自己的力量，从而减轻悲哀、忧郁的情绪。

抑郁的人常怀有这样的想法：

——自己就是世上最不幸、最不可能快乐的人。过去的不幸是外在环境因素造成的，是别人对不起自己，所以是无法靠个人的力量克服阻碍的，并且很难去控制随之而来的忧伤或烦闷。他们相信自己是无能为力、无助的人，与其努力不见得有收获，就只好对将来不抱希望，听天由命。

——别人是不可信的，因而只能压抑自己的情绪，最好独善其身地过自己的生活。人心险恶，与人合作只是成就他人，却牺牲了自己的幸福和利益。不要相信"善"这件事，不要麻烦别人，也不祈求别人能有善意的帮助，将悲伤、痛苦、抑郁留给自己，不要大方地将欢乐送给别人。

如果你认为自己是无价值的、恶的、为自己和别人所不容的，那么你根本不会信任自己；如果你畏惧、憎恨、妒忌他人，那么你也肯定不会信任他人。你用怀疑的眼光看待这个世界，就会对任何人或事物都有一种畏惧感。

抑郁的人总有一种戒备心理，从心理学的角度溯源，这种心理状态的形成与孩提时代所受到的挫折有很大关系。儿童是天真的，他们不假思索地从大人那儿接受现成的观点和行为方式，而不懂得为自己的言行负责，但是，问题在于儿童们在遇到多种行为选择时，往往会陷入进退两难的境地。由于年龄的关系，他们只看到对立的两种可能的选择，但实际上第三种选择也总是存在的：那些具有独立精神的儿童有很强的自信心，而一些对大人的话惟命是从的儿童则几乎没有什么自信心，他们总是认为别人比自己强，比自己懂得多，比自己聪明。如果他们的父母能采取适当的教育方式，这些缺乏自信的孩子对待现实的态度会客观些。相反，如果他们的父母不太照顾孩子，那么，孩子们对现实的态度常会发生急剧的变化。他们不相信父母是不称职的，就不得不自欺欺人地安慰自己，其结果是带来更多的麻烦。同理，如果一位妇女的丈夫是个酒徒，而她却不愿承认这个事实，并强迫自己认为她的丈夫仍然十分关心他们的家庭和孩子，她的这种态度只能让孩子遭殃；如果一个男人总是认为自己拼命工作，其目的只是为了家庭，那他就会对妻子的苦衷和孩子们的不满熟视无睹。

总之，如果人们总是欺骗自己，最终会丧失辨别真伪的能力，使人们不可能以清醒、客观的态度认识自我，就不可能有坚实的自我存在感。抑郁症患者常认为："我觉得自己好像就根本不存在。""我无法把握自己。"就是这个道理。

如何学会信任？

1. **只要你是真诚的**。对他人的不信任可以通过各种形式表现出来。比如说害怕坐飞机，害怕使用公共厕所，害怕与人交谈。不信任别人有时候意味着企盼别人的感激。你并不绝对相信家人和朋友们的爱是真诚的，你送给他们礼物，向他们表示自己的好感，其目的是希望他们能以非常明确的方式表示他们的谢意。要是别人没有像你想的那样去做的话，你会因为觉得自己被别人遗忘了而牢骚满腹。在一般情况下，不信任别人表现为不和别人交心，这样既能保护自己，又能制约别人。

2. **适当的态度**。信任别人也不能简单地归结为两个极端——完全信任或完全不信任。要依据各人的情况采取适当的态度，要想知道某个人在某种特定的情形下是否值得信任，就应尽一切可能地去了解这个人。有时候，某个人看起来不值得信任，但实际上其行为是由于某些我们并不知晓的缘故造成的。母亲在发现孩子从自己钱包里偷钱买糖后也许会大吃一惊，但她并不知道孩子偷钱买糖是为了讨好班上的同学。

3. **理解他人，理解自己**。信任别人要冒一定的风险，因此我们得更多地了解、理解他人，同时也应理解自己，这是我们信任他人的基础，不要因为个人偏见而盲目信任或毫无缘故地歧视他人。要记住，信任意味着期望，而期望则意味着某种不确定性。信任别人、信任自己即意味着接受这种不确定性。

4. **自信**。要正视"抑郁症"，只有正确地认识，才知道如何摆脱。相信自己，相信周围可以帮助你的人，切记，抑郁只是一种心理状态，抑郁并不是你一个人独有的心境。确立自信心对摆脱抑郁的折磨十分重要。不过，你或许会问："我现在如此悲观失望，如此孤立无援，靠什么来恢复自信心呢？"请记住一句格言：

"人只有在陷入困境后才会显示出自己的力量。只要我们面对现实，努力奋斗，直到当我们已无法改变事情的进程，也就是说当我们已经陷入绝境时，才有可能得到拯救。"

现在就开始去做，你是完全可以做到的。

◯ 心理故事

吴君是个非常英俊而又风趣的小伙子，人们和他在一起感觉很愉快，但他却认为自己是世界上最讨厌的人。他的价值观是，作为社会群体的一员，为大众做出奉献非常重要，可他常常不知道自己做些什么更好。他很热衷于参加一些同事和朋友间的聚会，为了博得大家的好感，吴君总是花很长时间修饰打扮一番，还要准备些幽默故事说给朋友们听，为此，他往往被弄得十分紧张。在一次晚会上，他突然感到自己很别扭，说话也结结巴巴，从那以后，烦恼就一直伴随着他。直到有一天，吴君突然想："为什么不放松一下自己？保持自己的本来面目不是更好吗？"他又连续参加了几次聚会，他没有绞尽脑汁去准备什么幽默故事，而是直接加入了同伴们的活动之中，他发觉自己变得从容而洒脱，一改过去紧张的心态。

✚ 故事解读

抑郁的阴云已困扰你多时了，何不用自己的手努力把它拨开，你一定会发现一个令你心旷神怡的世界，相信自己！

规则
9
计划一些积极有益的活动，应付枯燥的生活

抑郁的人常会感到自己不得不做一些令人厌倦的事情。现在，尽管令人厌倦的事情没有减少，但我们可以计划做一些积极的活动，即那些能给你带来快乐的活动。例如，如果你愿意，你可以坐在花园里看书、外出访友或散步。有时，抑郁的人不善于在生活中安排这些活动，他们把全部的时间都用在痛苦的挣扎中，一想到衣服还没洗就跑出去，便会感到内疚。其实，我们需要寻找快乐，否则，就会像不断支取银行的存款却从不储蓄一样，最后坐吃山空。积极的活动相当于你在银行里的存款，哪怕你所从事的活动，只能给你带来一丝丝的快乐，你都要告诉自己：我的存款又增加了。

有些类型的抑郁与厌倦感密切相关。一些抑郁症患者的生活变得机械而枯燥。有时，这似乎是不可避免的。解决问题的关键，仍然是对厌倦进行诊断，然后逐步战胜它。抑郁的人常形成这样的生活模式：工作、回家、看电视、睡觉，他们放弃了与朋友聚会以及从事其他娱乐活动的机会。为了摆脱这种刻板的生活，应从事一些自己喜爱的活动，如加入足球俱乐部、热心于公益事业、出去旅行等。

抑郁的人常感到与人隔绝、孤独、闭塞，这是环境造成的，情绪低落是对枯燥乏味、缺乏刺激的生活的自然反应。困在家里整天带孩子的妇女，很容易产生厌倦情绪。主要的解决办法是，让她们意识到自己的厌倦，并尝试从旧有的生活模式中走出来，形成新的生活方式。

规则
10
向朋友诉说自己的烦恼

若想消除抑郁，千万不要自我压抑，而应该采取积极疏导的方法，寻找一种恰当的方式使自己的消极情绪得到宣泄：找一个可以信赖的亲人、朋友，倾诉自己的苦衷，同时也可以听一听朋友的劝导和安慰，也许你并不需要他们说什么，只是想在可亲可信的人面前将内心的苦闷与烦恼和盘托出。

在你遇到挫折时，是需要帮助的，不要否认这一点。这种帮助可能来源于自身，也可能来源于朋友。请记住，除非你愿意寻找和接受别人的帮助，别人是很少自己送上门来的。当你感到抑郁的时候，必须去寻找能和自己推心置腹交谈的人，克服沉默寡言、不善交往的毛病。也许在你的周围找不到同情自己的人——家里人不关心你的痛苦，医生们除了开个处方外不愿花更多的时间去听你诉说自己的担忧和烦恼，那么，你不妨在家庭和同事的圈子以外去寻找知心朋友，因为这些人跟你没有利害冲突，他们也不会因为你向他们透露了某些事情后感到惴惴不安。你最好能多交些朋友，在你摆脱抑郁的过程中，你遇到的各种各样的朋友会给你各方面的安慰和帮助，给你力量和勇气。当然，并不是每个人都会像你希望的那样关心你的烦恼，或许他们只是敷衍几句了事，不愿真诚地帮助你，但你要相信"心诚则灵"，当你踏上了这条没有路标的艰难旅途后，一定会碰到许多富于同情心的朋友，他们将帮助你闯过一道道难关。

所谓朋友，就是这样的人：你了解他、爱他，他也了解你、爱你。只要你是真诚的，别人就不会把你的友好拒之门外。同时，你也会换回真诚的友爱。和别人推心置腹地交谈，就像是讲述一个以自己为主角的故事。每个人都有自己的独特生活经历，有自己的快乐和烦恼，当你向别人倾诉这一切时，至少你自己和那些愿意倾听你的遭遇的人会感到你的生活是可以改变的。可以说，大量抑郁症患者从来就没有机会向别人倾述心中的苦闷和烦恼。

正如一位抑郁症患者所说："我无法否认抑郁症患者对生活的看法确有其真实的一面。抑郁症患者很明白这一点，但别人却拒绝承认这是现实。只要别人也能容忍生活中的种种不公，不管它是如何地令人难以忍受，最终总是能被接受的。"如果你是抑郁者的朋友，要真诚地倾听他们的烦恼和忧愁，在他们的倾诉中，你会看到别人如何为生活而奋斗，如何经受痛苦和磨难，以及如何为克服困难而勇敢地拼搏。你也许能够改变一个人的生活状态，使需要帮助的人感受到莫大的温暖。

心理故事

刘易斯曾因过度抑郁而想自杀，后来他在给《卫报》写的几篇谈论自己亲身体验的文章中写道："我想对那些和我处于同样境地的朋友们提几个建议。首先，不管事情看起来多么糟糕，你一定要相信自己会恢复健康。其次，一定要吃好，否则身体吃不消，另一方面由于胃对精神压力的反应很敏感，如果一个人焦躁不安，胃就会产生大量的酸液，这些酸液若不被及时中和的话，就会有碍于身体健康。第三，要坚持锻炼身体，每次锻炼后我都感到身体很舒服，因此，我经常参加瑜珈训练班的活动，经常散步，还大运动量地坚持游泳。

"有规律的生活对于恢复健康也十分重要。生活无规律的人往往都有度日如年的感觉，这些人在遇到很小的事情时，往往难于做出决断。因此在起床时，最好在一张纸上记下自己要做的事，并且按照程序去完成每一件事，这种办法曾使我获益匪浅。我也很感激我的朋友们，在互爱互助的气氛中，我感到很踏实，和别人聊天对我极有益处，那些和我曾有相同经历的人的忠告给予了我极大的安慰。"

✚ 故事解读

很多抑郁者似乎都没有朋友，如果是这样，那是因为他们完全被卷入自己的烦恼中而不愿花时间关爱他人，并寻求关心和帮助。只有用心付出，才能找到朋友。你不愿过问他人的事情也许是因为害怕别人拒绝你的好意，也可能是由于你认为自己令人讨厌，事实上，这都会使你走入误区。要想走出抑郁的牢狱，你就一刻也离不开朋友。

规则 **11** 看到事物的光明面——宽容、自嘲及"愉快疗法"

一位充满乐观的人曾说："当我自嘲时，我宽容了自己；当我不带任何不良动机善意地嘲笑别人时，我宽容了别人。我们自嘲时，不是出于对自己的谴责，也不是出于十足的傲慢，而是出于对自己的真正宽容。在自嘲时，我谅解了自己的失误，因为我不是超人。超人本身也没有什么好笑的，倒是那些认为自己是超人的人才是可笑的。"也许你会问，抑郁症患者有什么欢乐吗？实际上，不少抑郁症患者确实能做到笑口常开，他们显得很幽默，可他们这样做的目的其实是为了掩饰自己的真实感情；也有一些抑郁症患者从不开玩笑，也难得见到他们开怀大笑，这并不是因为他们没有幽默感，而是他们认为生活是件严肃的事情。

生活本身充满了各种引人发笑的事情，任何能成功地处理生活中种种麻烦的人都会这么想。当你为亲人和朋友做了某件错事而哈哈大笑时，就会恰如其分地显示出你的宽容。同样，自嘲是一种自我宽容，人们有时难免做些自高自大、自以为是的自我评价，而自嘲却能给自己的骄傲情绪降降温。

人的情绪对身体有着密切的影响，愤怒暴躁、忧郁不安的情绪会削弱身体正常机能，甚至引起疾病、加重病情；愉悦宁静、欣喜开怀的情绪，能够增强身体机能，有助于抗御病痛的侵扰，促进康复。尤其是精神因素引起的疾病，愉悦疗法的效果更加明显。

"愉快疗法"，亦称"笑疗"。即用开心一"笑"来疗疾，尤其是治疗包括抑郁症在内的"心病"。正因"笑疗"有其独特疗效，古今中外不少医家常乐于采用。在英国，曾有"一个丑角进城，胜过一打医生"的谚语，此话虽过于夸大，但幽默的表演对医疗保健确有裨益。据报道：1999 年 1 月，丹麦、挪威、瑞典、冰岛四国 51 位医师在哥本哈根举行会议，专门讨论幽默对医疗保健的意义，认为幽默引发的大笑，使人的紧张情绪和肌肉得以放松，减少忧郁，同时还能加速血液循环，调节免疫机能，提高对疾病的抵抗力。此外，在治疗中运用幽默，还可减少或消除患者的某些恐惧感。

"笑疗"的自我训练

1. 当自己感觉苦闷、忧愁而又难以摆脱时，采取"逆向思维"法，多听听相声、小品、喜剧，在阵阵欢笑中化开心中的郁结，这或许比任何药物都有用。

2. 多和那些喜欢幽默，又好说笑话的朋友接触。与他们在一起，幽默的话语不绝于耳，一个个笑话让人心中充满欢悦。有时还会从笑声中得到不少人生的感悟。

3. 平时多看些幽默类的演出或电视节目，听着看着，你会沉浸在会心的笑意中，那些郁闷就会一扫而光。

4. 找友人聊天，和性格开朗的人相聚，把心中的不快说出来，给心灵来个"减负"，并从别人的劝解中释疑解惑，同时对方的幽默语言会让你发笑，从而获得好心情。

5. 找个环境优雅之处，静下心来专门去想那些可乐的事儿，或是相声、小品的片断，或是你身边一件让人捧腹的事儿，也可以自己突发奇想，自编几段笑话，这样你会情不自禁地笑出声来。

心理故事

从前有个老汉终日心情不畅，抑郁不振，长期服药都不见效，于是慕名求治于一代名医叶天师，叶天师认真诊脉后，在处方上写下了"冲任失调"四个字，再无其他。老汉拿到药房去抓药方知此乃月经不调之意，一代名医竟如此荒唐糊涂，岂不叫人笑掉大牙。以后，老汉只要一想起这件事，便忍俊不禁，讲与人听，与听者纵声大笑。没过多久，老汉的身体竟然好起来了，精神也格外爽朗。叶天师对症下药，仅用四个字便治好了老汉的抑郁病，实在令人佩服。

故事解读

这便是愉快疗法，只要让自己经常开怀大笑，如看喜剧、听笑话等，便能增大呼吸量，加强血液循环，促进内分泌活动，你会因此而觉得心情舒畅、精神振奋，身体的疲劳、情绪上的抑郁都烟消云散。对于抑郁的人来说，一笑值千金。

规则 12 把复杂问题分解成简单问题

以购物为例，出发前，尽量先别想这事会有多麻烦。相反，先看一看你的记事本，列出购物清单。这样做完后，你可以给自己一个鼓励，毕竟你比刚才前进了一步。接着，带上袋子和其他东西去购物。路上，你要想着自己已经做好了购物准备，要尽量避免思考在商场里购物可能遇到的麻烦。到了商场，慢慢地逛，直到把购物单上的物品全买完为止。

这听起来似乎有点像按方抓药，从某种角度来说是这样的。核心问题是不要被诸如"太麻烦了，我无法应付"之类的观念所干扰。研究表明，抑郁的时候，人们丧失了制定计划、有条不紊做事的习惯，总是充满畏难情绪。

对抗抑郁的方式，就是有步骤地制定计划。尽管有些繁琐，但请记住，你正在训练自己换一种方式思维。

规则 13 倾尽全力完成一件事

关于抑郁症心理疗法和精神疗法，有很多种，如：

——不要急躁，对自己的病不要着急，治病需要时间；

——千万不要给自己制订一些很难达到的目标，正确认识自己的现状，正视自己的病情，不要再担任一大堆职务，不要对很多事情大包大揽；

——可以将一件大而繁杂的工作分成若干小部分，根据事情轻重缓急，做些力所能及的事，切莫"逞能"，以免完不成工作而心灰意冷；

——在没有同对自己的实际情况十分了解的人商量之前，不要做出重大的决定，如调换工作、结婚或离婚等。

——美国的一位医生曾提出了"三A疗法"，即明白、回答、行动，旨在改变抑郁症患者戴着有色眼镜来看待世界和自己的错误观念。因为这三个词的英文词均以字母A开头，故称"三A疗法"。

明白：患者首先要承认自己精神上的抑郁；其次要注意自己的情绪变化、言行举止有无异常，以及感觉、思维与别人的差别和身体对思维的反应等。

回答：患者要学会每当产生一个错误时，及时地予以识别并记录下来。先写下自己的错误想法，再写下一个较为实际的选择答案，其目的是在实践中检验自己的想法。写完以后询问自己："这会是真的吗？"然后再问自己："从另一个方面该怎样看呢？"

行动：如果患者感到不被人注意，那就换一个新方式；如果患者在工作中不能得心应手，则应选修一门课程来提高自己的知识水平，或者寻找新的工作。此外，还要多做一些运动，并使自己的生活规律化。

如果你能找一件以前一直很喜欢但已经很久未做的事情，制订一个切实可行的计划并完成它，就会感受到生活的意义。随着活动的逐渐增加，你就会将心理与精神疗法真正应用于实践中，你将发现：你可以做的事情很多，你对生活的兴趣逐渐恢复了。

"做好一件事"的行为训练

1. 制订一个切实可行的目标。

这个目标要可行，也就是说，外在条件和自身条件都要具备。最初的计划要比较易于实现，花费的时间、精力较少。如果这个过程所需要的时间和精力太多，在你对什么都不感兴趣的情况下，半途而废的可能性比较大。如果你住得离大海太远，就先别计划畅游大海；如果你只在游泳池里游过泳，就不要计划横渡琼州海峡。这些目标对目前的你而言太不现实了。

现在，假定你的目标是"今年冬天学会滑冰"。这个目标可行吗？答案是可行，因为：

——你有好几个朋友都是很快就学会了滑冰，他们并不是运动天才；

——你知道离家不远有个滑冰场，并定期举办滑冰培训班；

——你有能力支付参加滑冰培训课所需的费用；

——今年冬天你有时间。

2. 对你的目标准确定位。

只有目标明确，你才能判断你的努力是否成功了。否则，你总有办法对自己说："我失败了。"为了重新对生活充满信心，你需要成功的体验。因此，在实施这项行为治疗的过程中，你要确保你会有一次又一次的成功，使你相信你有能力做到你想做到的事情。所以，请你精确地规划出你的成功标准。

"今年冬天学会滑冰"，意味着什么？

——"今年冬天"是指什么时候？今年12月～明年2月。

——达到何种程度？能以优美的姿势自行滑500米。

那么，明年3月1日，你就可以依据这些标准检验你的目标是否达到了。

3. 将你的行动计划划分成足够小的步骤，确保你的计划一定可以完成。

为你的目标制订一个详细计划，计划的每一步要达到的目标都不要太大，以确保你一定可以做到。比如，你第一步的目标可能是：确定滑冰培训班的上课时间。你可能认为这个目标太轻而易举了，但对于某些抑郁症状很重的人而言，能打起精神做这件事也很不容易了。记住，在确定每一个分目标时，要确保你一定可以完成。每完成一个目标，你就胜利了一次，每一次成功都会令你的自信逐渐增长。如果你的分目标太大，就难免失败，一次又一次的失败会打击你的信心，也许，几次失败之后，你就会对这个计划完全丧失兴趣和信心，半途而废，重又返回到以前什么事也不想做的状态之中去了。

4. 用自己的行为定义是否成功。

换言之，目标中不要牵涉到他人的行为。如果你的目标是与人交往，注意不要制订这样的目标：请三个同事吃午饭。这个目标的不当之处在于：如果人家不接受你的邀请怎么办？你可以控制自己的行为，但不能控制别人的行为。因此，你并不能确定这个目标一定可以实现。依据确保成功的原则，你可以这样修改目标：邀请三位同事一起吃午饭。只要你开口邀请过，那你就成功了。至于三位同事的反应，并不重要。

5. 目标中不要有情感成分。

在这个计划中，重要的是做，而不是你在做的过程中的感受。你可以控制自己的行为，但不能直接控制情绪。而在抑郁状态下，你很难从任何活动中得到愉快的感觉。情绪会受到行为的影响，但这种影响并不是即刻起作用的，需要一定的时间。因此，如果你一定要感到愉快才算是成功，那么，你很可能会失败。不要制订这样的目标："如果学会滑冰，我就一定会快乐了。"只要"我要学会滑冰"就足够了。

规则 14

运动是自救的基础

由于精神上的原因，大多数抑郁症患者觉得自己无能、无用，他们不想活动，不想做任何事情，也没有做事情的兴趣和热情。整天呆坐、长吁短叹、闭门不出。有的甚至觉得前途黯淡、人生苦长，认为无论做什么都是无济于事，这就是抑郁症患者的"无助感"。这种"无助感"与抑郁之间会形成一种恶性循环的关系：抑郁越严重，无助感越强；同时无助感的增强又会导致抑郁症患者情绪更加低落，工作和活动的热情进一步降低，结果当然更是一事无成，于是又责备自己无能、无用，加剧了抑郁症状。要治疗抑郁症，就必须打破这种恶性循环。而打破这种恶性循环的最基本的途径就是增加运动，做力所能及的事情。

德国柏林的研究人员对 12 名患有严重抑郁症 9 个月以上且药物治疗无效

的中年患者进行了跟踪观察。研究人员让这些患者每天踩脚踏车运动半个小时，然后逐步加量，在一段时期内对他们的情绪进行监测。10 天之后，有 6 位患者称他们的情绪大为改观，其中包括 5 位药物治疗无效的患者。两位患者的情绪稍有改善，另外 4 人没有变化。虽然这项试验的范围很小，但它仍然具有重要意义，表明锻炼具有药物无法提供的功效，有氧运动在治疗抑郁症方面比药物更为有效。

"生命在于运动"，抑郁症患者摆脱困境离不开运动。尽量做一些力所能及的事情，对于抑郁患者大有裨益。如写字、画画、唱歌、打球等，都是很好的可供选择的运动。

运动对抑郁症患者的益处

运动能够使人感觉变好。 由于运动以后，不再专注于自身的不良感觉，能够适当减弱抑郁的感觉。

运动能减轻疲乏感。 因为长时间不运动，呆坐度日，肌肉极易疲劳。同时由于血液流动缓慢，很难恢复体力，而一旦活动起来，血流畅通，疲乏的感觉会随之减轻。

运动有助于找回自信。 通过运动，可以发现自己的能力没有丧失，甚至发现自己其他的潜能，恢复自信。

运动改善了人的思考能力。 通过运动，才会考虑做什么，怎么做，从而恢复对生活的控制能力。

锻炼后可以给人一种轻松和自由的感觉，有益于克服抑郁症患者共有的孤独感。 锻炼必须有一定的强度、持续时间和频率，才能达到预期效果。如做健身操、跑步、跳绳、健身舞等，每周至少做 3 次，每次持续 15 ~ 20 分钟。散步也可以达到同跑步一样的效果，专家们建议患者每天步行 1500 米，并力争在 15 分钟内走完，再逐渐加大距离，直到 45 分钟走完 4500 米。患者在开始锻炼时，须经医生同意。

在进行运动的过程中，贵在坚持，如果只运动几天，又由于情绪低落而放弃，那永远也看不到希望了。

需要注意的就是：若通过运动，虽然感觉有好转，但抑郁情绪依然存在，则需进一步查找导致抑郁的原因，采取其他的措施加以矫正。

规则 15

把抑郁"吃"掉

吃也是治疗抑郁很好的选择，适当吃些甜品或喝些果汁，能让你的心情放轻松。当你焦躁不安和沮丧无力时，甜的食品或酒，可快速提升脑中的血清张力，使神经系统暂时得到舒缓，可是，如果食用过量，状况会更糟糕。而多糖食品则能够比较好地改善这种情况，多糖类食品包括全谷米、大麦、小麦、燕麦、瓜类和含高纤维的蔬菜以及水果等；

许多跟情绪安定有直接关系的蛋白质和氨基酸是制造情绪荷尔蒙的原料，例如香蕉、奶制品、火鸡肉等等，是含色氨酸的食品，可以充分摄取；

食物中所含的维生素和氨基酸对于人的精神健康具有重要影响，患多疑症的人如果缺乏某种营养物质也能引起抑郁症，所以应多吃富含维生素 B 的食物，像粗粮、鱼等，也可服一定剂量的复合维生素 B；

多吃一些含钙类的食物，如黄豆及豆制品、红枣、韭菜、芹菜、蒜苗、鱼、虾、芝麻、冰糖、蜂蜜、核桃、牛奶等；

忌食酒类及咖啡等食品；

如果餐前用脑过度，进餐时情绪激动、愤怒，餐后立即从事脑力或体力劳动，均不利于病症的消失。

特别提示：治疗抑郁的药膳

橄榄萝卜饮

原料：橄榄 300 克、萝卜 500 克。

做法：取橄榄与萝卜加水 1000 克，中火烧开改文火煮 15 分钟即可。

用法：随意饮用。

酸枣仁粥

原料：酸枣仁末 15 克、粳米 100 克。

做法：先以粳米加水煮粥至将熟，加入酸枣仁末再煮片刻即可。

用法：早晚温服。

作用：养心、安神、敛汗。

酸枣仁生用或炒用均可，炒时间过长会破坏有效成分，可取酸枣仁微炒片刻研末，家庭中用擀面杖研磨即可。

第 3 节
抑郁症的认知疗法

::::::::::::::::::::::::

对于抑郁，心理学家会用认知疗法的原理向你解释，失真的思想和与事实不符的观念（称为自动性观念）是导致这种不健康的消极情绪的直接原因，当你学会以一种更加积极而现实的态度来看待自己的问题时，你也就能改变自己的感觉方式，直至改变自己的心情。

● 认知疗法的原理

原理一：一个人"所有"的情绪都是"自我认知"或是"自我思想"塑造而成的。 认知就是一个人对事物的观点——也就是知觉、心思的态度和信仰。它还包括了对事物的诠释——也就是一个人对某事或某人的说法。当人们有"念"的存在，才会有"感"的产生。

原理二：当一个人感觉消沉之际，他的思想中弥漫着消极的否定性，眼中的一切都会笼罩在黯淡忧郁之中。 更糟糕的是，他会渐渐相信世上的一切"的确"像自己想像中那么充满不幸。当一个人彻底消沉之后，在他眼里所有的事物都将是否定的。回顾从前，记忆全是噩梦；想像未来，除了空虚，只有无穷无尽的苦闷。凄凉的幻像带给人的只是更深更沉的绝望。尽管这一切变化过程是如此不合逻辑，但是它却能让人确信自己将永远无能。

原理三：这个原则具有哲学和治疗的重要性。 根据研究资料记载，导致情绪混乱的否定性思想必然包含了曲解的成分。对于抑郁者来说，那些思想似乎是那么精确，但通过治疗你将发现，它是如此不合理性，甚至荒谬得离谱，使得自己饱受苦难的最大原因竟然是自我曲解的思想——自我的消沉情绪原来并不是正确的事实，而是随心所欲的想法；不是珍贵的人生体验，却是人们自己刻意塑造的幻像。

● 认知疗法的作用

认知疗法能够快速地改变情绪，每个人都可以自我学习应用。它能帮助人们体验成长的快乐，淡化未来的烦忧，更有效地对抗眼前的消沉情绪。

病情征候的快速改进

症状轻微的人，只要短短 12 个星期的时间，即可忧烦尽去。

认　知

自我坦诚确切地剖析，为什么会心绪消沉？怎样才能改善？在自省的过程中，你将能够分辨出"正常"与"不正常"情绪之间的界线，也将知道如何去诊断评估烦忧的真实性。

自我控制

你将知道如何在情绪暴怒之际，以安全而有效的战略与之抗衡。这是一套简单有效的自助模式，当你实际去应用的时候，将发现自我的情绪已在强劲而自然的控制之中。

有效预防及自我成长

仔细审视内在痛苦情绪的走向，通过重新评估既有的低迷价值观，寻求出真正而有效的防治方法，即如何去向痛苦挑战，如何再次评估自己生存的价值。

你在生活中遇到的每一个危机，小至不值一提的苦恼，大至严重的情感崩溃，如离婚、亲人的死亡、事业的失败，抑或是罪恶感、挫败感、淡漠、缺乏自信等等抽象隐晦的苦闷，都可以通过认知疗法而得以缓解。

● 认知疗法的行为模式

第一步：分析自己进入抑郁状态时脑海里的自动性观念，即你对外界刺激产生情绪反应前的一瞬间脑海中出现的观念。这时你应把引起不良情绪反应的刺激事件和情绪结果罗列出来，然后努力地追忆当时情境下的自动性观念。例如：

刺激事件：一个朋友见了我没和我打招呼

情绪结果：伤心，难过，无地自容，自卑，抑郁

自动性观念：我一定很讨人厌，要不然，他怎么不理我呢？以前他跟我在一起，肯定也是看不起我，讨厌我。他对我说过的话一定是骗我的。他以后都不会再理我了，别人也会讨厌我，不理我……

本来只是一件小事，结果却被这些过了头的观念搅得自己抑郁万分，所以，把这些不良情境下的情绪反应和自动性观念记录下来，以便于进一步的分析，并寻求应对之策。

第二步：对这些自动性观念的错误及荒谬之处进行识别。通常出现的错误有：

——任意推断。如朋友偶尔一次没跟你打招呼就觉得自己很讨人厌。

——过度引申。即把不大好的结果归结为能力方面的问题。如朋友偶尔一次没跟你打招呼就说明人人都讨厌你，你没有能力招人喜欢。

——夸大或缩小。如某人骗了你一次，便说明你被他骗了无数次。

——以偏概全。如这个月完成了 9 件任务，只有一件没完成，就说明自己很失败，什么也做不好。

——极端的思维。如朋友不理你了，这世界就太恐怖了，自己就没有希望了等。

你可以对照这些类型自己来分析一下错误的观念。

当然了，你可能固执己见，不认为自己的观念有什么错误，那就来进行一下真实性实验吧！你可以进行单向的行动验证，把原有的观念，如"他不跟我打招呼是因为我很讨人厌"只当成有待检验的假设，去询问那些偶尔没与你打招呼的朋友，他们会告诉你，没打招呼是因为没看到你或当时太忙来不及等，并非故意不理你。你也可以进行双向的讨论验证，找你的至亲好友

与你辩论，讨论得越深入越好，你可能会发现自己更多的荒谬之处。

第三步：改变自己的行动方式。慢慢地学会倾听别人说话，学着无拘无束地与人交谈、交往，努力使自己的行为变得自然、开放。

第四步：让自己成为旁观者。进一步监督自己的抑郁水平，看抑郁的波潮何时高、何时低，掌握其变化规律，低潮时努力体验生活的乐趣，高潮时冷静地审视抑郁的到来，暗示自己要好好地与抑郁较量一番。不要让自己时时笼罩在抑郁的恐惧之中。

● 认知曲解的十大形态

多数的抑郁症都是来自以下的十大认知曲解。

非黑即白

这是一种相当极端的思想，自我价值完全架设在两极，非黑即白、非此即彼。

——有位杰出的政治家参选后说："都落选了，我的生活还有什么意义价值呢！"

——有位成绩优异，总是考第一的学生，一旦有人超过自己就气馁地说："现在我是彻底失败了。"

这些都是典型的完美主义论调，不是十会十美，就是一无是处。但是，世界上哪有绝对的事。没有人是绝对的聪明或愚蠢，也没有人是绝对的美善或丑恶。然而在现实与理想出现差距的情况下，抑郁者会产生耻辱与怨恨的情绪。

过度论

——位生意人，有天发现自己的车窗上有着一团鸟粪，就气急败坏地说："我的运气就是这么差，车窗上总是有擦不完的鸟粪。"但是事实上，他是第一次遇到这样的事。

——名害羞的年轻人，在遭到异性拒绝之后就自怨自艾地说："她永远都不会理我的，也没有人会理我了，我这辈子就注定是这么寂寞、这么悲惨！"

对于正常人来说，一时的挫折并不足以决定一生的福祸，可有些人会沉溺于失望和痛苦中无法自拔。过度论者通常仅按照自我错误的认知而否定一切。

选择性地接收

——有位大学生，无意间听见一些同学正在嘲讽她最好的朋友。忍不住满腔的怒火，她暗自诅咒着："这就是人类……残酷而无情的动物！"

这种类型的人，往往会因为微小的不如意而斩钉截铁地否定一切。情绪沮丧的人，就像是戴了一副特殊的眼镜，看到的全是邪恶，却拒美善于门外。

炼金为铅（丑化美好的事物）

产生严重精神幻觉的人，经常会将原本平常、甚至美好的记忆幻化成丑恶的面貌。他们并不是忽略美善的存在，而是不自觉地予以丑化。中古时代的炼金术士，都梦想自己有朝一日能将普通的铁块冶炼成金。但抑郁症患者却总是不自觉地将黄金般的喜悦冶炼为沉重的铅块。当然，他们并非故意如此，甚至是浑然不觉，然而这份不自觉的丑化倾向是很可怕的。一遇到不顺心的事，他们就断然地说："早就知道是这样，一点都没错！"遇到好事的时候，他们却告诉自己："这只是侥幸，不可靠的。"其结果只能是终日生活在抑郁不快乐之中。

骤下评断

这一点可以划分两方面来解释：

臆测

有些人心中若是"假想"旁人瞧不起自己，这份疑虑立刻就变成不争的"事实"。有的人看到许多人在一起谈论什么，就会想："他们肯定是在说我，昨天我的策划方案被老板否决了，他们一定是在笑话我。"这种假想在头脑中越来越清晰，越来越逼真，以至于丧失了与其他人交往的勇气。

错误预言

有些人好像捧着一个只会报忧的水晶球，总是幻想着祸事临头，在不知不觉中将一切不存在的幻想认定为即将发生的事情。在工作压力下，你是否曾歇斯底里地说："我要疯了、我要疯了……"但是事实上，你从来没有疯过，更没有丝毫不正常的征兆。

放大与缩小

有些人经常以夸张的态度面对自己的错误、恐惧和缺陷。一犯了错就大呼小叫："天啊，我做错事了，好可怕、好可怕……别人一定马上就知道了，我完了，真的完了……"而对待自己的长处，却常采用"缩小"的方法，即使取得了成绩也不敢相信，而总是想方设法地贬低自己的能力。

推论情绪化

—— "我觉得自己真是没用，因此我就是个毫无价值的人。"

—— "我觉得有罪恶感，一定是做了什么坏事。"

—— "简直绝望透了，这个问题一定没办法解决了。"

—— "我觉得自己的能力真差，我真是一无是处。"

当一个人心情低落的时候，言行举止难免会有些情绪化。可是当你如此"觉得"之后，感觉却变成了"事实"。

"应该"论

有些人总喜欢拿"应该"或"必须"两个词来驱使自己做这做那，但是在太多的"应该"与"必须"的压力下，往往却一事无成。也有些人喜欢用"应该"的口吻要求别人，结果却使得自己产生难以言喻的挫败感。在现代生活里，"应该"与"必须"使人承受了巨大的负荷。当自己的成绩不尽如人意的时候，当他人的做法不合己意的时候，这种心中无形的"标准"会给人带来莫大的不快。

自我狭隘论定

自我狭隘论定是过度论者最极端的模式。有些人一犯了错就忙不迭失地自责说："我是个……"譬如说，工作计划没完成，就狠狠地责备自己："我是个天生的失败者！"这种自我论定法不仅不理智，也会对自己会造成莫大的伤害。人是多面性的，岂可用单一的事件予以定论？人生就像是一连串奔腾的思想、情感和行为的组合，如同一条川流不息的江河，而非静态的雕像。记住一句话——自我论定是人类最大的错误。

惟我是问

有的人不论事情与自己有没有关系，却执意承担所有的责任和罪恶。总觉得一切过错都是自我无能所造成的，理应由自己承担，好像全世界的责任包袱都扛在他一个人的肩上。问题的症结在于他分不清"影响"与"操纵"的界限。我们只能尽心尽力去做好手边的事，并影响别人，却无法操纵任何人，别人的所作所为理应由他们自己去承担。

实际应用 **1** 如何建立自尊——改变你的思维模式

情绪消沉的人的确在思想上有着某种程度的纷乱现象。实验表明，精神分裂及情绪低迷者经常会犯下逻辑推论的错误，换言之，他们丧失了正确思考的能力，无法将事物纳入适当的角度。当事态更加恶化之后，否定的念头控制了他们的整个思维，想要找出问题症结也就更难了。丧失了辨别能力，假的也变成真的了——这即是认知曲解。

情绪消沉的人通常都觉得自己活得没有价值，越是消沉，感觉也就越强烈。据调查，80%以上的情绪忧郁者都会有自我厌恶的倾向，他们甚至试图贬低自己珍贵的资产，如智慧、成就、名利、相貌、健康，以及能力等等。他们有着深度的挫败感、缺憾感，觉得自我被剥削、被世界所抛弃。几乎所有消极的情绪反应都起因于过度的自我藐视。这种蔑视心理就像一面放大镜，将微不足道的过错和缺陷投射成无法弥补的挫败。

认知疗法有个重要的自疗法则，就是必须拒绝任何自我贬损的念头。当你出现自我否定念头的时候，要不断地自问："这种想法公平吗？正确吗？"一个坚称自己不行的人，当务之急就是必须赶紧自我审视一番。你将发现，你的思维模式应该改变了。

建立自尊的途径

建立自尊的途径即为：向内在自我谴责辩驳。

一个人的价值观之所以会低落，很大程度上是由于过度的自我责难。

——"我简直差劲透了！"

——"我就像狗屎,一文不值。"

——"我怎么样也比不上其他的人。"

这些想法不但贬低了自尊,同时使人感到绝望。如何才能克服这种错误的自毁习惯?

1. 训练自己认清内心潜伏的自责口吻,予以详细记录。

2. 参照"认知曲解的十大形态"找出你的认知曲解属于哪种形态。

3. 试着进行理性反辩,总结出一套更实在的自我评估系统。

建立自尊的行为训练

例如,如果你突然发现自己赶不上某个相当重要的会议,正在惊恐万分的时候,试着自问:

——我现在心里正在想些什么?

——正在对自己说些什么?

——为什么自己会那么烦乱?

模拟表格:认知曲解与理性反辩

内在谴责	认知曲解	理性反辩
1. 我从来没做过一件对的事。	1. 过度论者	1. 不对!我做过很多对的事啊!
2. 我总是迟到。	2. 过度论者	2. 我通常是准时的呀!只是偶尔不小心迟到了,以后多加注意改正就是了。
3. 每个人都瞧不起我。	3. 臆测 过度论者 非黑即白 错误预言	3. 或许有些人会对我失望,但是也不是什么世界末日呀!为什么那么在意别人的看法呢?
4. 我真是笨哪!	4. 自我狭隘论定	4. 有很多人夸过我聪明,别忘了!
5. 会议都开始了,这么晚才到,我的模样一定像个呆子。	5. 自我狭隘论定 错误预言	5. 怎么会!迟到当然不对,但也不会让我变成呆子。何况每个人都有迟到的时候呀!

再根据上图的模式,将情况逐一记录(上图仅为参考,按照你的真实情况进行记录)。并参照上述"认知曲解的十大形态",逐条对照,找出应该归属的类型。找出方向之后,接下来就是情绪改造中最重要的步骤——以理性

代替非理性、以平和代替烦躁不安。最重要的是要认清"事实"的真相，一针见血，直指你的认知曲解的核心。

请注意： 在内在谴责的栏位内，千万不要使用任何形容目前情绪反应的字眼，只要记录原始的思想即可。譬如你不小心将钥匙锁在了屋内，不要用"我觉得自己完蛋了"之类的词进行记录，因为这很可能混淆整个理性分析的过程。只需将当时心中滑过的想法写下，比如："我真是笨，应该多配一把钥匙放在另一个地方。""我真倒霉！"等等。接下来你就可以开始进行理性反辩："这件事并不能说明我是笨的，这是件意外的事！"这么一来，你就不会轻易地否定自己了。

掌握"情绪计分法"

分为六个步骤：

情况： 简单描述发生了什么样不愉快的事件。

情绪反应： 形容自己目前的心情，是悲伤、愤怒，还是焦虑？再以百分比（1~100%）记录情绪的程度。

思想反应： 随着情绪而来的一些想法。

认知曲解： 将思想反应逐一分类剖析。

理性反辩： 以理性观念破除偏颇的思想反应。

结果： 再将现在的情绪以百分比计分。

每天抽出15分钟，做个简短的自我剖析。将一天中发生的特殊事件记录下来，以理智的心情逐渐化解。只需两个星期，你的心态就会发生改变。

例如，你的一个大客户要取消订单，并无缘无故地要求降价。

模拟表格：情绪计分一览表

情　况	我去一个大客户那里确立合同的签订事宜，没想到他要立刻取消订单，除非把价格再降低一些，还说了一些难听的话。
情绪反应	愤怒99%悲哀50%
思想反应	1. 我再也不想做营销工作了。 2. 我真恨不得勒死那个混蛋。 3. 我一定说错什么话了。

认知曲解	1. 过度论者 2. 放大 自我狭隘定论 3. 骤下断语 惟我是问
理性反辩	1. 我的业绩一向很好，已经拥有很多客户了。 2. 他一定是心情不好，每个人都有心情不好的时候，何苦为这种事生气呢？ 3. 我自认为没说过任何不妥当的话，而且我一向如此，不可能有问题。既然如此，有什么好担心的！
结　　果	愤怒 50% 悲哀 10%

计时检测法

利用一只计次腕表来追踪检测自我突发的否定思绪，以增加自我控制能力。这种腕表可以在运动器材店买到，将每日得分记录下来。

刚开始时，每日积分会有逐渐上升的趋势，证明你越来越能掌握分辨自我情绪的动荡起伏。大约持续 7～10 天之后，积分图会呈现下降的趋势，表示消极念头正在逐日减少。这种方法大约进行 3 个星期，可收到意想不到的效果。

请注意：这几种方法应该一起使用，切不可只采取其中的一种方法，改变认知曲解，你的自尊心就会得以提升。

💬 心理故事

杨阳，是来自于贫困山区的重点大学研究生。当杨阳怀着父母的希望，在乡亲们羡慕的目光下，来到繁华的大上海时，家境清苦的他看到比自己条件优越得多的同学，就产生了低人一等的自卑心理。而且，与生俱来的、气味难闻的腋臭也给他带来了极大的心理负担。他特别敏感，只要哪个同学鼻子有意识或无意识地动一下，他就感到受到了侮辱、伤害，以及从未有过的歧视。他想亲近同学，又怕伤害自尊，干脆拒同学于千里之外。贫寒家境、腋臭，像两座大山压得杨阳喘不过气来。他无法告诉别人，只好默默地承受苦不堪言的肉体和精神折磨。

自卑之中的杨阳没有消沉，在极度的痛苦中，他仍然顽强地克制自己，尽可能地去感悟父母培养他的艰辛和恩情。他知道，自己惟一的资本就是刻苦读书、读书、再读书，以优异的成绩赢得同学们的尊重。大学毕业后，杨阳考上了本校管理学院工程系研究生。然而，随着他的学历越来越高，他的心理障碍也越来越大，一起惨案拉开了序幕！

惨案发生在杨阳的研究生宿舍里。同室居住的研究生肖琪的成绩遥遥领先，这是他无论如何也不能面对的现实。于是，他将肖琪当做攻克的"堡垒"，暗暗地拼命复习，立志赶超肖琪。尽管杨阳主观上做出了努力，但考试成绩下来，肖琪依然领先。这对将成绩看做成败惟一标准的杨阳来说，简直是件不能容忍的事情。

随着年龄的增长，杨阳身上分泌出来的腋臭味道更浓烈了。1997年春夏之交，杨阳用打工赚的钱，去医院用手术切除的方式消除了腋臭，卸下了一副折磨他多年的精神枷锁。同年，他参加了上海注册会计师考试，整个上海5门功课一次通过的仅有5人，杨阳就是其中之一。此时的杨阳又目空一切自傲起来了。

肖琪与一位女研究生谈恋爱，而那个女研究生恰恰又是杨阳所喜欢的，看着肖琪与她成双成对地进进出出，自傲的杨阳像泄了气的皮球一般又极度自卑起来。杨阳的心理滑向了"阴暗"的泥潭，他打电话给那位女研究生的父母，劝他们不要让女儿与肖琪交往。杨阳的做法，受到了那位女研究生的唾弃。

他情绪消沉，精力无法集中，书看不进，毕业论文没心思写，找工作又不感兴趣。骑在自行车上就想被迎面开来的车子撞死，又害怕撞死之后的场面。然而以死求得解脱，已经像条盘在杨阳身上的蛇难以解开了，他的情绪坏到了极点。

7月的一天早晨，杨阳醒来后感到脑子乱轰轰的，身体难受得直冒热汗，他控制不住自己，就拿起了尖头菜刀，对准正在熟睡的肖琪的头部、颈部猛砍数十刀，而后，他向公安机关自首。

➕ 故事解读

在认知曲解的作用下，杨阳饱受精神折磨。两个本来前途似锦的研究生竟然毁于杨阳的抑郁症，实在可惜。其实，人类是很脆弱的，在遇到挫折，尤其是频频遭遇挫折时，都会出现心理危机。如果不及时化解，郁结于心，久而久之就会变成心理疾病。诱发抑郁症的原因多种多样，比如：与上级发生冲突，同事、同学之间产生矛盾，下岗失业产生困惑，背井离乡产生孤独感，夫妻感情破裂，升学失败或学习困难，甚至受惊吓，妇女分娩等等，都有可能引发抑郁症，以至于持续丧失愉快感，丧失兴趣，感到生活失去意义。自卑、自责、不想说话、不愿活动，严重时感到生不如死，更有甚者会试图自杀，或者没有明确动机，夺人性命。其社会危害相当严重。

从"无为者"到积极行动者——改变你的行为模式

通过转变认知曲解而改变自我情绪，可以有效地树立自尊。人类在思考的同时，也在付诸行动。换言之，只要改变原有的行为模式，同样也能极大地改善情绪。

抑郁者遇到的难题是——当情绪消沉的时候，行动的欲望也越发低落了，消沉能够使一个人的意志力瘫痪，丧失前进的动力。正因为缺乏行为动机，抑郁者常陷于"不为、不动"的境地。不去身体力行，就不会取得成果；没有成果，心情必然更趋恶化。可以说，这种恶性循环带来了无尽的消极感受：一事无成的落莫感、无能感、孤独感，以及自我价值的丧失。

许多抑郁症患者都会经历一个"拒绝自助"的阶段，他们拒绝任何行为活动，丧失了实践的动机和动力。然而，只要激发其行为的动机，大部分抑郁症状都将消失。

"无为"的原因

无为的程度也有轻重之分，有些只是单纯的拖延迟缓。如该去看医生却迟迟不去、该交的报告却迟迟不肯动笔等等。尽管程度轻微，但是问题却依然存在——为什么人类经常会做出一些对己不利的事呢？下面是四种比较普遍的说法：

第一种：人类生来就懒惰，这是天性。

第二种：一是喜欢那种消沉不振的感受，二是具有自毁的动机。总之，是自己伤害自己。

第三种：一种消极的侵略行为，通过种种不利己的行为去打击身边的人。

第四种：在拖延与无为之中必然存在着某种程度的"补偿反馈"。例如，想引起旁人的注意和关切。

四种说法的立论点都不相同，但是没有一项是正确的。

第一种说法是以"特性"来解释——无为是人类的天性，人类就是天生的懒骨头。这种不科学的论断，充其量只是认知曲解当中的自我狭隘论定罢了。

第二种说法谈到人类乐意自毁的倾向，这也是荒谬的。谁会喜欢那种消沉愁苦的滋味，喜欢那份呆若木鸡的无为状态呢？那是人类痛苦的极致。

第三种说法认为消沉的行为表现很可能是自我"内在愤怒"的延伸，通过"无为"模式表达心中的不满，达到侵扰他人的目的。然而，多数情绪沮丧的患者根本没有太大的愤怒倾向。他们非但不会蓄意伤害身边的人，甚至还害怕自己未能取悦于他人。

第四种说法是"补偿反馈"的理论，也就是说，外在环境决定了一个人情绪与行为的反应。这种说法惟一正确的是，情绪消沉的人的确时常得到旁人的支持与肯定。但是他们却无法承受、更无法相信这些关注。而是认为："他根本不了解我有多么糟糕！我根本不值得他去关心！"

无感循环表

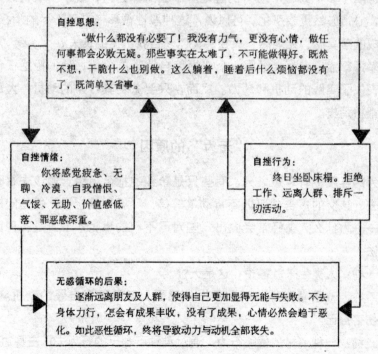

自挫思想：
"做什么都没有必要了！我没有力气，更没有心情，做任何事都会必败无疑。那些事实在太难了，不可能做得好。既然不想，干脆什么也别做。这么躺着，睡着后什么烦恼都没有了，既简单又省事。"

自挫情绪：
你将感觉疲惫、无聊、冷漠、自我憎恨、气馁、无助、价值感低落、罪恶感深重。

自挫行为：
终日坐卧床榻。拒绝工作、远离人群、排斥一切活动。

无感循环的后果：
逐渐远离朋友及人群，使得自己更加显得无能与失败。不去身体力行，怎会有成果丰收，没有了成果，心情必然会趋于恶化。如此恶性循环，终将导致动力与动机全部丧失。

如果你自问："一想到那些没有完成的工作，心里立即产生什么样的想法？"你将发现，之所以"无为"，是认知曲解在作祟。

否定的思想是这样侵袭你的：

——"我根本什么也不必做，多做也是枉然！"

——"我注定就是个输家，注定永远失败。"

这样的念头有如惊涛骇浪淹没了你，继而深深的无能、无助感就会占据你的心灵。而后，否定感受便形成了具体的悲观论调——因为你深信自己什么也做不好，索性什么也不必做。就这么整天躺在床上，瞪着天花板，连接电话的勇气也没有。生命就成了一连串的单调、孤寂、忧虑和悲伤。

无感循环表

由上图可见，一个人的思想、情绪和行为是息息相关、相互作用的。情绪和行为是自我思想和态度的产物，同样地，感觉和行为模式更能左右一个人的认知与理解。改变既有的消极行为，必然能够刺激积极思想的产生，从而产生良好的情绪。

💬 心理故事

40岁的李女士患了抑郁症，她本来生活愉快，但不知何故近来渐渐情绪低落，甚至想自杀。李女士平日很喜欢搓麻将，但现在连这嗜好也没兴趣，房间不打扫，饭也不做，却总说自己没用，不懂照顾家庭，且脾气非常暴躁，没有心情吃东西，容颜憔悴。李女士常常天亮时分便醒来，一直呆坐，白天则呆坐在房间内哭个不停。

✚ 故事解读

李女士患上抑郁症的特征就是从前喜欢做的事情突然不感兴趣，性情大变，如从前打理家务头头是道，与丈夫关系良好，病发后却一蹶不振。这种"无为"表现使她遇事百般退缩，精神消沉不振。

改变"无为"状态的行为训练

在下面列举的几种方法中，不必每个都掌握，只选择喜欢而又适宜的方式即可。

1. 日程表法

这是一种既简单又有效的方法，能够帮助你系统地对抗认知曲解所造成的恶性循环。日程表备有两栏，在"预记栏"内将每天需要进行的活动预先进行详细计划。尽管并不一定每件事都必须完成，但是这种事先筹划的策略会带给你很大的帮助。计划内容无需太多，只要力所能及即可。

"后记栏"在每天就寝前填写，记录一天当中实际做过的事。不论是工作、娱乐，还是无所事事，都应该确实填写；再以0～5为级数，标示出工作的难度和娱乐的满意度。可以参照下列格式绘制属于自己的日程表。

日程表到底有什么好处呢？它可以斩断事前太多不必要的思考，强迫自己实际去做，而不是一味只想该不该做、该做些什么之类的问题。尽管实际和理想并不能完全一致，但是只要取得成绩，所带来的喜悦满足就将逐渐战胜沮丧消沉的心态。

切忌将目标订得过高，应结合你的自身情况，工作、娱乐并进。有了收获的喜悦，你将发现原来生命根本就操纵在自己手中。

模拟表格：日程表

日期 时间	预记栏	后记栏	级数
9～10			
10～11			
11～12			
12～13			
13～14			
14～15			
15～16			
16～17			
17～18			
18～19			
19～20			
20～21			
21～24			

2. 做事拖延的补救法

抑郁者之所以做事拖延，是因为他们总觉得事情太难，或是不值得为此伤神。不妨利用此法来改变你的习惯。步骤：

第一步：将每日未完成的工作一一记录下来。

第二步：逐一预测其难度（以 0 ~ 100% 表示）。

第三步：逐一预测其满意回收度（以 0 ~ 100% 表示）。

第四步：实际难度（以 0 ~ 100% 表示）。

第五步：实际满足感（以 0 ~ 100% 表示）。

倘若是一项繁杂的工作，不妨先将它划分为数个步骤（每一阶段不超过15 分钟），再逐项分析记录。

模拟表格：完成拖延已久的专业论文

日期	摘　要	难度预测 （0 ~ 100%）	满意度预测 （0 ~ 100%）	实际难度 （0 ~ 100%）	实际满意度 （0 ~ 100%）
2002 年 8 月 7 日 ~ 8 月 12 日	1. 拟定提纲 2. 撰稿 3. 打字、校对 4. 交给上司	90 90 70 50	10 10 10 5	10 10 5 0	60 75 80 95

3. 快乐预言法——克服独处的恐惧

对于害怕孤独的人来说，快乐预言能够克服对独处的恐惧。方法如下：在至少两星期之内，有计划地安排一些自己喜欢，或是有益身心的活动。一些活动要与朋友分享，还有些活动要一个人进行，享受独处的快乐。拟定计划之后，再逐一以百分比（0 ~ 100%）预测每项活动的快乐回收度；活动完成之后，再将实际的感受体验以百分比（0 ~ 100%）记录下来。多次练习必然带给你意想不到的收获，独处不再是想像中的恐惧和悲哀。

模拟表格：快乐预言模拟表

（2002 年 8 月 1 日 ~ 8 月 14 日）

日期	活动内容	参与人数	预测快乐回收度 （0 ~ 100%）	实际快乐回收度 （0 ~ 100%）
2002 年 8 月 1 日	上网浏览新闻	自己	50	60

日期	活动内容	参与人数	预测快乐回收度 （0～100%）	实际快乐回收度 （0～100%）
2002 年 8 月 2 日	与朋友共进午餐	3 人	80	90
2002 年 8 月 3 日	散步 1 小时	自己	75	80
2002 年 8 月 4 日	与家人去超市购物	2 人	65	45
2002 年 8 月 5 日	郊游	5 人	50	30
2002 年 8 月 6 日	参加家庭生日晚宴	10 人	65	75
2002 年 8 月 7 日	去唱卡拉 OK	6 人	70	70
2002 年 8 月 8 日	早晨出去跑步	自己	60	90
2002 年 8 月 9 日	看电视	2 人	75	65
2002 年 8 月 10 日	上网聊天	2 人 （网友）	60	80
2002 年 8 月 11 日	早晨出去跑步	自己	70	80
2002 年 8 月 12 日	下棋	2 人	50	70
2002 年 8 月 13 日	外出晚餐	4 人	70	70
2002 年 8 月 14 日	参观博览会	自己	60	70

　　上表只是模拟形式，你可以根据自己的情况做出相应的计划。你会发觉，你的快乐是自然而真实的。当然，你还会遇到另一种情况——实际情形就像预测的那样，甚至比预测的还要糟糕。那么，就试着分析自己有些什么样的否定思想，分辨出是哪一类型的认知曲解，然后再以理性反辩予以还击（参考建立自尊的行为训练）。

　　积极的理性反辩最忌讳的就是"但是"这两个字，它是前进的最大阻力。譬如说：明天，我要早点起床去慢跑，但是……

　　——我实在是太累了。

　　——我实在懒得起床。

　　——我实在没什么心情。

　　一个人想要活得充实、活得有朝气，首先必须改掉"但是"这种推拖的习惯。千万别让"但是"成为一句话的终点，必须提出辩驳以自我修正，你可以利用"但是"反辩法。

模拟表格："但是……"反辩表

但 是	反 辩
我应该从明天早晨开始，到外面慢跑，但是，我的心情不好。	外面的空气多么清新，只要走出去，心情就会豁然开朗起来。
但是，我没有适合跑步的鞋子。	先穿那双去年穿过的旧鞋去跑步，明天午休的时候就去专卖店买双最棒的跑鞋。
但是，我实在懒得起床，想睡早觉。	那就先跑上 10 分钟就回来，接着睡会儿又何妨？
但是，今晚的电视太好了，明早起不来。	再看 30 分钟，然后就去睡觉。为了看电视而耽搁计划，有点说不通。

4. 自我肯定法——体现自我价值

对于同一件事，不同心态的人的认知也不尽相同。如，你顺利地通过了考试，你会怎样想？"那不过是运气好罢了，我哪有这么出色？"还是"我考前准备充分，考场上发挥也很好，理应如此"？如果把自己做的事都看做没有什么价值，那在你尚未为你的某一目标奋斗之前，就彻底击败了自己。

自我肯定法的步骤为：首先必须找出谬误思想，然后逐一分析化解，再以客观而自我肯定的态度去面对。请用 TIC—Toc 方式进行自我纠正。

TIC（Task-Interfering Cognitions）即阻挠工作进行的错误认知。当这种念头抽象地存于意识之中时，你也许觉得它威力十足，具有无可抗拒的抑制力量，但事实上并非如此。若能及时进行修正，将其转为合理的 TOC（Task-Oriented Cognitions），即工作导向认知，自我谬误就往往不攻自破。在进行 TIC—TOC 练习时，必须首先标示出认知曲解的类型，而后针对要点予以修正。

模拟表格：TIC—TOC 练习表

TIC	TOC
家庭主妇： 厨房简直乱得不像样，到处都是油污和脏盘子。我觉得自己永远没办法将它们清理干净了。	过度论。非黑即白。 立刻开始动手，哪怕是洗两个盘子也行。 不必今天非做完不可。
职员： 我的工作既不重要又不刺激。	价值否定。 看起来好像是简单的例行工作，可我的工作是有意义的。最近工作负担较重，或许应该抽时间参加一些休闲活动。

TIC	TOC
学生： 怎么又要考试，真是烦透了。	非黑即白。 考试并不是件坏事，还可以从中找到自己的差距，我是可以应付的。
经理人： 如果这次决策失误，我还有什么脸见人，不被别人取笑才怪！	错误预言。自我狭隘论定。 即使真的失误了，还有许多补救的机会，市场本来就是有风险的。我坚信我的决策是正确的，如果有外在的因素干扰我，我会想尽一切办法与支持我的人一道战胜困难。
营销员： 我已经拜访了这个客户很多次，看来他不会对我的方案有兴趣了。	臆测。 这可不一定，试试总是好的。就算谈不成，至少可以学到些经验。我不怕拒绝，越是如此，我越要去争取。

5. 欲擒故纵法

你是不是正为手边堆积如山的工作发愁？是不是几乎被永无止境的工作压力所吞噬了？假如你每天总有开不完的会议，感到疲惫、焦躁，使你根本无法集中精力，那么你或许只想逃开，躲得远远的。

欲擒故纵是一个克服紧张情绪、集中思想的好方法。方法相当简单，只要将现有的工作划分成数个部分，逐一面对即可。就以开会为例，你试着允许自己有旁观的时间和权利，只要认真参与 3 分钟，就让自己拥有 1 分钟的遐想时间，如此反复进行即可。

人们或许有过这种体验——越想集中心思的时候，越是胡思乱想得厉害；可是一旦放任思绪，心中却又平静下来。欲擒故纵法就是利用这个道理让你达到崭新的境界。

试着将繁琐冗长的工作隔断开来，休息时间一到，立刻抛开手边的工作，让自己获得喘息的空间，你将以充沛的精力和热情迎接下一阶段的工作挑战。

实际应用 3 *如何面对责难*

导致自我价值感低落的主要原因之一，就是你的内心深处过于苛刻的自责。而自我责难往往源于外界的批评。其实，真正伤害你的并不是对方，也不是他的批评与责难。不管你听到的非难之词多么残酷恶毒，它没有丝毫的力量侵害你。世上只有一个人能击倒你——那就是你自己。

外界的指责是如何造成伤害的？当你受到批评，或遭到非议时，一种由心而发的否定思想会逐渐在你脑海中形成，这即是认知曲解。而自我的苛责及消极的情绪反应完全是这种否定思想与认知曲解的产物，这是与外界的事物无关的。来自外界的批评与非议有些是正确的，也有些是错误的。如果你为那些轻率、不公平的指责感到伤心不已，就是在为别人的错误而自责，这是种完全没有必要的情绪反应。

勇敢面对责难的行为训练

第一步：保持超然的心态

当别人指责你或攻击你的时候，他的本意也许是想帮助你，或是中伤你。无论他的指责对错与否，关键是，绝不能只关注事物的表面，未经思索就认定一切。你必须立即提出反问，设法挖掘出对方准确的意图。在向对方发问的时候，态度要客观、冷静，不要掺杂排斥和敌对的情绪。要站在对方的立场想问题，体会他的感受。这种做法有助于加强双方的交流，并互谅互让，达成共识。

记住，你的任务就是不断地发现问题，寻求答案：

——这句话是什么意思？

——他为什么说我差劲？

——我到底做了些什么，让他如此生气？

——什么时候发生的？

——我是否经常如此？

——如果换成是我，我的感受又会如何？

第二步：缓解对峙局面

当别人举枪向你射击的时候，你只有三个选择——站在原地予以还击，这无疑会掀起战火，甚至两败俱伤；躲避子弹，这会增加你内心的屈辱感；稳定情绪，使用技巧解除对方的武装。你认为哪种方法更好些？

当然是第三种方法。若想做到这一点，首先要表示认同。如你可以说：

"你的意见没错，我的确太大意了。我们可以协商更好的办法。"即使你遇到的是一种错误的、不公正的指责，你也要表示出原则性的同意，或是表现出理解与谅解的心情。请记住这一规则：

——表示同意；

——避免出现讽刺或挖苦的字眼；

——说真话。

能够避免一场纷争，才是真正的胜利者。只要把握顺应的窍门，让对方觉得自己受到了重视和了解，对手很快就会怒气自消，丧失威力。当充满火药味的场面缓和之后，才能为进一步交流打下基础。面对错误的、不公平的指责，谁都会忍不住为自己辩白，但在特定的情况下，这种做法是最要不得的，它只会引发更激烈的战火。

第三步：反馈与交流

当对峙局面逐渐缓和后，你就可以开始诚恳地解释一切了。倘若对方的指责是错误的，你必须以客观的立场表明自己的看法，说话要留有余地，千万不可轻易评论对方。如果对方是正确的，一语中的，指出了你的缺点，你就要认真而虚心地接受，并表达你的感激与歉意，这会使对方对你钦敬不已。

心理故事

一位中学时的学生干部，一次，无意中得罪了一位年长的英语老师。之后，那位老师在课堂上三番五次地挖苦、讽刺他，严重地挫伤了他的自尊心和积极性。从此，他的心里便渐渐地蒙上了一丝阴影。生活开始变得懒散、随便，学习也不那么认真了，整日沉默寡言，对外界事物也失去了年轻人的敏感与好奇。

考入师专后，他觉得没有实现自己的理想，显得更为消沉。生活毫无规律，对学习也似乎无所谓，甚至尽管他深知如此下去的危险，但仍然不能自拔。他说："对于自己，我完全丧失了控制能力，整日惶惶然，对某些十分简单的事也显得六神无主。我是从尖子生走向消沉的，我还得赶上去啊！"

故事解读

他的抑郁消沉的原因还不仅仅在于一两次创伤性的体验，更重要的是由于他从尖子生到被讽刺、挖苦的两种极端地位的"反差",造成了严重心理失衡。对于他来说,犯错和失败是些可怕的事,他似乎认为只要有一个人瞧不起他,全世界都将蔑视他,面对批评与责难,他并没有找到正确的解决之道。由于内心深处缺了一份自尊与自信,他必须通过他人的认同和自我成就感来肯定自己。

自测:诺维科怒意(IQ)评估表

"生气并不是一种先天性的情绪和行为,而是后天学到的。人们生气不生气,是自己决定的。"此处所指的 IQ 并不是智商,而是"怒商"(Irritability Quotient)。这个商数显示出日常生活中你的愤怒与不安的数值。如果你的 IQ 很高,说明你对于挫折与失望有过度强烈的反应,影响了你的情绪,使你的生活变得毫无快乐而言。

详读以下 25 个问题,用后面的计分法来计算你对每种情况的愤怒程度,并把分数填在题后的空格内。

0 分:你没觉得不高兴;　　　1 分:你觉得有些不愉快;

2 分:你觉得相当不愉快;　　　3 分:你觉得很生气;

4 分:你觉得非常愤怒。

1. 你打开刚买回来的家电用品,把插头插上,却发现不能使用。(　　　)

2. 被电器修理人员敲了一大笔竹杠。(　　　)

3. 被上司或老师批评,而其他同事或同学却未被指责。(　　　)

4. 你的车陷入泥沼之中。(　　　)

5. 你与某人谈一件事,但他却毫无反应。(　　　)

6. 有人欺骗你。(　　　)

7. 吃自助餐时,你端着一大盘食物走向自己的座位,迎面而来的人把你的盘子撞到了地上。(　　　)

8. 你把衣服挂在衣架上，却有人把你的衣服碰到地上也不捡起来。

（　　）

9. 购物时，与售货员发生口角。 （　　）

10. 本来和人约好去郊游，但到了最后一刻，对方改了主意，害得你白白准备了一整天。 （　　）

11. 有人取笑你或拿你开玩笑。 （　　）

12. 开车时遇到红灯，后面的车却拼命地鸣喇叭。 （　　）

13. 在停车场，你漫不经心地拐错了弯；下车时，有人对你大喊："你到底会不会开车?" （　　）

14. 有人诬陷你。 （　　）

15. 在考场上，你想集中精力答题，老师却说个不停。 （　　）

16. 你在单位忙了一整天，回家后看到家里乱七八糟的，妻子一整天呆在家里却连衣服也没洗好。 （　　）

17. 你把某件重要的工具或某本书借给别人，他却迟迟不还给你。 （　　）

18. 你想与合作伙伴或伴侣谈件重要的事，对方却不给你表达的机会。

（　　）

19. 与一个对某项专业知识知之甚少的人争论，他却固执己见。 （　　）

20. 你正与人争论一件事情，却有第三者介入多管闲事。 （　　）

21. 你快要迟到了，前面的车子却开得慢悠悠的，你又无法超车。

（　　）

22. 不小心踩到口香糖。 （　　）

23. 走在路上被路边无聊的人讥讽。 （　　）

24. 匆忙之中，心爱的长裤被刮破了一道大口子。 （　　）

25. 身上仅剩下能打一个电话的几角钱，但却打不通，钱也被话机吃掉了。

（　　）

你的总分：（　　）分

测试结果分析

0~45 分：你很少被怒气所困扰，只有少数人能得到这样的分数。

46~55 分：你比一般的人更能心平气和。

56~75 分：你对生活中不愉快事件所表现出的怒意程度为一般。

76～85 分：你对生活中许多不愉快事件经常感到愤怒，你比一般人容易生气。

86～100 分：你非常容易生气，而且怒意难消。即使导致你生气的事情早已过去，你仍怒气冲冲，无法平息。

用认知疗法消除怒气的 10 个要诀

1. 世上的任何事情都不会使你生气，真正让你火冒三丈的是你的不良思绪；是你对某件事情所强加的主观想像。要控制自己的情绪，并自由选择你想要的感觉。

2. 愤怒对你并无好处，使你最后一无所获。如果能化愤怒为祥和，并将注意力转移到寻求解决之道上，你会觉得身心舒畅。

3. 你的愤怒中通常包含着偏见的成分，扬弃或改正这些偏见会减少你的怒气。

4. 你是否经常为别人的行为或某件不公平的事情而怒不可遏？如果是这样，你的怒意只会随着事件的发展而更加强烈。

5. 以他人的角度看世界，你会很意外地发现，对于他人而言，其行为及观点未必是不公平的。别人不会以你的是非标准来衡量所有的事物，因而，改变你的想法，这是消除挫败感最好的方法之一。

6. 用积极友好的态度取代你的愤怒情绪。别人不会理所当然地接受你的责难与惩罚，你的怒气只会加深敌意，使你们的对立情绪趋于恶化。

7. 有时你的怒气来源于别人的批评、与人意见不合，或他人未按照你的意愿办事，你感到自尊心受挫而大光其火。为此而怒火中烧永远是不理智的，只有你自己的消极偏见才会使你失去自尊，当你因感觉无价值而生他人的气时，你其实是在欺骗自己。

8. 如果你为无法实现的愿望而生气、难过，那么，你的挫折感来自于不切实际的期望。最简单的方法就是不给自己订立过高的目标。以下的想法常会使你陷于愤怒中：

——我想得到的（爱情、快乐、升职），就应该得到。

——只要我尽了力，就应该成功。

——如果别人不按照我的标准来做事，我就觉得不公平。

——我对他那么好，他应该回报我。

——我为这个家付出了一切，他必须一心一意地爱我。

9. 如果你认为发脾气是你的权利，想什么时候发火是无所谓的，那么你不妨自问：这种幼稚的行为会带来什么好处？答案是：无论对于你自己，还是他人，你的愤怒不会带来任何益处。

10. 你不会因为不生气就变成一个毫无感情知觉的机器人——事实上，如果你能摆脱因愤怒而产生的抑郁情绪，你会体验到从未有过的快乐。

减少怒气的行为训练

第一步：培养息怒的思维方式。画一个表格，将你认为的生气的好处与弊端都记下来，然后仔细进行比较。这种方法可使你更加心平气和。

消除心中的怒气至少有如下好处：

——别人会更喜欢你；

——能更好地控制自己的情绪；

——情绪不再难以捉摸；

——心情更加轻松愉快；

——身心舒畅；

——别人会把你看成是积极进取、切合实际的人；

——行为更加理智，不再孩子气；

——对他人更有影响力，能以平静、理性、明确的态度达到目的，而不是无理取闹；

——能赢得更多的尊重。

模拟表格：生气的好处与坏处

生气的好处	生气的坏处
1. 一吐为快，心里好受多了。 2. 对方知道我对他不满。 3. 我有发脾气的权利。 4. 让他知道我并不是好欺负的。 5. 我想让他知道，我受到了伤害。	1. 我和他的关系更紧张了。 2. 我们的对立情绪更明显了。 3. 发过脾气之后，我觉得不安、内疚，情绪低落。 4. 他大概也这样想，所以也表现得非常生气。 5. 问题不会因生气就得到解决，而且令我的生活陷于痛苦中，我失去了欢乐。

第二步：让愤怒的思绪平静下来。

再画一张表格，将生气时脑海中的不良思绪记录下来，然后再写下客观、公正的"冷静思绪"，进行对照。如果你经常为生气而感到忧郁，不妨利用"每日烦恼思绪记录"来处理你的怒气。如描述当时使你生气的情景，并将记录前后的生气程度做出评估。

模拟表格：不良思绪与冷静思绪

不良思绪	冷静思绪
1. 这么大的事，他居然不与我商量。	1. 放松一下，这是他个人的事，未必非与我商量不可。而且，当时情况紧急，他并不是故意想伤害我。
2. 女儿躲在房间里玩电脑游戏，居然骗我说她在复习功课。	2. 这几天，她的功课太繁重了。爱玩是她的天性，我要和她谈谈，告诉她只要是合理的要求，我会同意的，不必偷懒、说谎。
3. 老板凭什么把我的策划方案否决了？他太过分了！	3. 小张的方案的确比我做得好，他的市场调查很到位，而我却没有对目标市场做出准确定位。如果我是老板，我也会这样做。
4. 我受不了啦，我觉得快要气疯了。	4. 没什么受不了的。有个诗人说过："一切都是暂时的，转瞬即逝，而那逝去的，又会变为可爱。"

模拟表格：每日烦恼思绪记录

我的烦恼	情绪反应	不良思绪	冷静思绪	结果
我最好的女朋友抢走了我的男朋友，而其他几个知情的好朋友却合起伙来向我隐瞒这件事。今天，我终于知道了，我伤心欲绝，愤恨不已。	伤心 怨恨 挫折感 98%	1. 这个男人真是太可恶了，他背叛了我，我恨不得杀了他。 2. 我的好朋友太让我伤心了，竟然不告诉我真相，我永远也不会原谅他们。	1. 这也许是件好事，早些看清他的真面目，否则，我以后会更加痛苦。既然我们分手了，为什么要对一个不值得的人发这么大火呢？ 2. 他们是善意的，想在适当的时机告诉我，他们之所以这样做，就是为了减少对我的伤害。	伤心 怨恨 挫折感 25%

我的烦恼	情绪反应	不良思绪	冷静思绪	结果
		3. 我是世上最孤独的人，我不再相信任何人。	3. 为什么这么想？这只是生命中的一个插曲，今后会遇到更多的事情，我要勇敢地面对。	
		4. 我现在最想做的事是大哭一场。	4. 哭出来也许就好了，明天仍是崭新的开始，我还是那个乐观向上的女孩。	

💬 心理故事

西班牙卡斯蒂利亚国王胡安二世的王后伊莎贝拉患有抑郁症，喜怒无常。她对女儿的态度变化莫测，时而厉声责骂，时而放纵弱爱。后来她疯得更厉害了，常常好几个小时坐在那儿对着墙壁发呆。

埃及艳后则是因抑郁自杀而死的。当她的情人——罗马大帝凯撒的位置被安东尼取而代之后，她就投入了安东尼的怀抱。然而不久后，她就被屋大维囚禁了，她的美色并没有打动屋大维，反而遭到屋大维的百般凌辱。处于愤怒和抑郁中，她让侍女在装满无花果的篮子中放了一条小青蛇，当小青蛇咬向她时，她那颇具传奇性的生命结束了。

➕ 故事解读

愤怒情绪在很多情况下，是由难以理解的偏见所产生的。如果你能除去不健康的想法，代之以更符合实际的观念，就会学会自控，否则，就会完全被自己的臆想所左右。

排除不良情绪的6种方法

1. 能量排泄法

对不良情绪所产生的能量可用各种办法加以调整。例如，当生气和愤怒时，可以到空旷的地方去大喊几声，或者去参加一些重体力劳动，也可以进行比较剧烈的体育运动，跑几圈，扔几个铅球，把心理的能量变为体力上的能量释放出去，气也就顺些了。俄国大文豪屠格涅夫曾告诫人们：当你暴怒的时候，在开口前把舌头在嘴里转上十圈，怒气也就减了一半。有位百岁老人的经验是：一是把烦恼的事坚决丢开，不去想它；二是最好和孩子们一块玩一玩，他们的天真会给人带来快乐，消除烦恼；三是照一照镜子，看看自己暴怒的脸有多丑，不如笑笑，我笑，镜中也笑，苦中作它几回乐，怨恨、愁苦、恼怒也就没有了。

在过度痛苦和悲伤时，哭也不失为一种排解不良情绪的有效办法。哭也可以释放能量，调整机体平衡。在亲人和挚友面前痛哭，是一种真实感情的爆发，大哭一场，痛苦和悲伤的情绪就减少了许多，心情就会愉快多了。

流眼泪并非懦弱的表示。研究发现，情绪性的眼泪和其他的眼泪不同，它会产生一种有毒的生物化学物质，引起血压升高、心跳加快和消化不良，通过流泪，把这些物质排出体外，对身体自然有利。据观察，长期压抑、不流眼泪的人，患病要比常流泪的人多一倍。据调查，有85%的妇女和73%的男士说他们哭过以后，心里好受多了。该哭当哭，该笑当笑，但要把握好一个度，否则会走向反面。

2. 语言暗示法

语言是人类特有的高级心理活动，语言暗示对人的心理乃至行为都有着奇妙的作用。当不良情绪要爆发或感到心中十分压抑的时候，可以通过语言的暗示作用，来调整和放松心理上的紧张，使不良情绪得到缓解。当你将要发怒的时候，可以用语言来暗示自己："别做蠢事，发怒是无能的表现。发怒既伤自己，又伤别人，还于事无补。"通过自我提醒，就会使心情平静一些。达尔文说过："人要是发脾气就等于在人类进步的阶梯上倒退了一步。愤怒是以愚蠢开始，以后悔告终。"我国历史上的禁烟功臣林则徐脾气很大，他为了控制自己的怒气，在中堂挂了"制怒"二字的大条幅，以便随时提醒自己。

3. 环境调节法

大自然的景色，能使心脑宽广，身心愉悦，陶冶情操。到大自然中去走一走，对于调节人的心理活动有很好的效果。心绪不好或感到心理压力大、郁闷不乐时，千万不要把自己关在屋子里生闷气，暗自苦恼。而应该走出去，到环境优美、空气宜人的花园、郊外，甚至是农村的田园小路上走一走，舒缓心绪，消除烦恼。长期处于紧张工作状态的人，定期到大自然中去放松一下，对于保持身体健康，调解身心紧张大有益处。

4. 疏导法

人的情绪受到压抑时，应把心中的苦恼倾诉出来，如果长时间地强行压抑不良情绪，就会给人的身心健康带来伤害。特别是性格内向的人，光靠自我控制、自我调节还远远不够，可以找一个亲人、好友或可以信赖的人倾诉自己的苦恼，求得别人的帮助和指点。有些事情其实并不像当事者想得那么严重，然而一旦钻进牛角尖，就越急越生气，如果请旁观者指点一下，可能就会茅塞顿开。有些事对于你来说，是耿耿于怀，难以气平的，而别人却完全不了解，无法体会。即便是这样，你把苦恼倒出来后，也会感到舒服和轻松。这时别人即使不发表意见，仅是静静地听你说，也会使你得到很大的满足。别人的理解、关怀、同情和鼓励，更是心理上的极大安慰，尤其是遇到人生的不幸或严重的疾病时，更需要别人的开导和抚慰。

5. 自我激励法

自我激励是人们精神活动的动力之一，也是保持心理健康的一种方法：在遇到困难、挫折、打击、逆境、不幸而痛苦时，善于用坚定的信念、伟人的言行、生活中的榜样、生活的哲理来安慰自己，使自己产生同痛苦做斗争的勇气和力量。

6. 创造欢乐法

心绪不佳、烦恼苦闷的人，看周围一切都是黯淡的，看到高兴的事，也笑不起来。这时候如果想办法让他高兴起来、笑起来，一切烦恼就会丢到九霄云外了。笑不仅能去掉烦恼，而且可以调解情绪，促进身体健康。

实际
应用
5 *如何战胜内疚*

内疚的核心

抑郁的人的另一个困扰是：内疚。从认知观点来看，内疚是脑子里有了下列念头后，所产生的一种情绪：

——我做了不该做的事（或该做的事没有做）。

——我的行为未能达到我心中的标准。

——我的"不当行为"说明我不是个好人。

这种感觉自我很坏，或毫无价值的心理，是内疚的核心。有的人总是主动承担别人的责任，并且妄下结论，认为一切坏的结果都是自己的过失和无能所致。此种变形的自卑、内疚心理，来源于人格的变形和过分的责任感及义务感。如果没有这种心态，其不良行为或许只会导致一种健康的懊悔心情，而不是内疚——懊悔源自对自己不良行为的无偏见认知，与内疚不同，懊悔并不意味着你的不当行为带有不健康或不道德的性质。换言之，懊悔是针对行为而言，而内疚则是指对真实自我的怀疑。

如果除了内疚之外，你还觉得沮丧、消沉、焦虑，或许是对自己做出了下列假想中的判断：

——因为我的不良行为，所以我事事不如别人，没有任何价值。

——如果别人发现了我做的坏事，他们不会原谅我，而且会看不起我。

——我有随时受到报复或惩罚的危险。

你的想法所产生的感觉是否有害？这就要采用"认知曲解"的方法来辨别。如果你的心情（即错误的想法）与10个认知曲解的描述相符合，那么你就要采取适当的方法予以调整了。导致内疚的原因虽很多，但你的认知曲解在其中起到了怎样的消极作用呢？

一是曲解假设自己做了某件坏事，而事实的真相或许并非如此，你却还在过分自责、夸大其辞、扩大事端；

二是由于做了某件事，就把自己归类于坏人。也许你做错了，对他人也造成了伤害，但把自己看成是不可救药的坏人，就是不健全的心态了。

三是把不必要的责任往自己身上揽，而这些责任本不该由你负。比如，你向同事提出了一些中肯的意见，他却好像受到了伤害，你就一厢情愿地把他的不快乐归咎于自己，想想看，是不是没有必要？

特别提示：区分健康的懊悔与有偏差的内疚意识

1. 你是否有意识地做一些不应该做的"坏"事，或"不公平"的事？你是否一味地要求自己，希望自己十全十美？

2. 做出某种行为之后，你是否认定自己是个坏人？是否还有其他不健全的思想？如夸大其辞、小题大做，或以偏概全、自以为是？

3. 你做了"错"事之后，是否真的感到懊恼和忏悔？你痛苦的情绪反应是否要持续很长时间？

4. 你能否从错误中汲取教训？或只是愁眉不展，只求以毁灭性的方式来惩罚自己？

消除内疚感的行为训练

1. 制订每日烦恼思绪记录表。

我们在"如何消除怒气"一节中介绍过这个记录表，对内疚感的消除也极为有效。在"情况"一栏内记录使你感觉内疚的事情，再写下使你感觉难过的自责理由，最后改正这些偏差心态。

2. 放弃"我应该如何"的想法。

一是问自己："为什么我一定要那么做？谁规定的？"这个方法的重点，就是要使自己明确：你对自己要求过高了。

二是以其他的字眼来代替"应该"，如："我希望能……""如果能……就好"等。

3. 学习拒绝他人的过分要求。

不要因为拒绝了别人的要求而觉得不安，如果你认为应取悦所有的人，别人就会利用你的弱点来控制你，你也会背上沉重的负荷。

4. 不要把所有的责任往自己身上揽。

导致内疚最常见的原因，是觉得自己应该为他人的感觉及行为负责。正像你无法控制天气的变化，其实，你只需对自己负责就可以了。

💬 心理故事

一位女会计，常无端地怀疑丈夫有外遇，并为此陷入了抑郁之中，心理咨询医生发现，她的怀疑中带着深深的内疚。原来，她非常爱她的丈夫，可为了谋到会计的职位，就和她的经理发生了性关系。她只答应了他一次，经理再要求，便被她拒绝了，于是那个会计位置就被另一个女孩顶替了。她就这样被经理"骗"了，她感到吃了亏，上了当，受了骗，不能吭声，不能表露，不能报复，只能默认。

➕ 故事解读

女人不能出卖自己的贞操。在出卖贞操的丑恶交易中无论得到什么，都永远会感到内心真正的愧疚、懊悔、耻辱和罪恶，有些女人会得狂躁症和抑郁症。此外，要学会宽容自己的过失。人生难免有过失，从过失中得到的教益或许比从成功中得到的教益要大得多。

自卑篇
摒弃自卑的 64 个心理暗示

心理学上有一个著名的试验：在接受试验者的皮肤上贴一片湿纸，并告诉他这是一种特殊功效的纸，它能使皮肤局部发热，要求被贴纸的人用心感受那块皮肤的温度变化。十几分钟后，将纸片取下，试验者贴纸处的皮肤果然变红，并且摸上去发热。其实，那只是一张普通的湿纸，是心理暗示使皮肤局部的温度发生了变化。

"一切的成就，一切的财富，都始于一个意念。"自卑者总是在心理上进行消极的自我暗示，而积极心理暗示的真正魅力在于——帮你摒弃自卑、树立自信。

第 1 节
自卑，还是自信？

这是你自己的问题

自卑，就是自我评价过低，自己瞧不起自己，认为自己不如人的感觉，担心自己笨拙，对自己价值产生怀疑，实际上是一种人格上的缺陷，一种失去平衡的行为状态。自卑常以一种消极防御的形式表现出来，如嫉妒、猜疑、羞怯、孤僻、迁怒、自欺欺人、焦虑紧张、不安等。自卑使人变得十分敏感，经不起任何刺激。

● 真自卑，假自卑

当我们从心理学的角度去观察、剖析自卑时发现，自卑有"真"和"假"之分。

所谓"真自卑"是个体存在着不可克服的生理、病理缺陷，如先天或后天的伤病残、弱智等，使个体部分或完全丧失了学习、工作、生活能力。与常人相比，自己在各方面或某些方面不如他人而产生自卑心理。这种自我评估、自我认定，应该说是客观的、现实的。一个坐在轮椅上的人，他深知自己失去的是什么，他必须直面人生，自律自勉，用坚强的意志推动生命的车轮去创造新的生活，从自卑中升华自强，这就是一个健全人格表现出来的"真自卑"。

所谓"假自卑"是由于人格偏离或人格变态而产生的自卑心理。称其为"假自卑"是因为自卑者身上不存在"真自卑"者那样的病残缺陷。相反，"假自卑"者大多数智商中上，身体健康。以健全人格的观点来看，他们没有任何产生自卑的理由。

"假自卑"者没有自卑的"道理"，却有自卑的根源，那就是他们的自我认定错位。产生自我认定错位的源头是他们完美主义的人生观、价值观。他们的思维方法出了偏差，总习惯于拿别人的优势与自己的劣势相比较，比较的结果是使自己相形见绌，因而产生自卑。然而他们并不服气、不甘心，因为他们深知自己的智力水平不比别人差，这种"不服气，不认输"的心理正是"假自卑"者的关键特征。"假自卑"在强迫型变态人格中表现最多，完美主义的人生观使他们为达不到"全能"而痛苦，不甘落后而又无力摆脱。

"真自卑"者需要的是振奋精神，开发潜能，自强自立，直面人生；"假自卑"者必须克服完美主义，不苛求自己，树立"我就是我，这就是我"的自我定位。不应当笼统地褒扬自卑，更不应一概贬斥自卑。自卑可使人丧志，自卑也可使人奋进。

● 自卑的产生

心理学家告诉我们，人人都有自卑感，只是程度不同而已。

一般的所谓自卑感主要来自于孩提时代的成长环境，而最根本的原因则多半源自于父母的态度。

假如你的父亲盼望你的母亲生个男孩，而你却是个女孩，于是你父亲非常失望，哀声叹气，甚至埋怨、打骂你母亲，如果你父亲的这种失望与不满在你已懂事时还表现出来，这就会让你觉得自己是个不受欢迎的人。再如，你也许不如其他兄弟姐妹漂亮，或者不如他们聪明，因而得不到父母的宠爱，还常常成为家人责备、嘲弄的对象。这样一来，让人讨厌、低人一等的感觉就会深深地扎根在你的心底里。

除了家庭以外，周围的环境作用也不可低估。如果你的家庭是贫穷的，你吃得不如人，穿得不如人，受了欺侮还不敢声张，你幼小的心灵必然受到压抑。在学校里，如果你常常受到老师的批评排斥和同学们的讥讽，你很可能会既自卑又愤世嫉俗。

心理分析大师弗洛伊德认为，一个人童年时期的经历虽然会随着时光的流逝而逐渐淡忘，甚至在意识层中消失，但却会顽固地潜藏于潜意识中，对人的一生产生恒久的影响力。因此，童年经历过不幸或者在压抑环境中长大的人更容易产生自卑感。

一个人长大之后，自卑的形成还受到个人的生理状况、性格、思维方式、价值取向、能力、成就以及生活经历的影响。此外，同事与周围人的评价与印象也起着十分重要的作用。有位名人说过，谬误重复一百遍就变成了真理。一个谣言，第一个人跟你讲时，你会坚持反驳；第二个人跟你讲时，你会不听；第三个人跟你说时，你会将信将疑。而一两个人给你以某方面的消极评价时，你很可能会在内心里抵制，但如果很多人给你以同一消极评价时，你会无奈地认同，并将它当做你的自我评价。

● 自卑者的行为模式

一个内心感到自卑的人，必然会将自己的自卑感表现出来。只是不同的人有着不同的表现形式，很多情况下本人也一定能明显地意识到。著名的美国成功学大师拿破仑·希尔发现，人们自卑感的表现形式和行为模式大致有以下几种：

孤僻怯懦型

这类人由于深感自己处处不如别人，谨小慎微、畏首畏尾就成了他们的行为特点。他们对外界的陌生人，以及新环境有一种畏惧感和不安感，为了躲避这种畏惧感和不安感，他们会像蜗牛一样畏缩在自己的壳里，不参加社交活动，不参与任何竞争，不愿冒半点风险。纵使自己的权益受到侵犯，也听之任之、逆来顺受、不敢声张，或者在绝望与忧伤中过着离群索居的生活。

咄咄逼人型

自卑的人一般情况下是以被动的角色出现的，但有时却以盛气凌人的进攻形式表现出来，而这时恰恰是他自卑到极点的时候，再采取屈从于怯懦的方式已无法排解其自卑之苦，于是便转为好争好斗，表现为脾气暴躁、动辄发怒，即使是鸡毛蒜皮的小事，也要找借口挑衅闹事。

滑稽幽默型

自卑者也并非人人脸上都写着失意、消沉与怯懦，有时自卑恰是从相反的形式表现出来的。自卑者通过扮演滑稽幽默的角色，用笑声来掩盖自己内心的无助感。美国一位著名的女喜剧演员相貌丑陋，她为此而羞怯、孤独自卑，于是她常用笑声，尤其是开怀大笑来掩饰内心的自卑。

否认现实型

这类人不愿面对导致自卑的那些不愉快的现实，他们不愿意对自卑的根源进行思考清理，更没有勇气和信心去改变，于是便采取回避、否认现实的方式来摆脱自卑的痛苦，如借酒消愁就是这类行为的典型表现。

随波逐流型

这类人因为自卑，没有信心，不敢有独立的主张和与众不同的行为，因而尽量使自己与别人保持一致，跟在他人后面亦步亦趋。与别人同步同调，别人做什么自己就做什么，往往会产生一种安全感和踏实感。

在东方，还有一种普遍存在的自卑表现形式，那就是：

认命型

这类人也许多次努力过、拼搏过，但都失败了，或没有达到自己心中的目标，于是便产生了深深的挫折感，深深的挫折感又带来了自卑感，他们屡次失败之后，失去了再次奋斗、改变现实的信心和勇气，便将一切归结为命运。认为自己这辈子已经是命中注定的了，而命中注定的东西是人为改变不了的。这样，他们便可心安理得地隐藏起心中的自卑感，消极被动地接受命运的摆布。

人如果在某方面被社会所承认，那么其他方面也会跟着"沾光"，关键是要根据自己的性格、兴趣、能力、条件，找到这样的"发光点"。

心理故事

1951 年，英国人弗兰克林从自己拍得极为清晰的 DNA（脱氧核酸）的 X 射线衍射照片上，发现了 DNA 的螺旋结构，并就此举行了一次报告会。然而弗兰克林生性自卑多疑，不断怀疑自己论点的可靠性，于是放弃了自己先前的假说。可是就在两年之后，霍森和克里克也从照片上发现了 DNA 分子结构，提出了 DNA 的双螺旋结构的假说。这一假说的提出标志着生物时代的开端，因此获得 1962 年的诺贝尔医学奖。假如弗兰克林是个积极自信的人，坚信自己的假说，并继续进行深入研究，那么这一伟大的发现将永远记载在他的英名之下。

➕ **故事解读**

自卑通向失败，这是显而易见的。自卑这种消极的自我评价或自我意识，往往使人过低地评价自己的形象、能力和品质，总是拿自己的弱点和别人的长处比，觉得自己事事不如人，在人前自惭形秽，从而丧失自信，悲观失望，不思进取，甚至沉沦。

● **自卑者的境遇**

身　体

自卑不仅可使心情低落，还会有损健康。自卑可使人的大脑皮层长期处于抑制状态，而很少有良好和愉快的良性刺激体验，中枢神经系统处于麻木状态，体内各个器官的生理功能得不到积极的调动，内分泌系统也因此失去了常态，有害的激素随之分泌，免疫系统功能下降，抗病能力亦随之下降，从而使人体的生理过程发生改变，出现各种疾病，如头疼、乏力、焦虑、反映迟钝、记忆力减退、食欲不振、早生白发、面容憔悴、皮肤多皱、牙齿松动、性功能低下及衰退征兆。

心　理

自卑对人的心理发展有很大影响。心理学家认为，每个人都有先天的生理或心理欠缺，这就决定了每个人的潜意识中都有自卑感存在。但处理得好，会使自己超越自卑去寻求优越感，而处理不好就将演化成各种各样的心理障碍或心理疾病。另外，自卑容易消磨人的斗志，就像一把潮湿的火柴，再也燃不起兴奋的火花。而长期被自卑笼罩的人，不仅心理活动失去平衡，而且也会诱发生理失调和病变，最明显的是自卑对心血管系统和消化系统有不良影响。

自卑心理严重的人，并不一定是其本身具有某些缺陷与短处，而是不能悦纳自己，自惭形秽，常把自己放在低人一等的位置，不喜欢自己，轻视自己的人是不可能被他人喜欢的，由此会陷入不可自拔的痛苦境地。

自卑的人，情绪低落，郁郁寡欢，常因害怕别人看不起自己而不愿与人来往，只想与人疏远，他们缺少朋友，顾影自怜，甚至内疚、自责、自罪；自卑的人，缺乏自信，优柔寡断，毫无竞争意识，抓不住稍纵即逝的各种机会，享受不到成功的欢愉；自卑的人，常感疲劳，心灰意懒，注意力不集中，工作没有效率，缺少生活乐趣。

早　衰

人至暮年，生理功能减退，适应能力下降，身心出现一系列变化，这就叫衰老。然而有些人并非年老，身心状况却似老人一般，生理性衰退提早出现，这就是人们常说的早衰。早衰与衰老是两个完全不同的概念，早衰是与长寿相悖的异常状态。促发早衰的因素很多，其中一种长期隐匿于一些人心中的自卑感，就是加速这一病理进程的催化剂。

长期自卑的人，无论在生理表现，还是在心理表现上，都会比常人过早地出现衰老的征兆。也就是说，自卑这种不利于健康的有害心理，会使你在人生路上常走下坡路，加速自己衰老的进程。

每个人由于气质、文化素养等生活环境的不同，脾气、性格都不尽一致。但无论哪种人，自卑都是不正常的心理活动，应及时清除掉，否则将会泛滥成灾。

● 自卑者所需要的是——自信

对于任何自卑者来说，最为缺乏的是一种内在的自我价值感。自卑是个体感受到自我价值被贬低或否定的内心体验。这种贬低或否定可能来自于当事人自己，也可能来自于外界的评价，但更多的时候是两者兼而有之。很多人误以为要想克服自卑就应该提高自尊，但实际上，自卑的反义词并不是自尊而是自信，自卑者往往有着超出常人几倍的自尊需求，只不过他们的自尊心缺乏一个稳定的内核和坚固的外壳，因此一点点小事就可能使其受到巨大的伤害。比如自卑者不敢与女性交往或害怕社交，在这种情形下，不太可能让其通过主动接触异性、大胆与名人交往等对其自尊心构成严重威胁的事来达到加强其自尊心的目的。

可见，自卑者需要的不仅是调整对自我的认识角度，更需要的是通过不断地发展自我建立一种独特的人生优势。惟有在雄厚的生活实力之上建立起一种内在的自信，自卑者才不会因遭遇一些挫折、侮辱而轻易贬低、否定自己，也不会拿一些诸如"敢不敢和异性说话"之类的事情反复考验自己。

💬 心理故事

他刚刚驶入人生的航程，就遇到了挫折与不幸。他的母亲身体健壮、性格霸道，是一个难于给人以爱的女人。她结过三次婚，第二个丈夫因为经常遭她打骂而离开了她。这个故事中的这个孩子的父亲是她的第三个丈夫，他在孩子出世前几个月因心脏病突发而去世了。因此，母亲在孩子年幼时就不得不开始整日拼命地工作。

他在童年时，从来没有体会过母爱的温暖，母亲从没管教和要求过他。母亲禁止他在她上班时给她打电话，其他的孩子也很少与他交往，因此，他习惯于独来独往。他从小就不被人们所接受，这使他成了一个丑陋、贫穷、缺乏教养和令人生厌的孩子。在他13岁的时候，一个心理学家给他下了一个评语，说他可能根本不理解"爱"字的含义。长大以后，他经常与别的男孩打架，女孩子也不愿意理睬他。

尽管他的智商并不低，但学习成绩却很差，在中学三年级时不得不退了学。他想到海军陆战队也许有他的用武之地，就投奔到了那里。可是据说他的目的只是为了把身体锻炼得结实一些。但在那里，他的命运依然没有改变，任何人都能嘲弄他、取笑他。他反唇相讥，捍卫自己的尊严，却受到了军法审判，最后被不光彩地被赶出了海军陆战队。这就是他——一个20多岁的青年——没有朋友、前途黯淡。他身材瘦小，并且开始秃顶，说话声音刺耳。他没有任何才能、没有任何一技之长，自我评价甚低。他甚至得不到驾驶执照。

他再次振作精神想要摆脱困境，便去国外生活。但在那里，他仍不能被人接受，一切如故。后来他与一个私生女结了婚，并和她一同回到美国。

但不久之后，他的妻子与其他人一样开始轻视他。她为他生了两个孩子，但他却从未得到过作为父亲应有的地位和尊重。他们的婚姻渐渐破裂，他无法满足妻子日益增多的非分要求。她不仅没有成为他反抗这个痛苦世界的伴侣，反而成为他最恶毒的对手。她总是在争吵中占上风，甚至还学会了欺侮他。有一次，她竟将他锁在浴室里以示惩罚。终于有一天，她把他赶出家门。

他想独自一人生活，却感到极为孤单。在熬过了几个孤独日子之后，他回到了家，诚心诚意地恳求妻子收容他。他放弃了所有的自尊，他屈服了，甘愿忍受羞辱，完全按照妻子的意志行事。他收入甚微，却要每月交给妻子 78 美元，任她随意花销。但是，妻子仍同过去一样讥笑他，讽刺他没有能力挣钱养家，甚至当着一个朋友的面嘲笑他性无能。那一晚，他痛苦到了极点，他跪在地上痛哭失声，噩梦般的黑暗紧紧包围着他。

最后他沉默了，不再恳求。这个世界上没有一个人需要他，从来就没有。他被这个世界彻底抛弃了，他的自我已经完全毁灭。

第二天，他完全变了一个人。他走进车库，取出早已藏好的一支来福枪，来到他新近工作的一间书库。那一天是 1963 年 11 月 22 日。下午后不久，他从那幢建筑物的六层楼窗口，将两颗子弹射入了约翰·肯尼迪总统的头部。

这个被社会抛弃的、令人生厌的失败者李·哈维·奥斯瓦尔德杀害了一位在这个世界上取得了巨大成功、拥有美誉、财富和幸福家庭的人，他所拥有的一切正是奥斯瓦尔德所没有的。这个可怜的人运用了他痛苦悲惨一生中所学到的有限的知识，扣动了扳机。

➕ 故事解读

奥斯瓦尔德悲剧般的人生并不能作为他暴力行为的借口，但是，理解他内心的痛苦与混乱，可以使我们看到，他不仅是一个可恶的刽子手，而且是一个可怜、潦倒的人。从他寂寞无助的童年到电视播放他被处死的那一瞬间，他生活中的每时每刻都被自卑感所困扰和折磨。最后，他的悲伤化为仇恨。

● 自测：你的心理自卑度

回答下列问题，"是"计 1 分，"否"计 0 分。

1. 你是否对别人对你的看法感到担忧？ （　）
2. 假如走进商店逛一圈后却不买东西，你会感到不好意思吗？（　）
3. 你是否总是尽量不做使别人感到不安的事情？ （　）
4. 假若有人偶然地看见你赤裸着身体，你会感到羞耻与不安吗？

（　）

5. 星期天早晨你是否不愿躺在床上睡懒觉？ （　）
6. 你觉得自己内心总是本能地拒绝与外界的接触吗？ （　）
7. 你是否会违心地给你并不太喜欢的人赠送贺卡或生日礼物？ （　）
8. 你是否会依据别人的好恶来选购自己的服装？ （　）
9. 假如你使别人难堪，会不会感到内心不安？ （　）
10. 你是不是常常花很多时间去做自己并不喜欢做的事？ （　）
11. 如果你明知其实并非是你的过错时，你会不会仍然向别人道歉？

（　）

12. 你认为自己使父母失望了吗？ （　）
13. 你是否犯过不可原谅、无可弥补的过失？ （　）
14. 你经常觉得自己的表现不如别人吗？ （　）
15. 当你做错事之后，很久都不能忘记吗？ （　）
16. 当和别人闹了别扭后，你通常会责怪自己吗？ （　）
17. 你是否有终生的憾事？ （　）
18. 你是否愿为自己的过失而受任何惩罚？ （　）
19. 你是否有时会对别人的恋情感到嫉妒？ （　）
20. 你是否有时会对自己的性冲动感到厌恶？ （　）
21. 你听到色情故事时，是否会感到羞耻？ （　）
22. 你是否经常祈祷上天降福保佑你？ （　）
23. 你的老师或上司对你的学习成绩或工作业绩感到失望吗？ （　）
24. 你是否经常回忆并检讨自己过去曾有的错误或不良行为？ （　）
25. 你觉得和周围的人相比，你显得微不足道吗？ （　）

26. 你是否曾受到良心的谴责？ （　　）

27. 你是否认为失败总是跟随着你，你总是碰不上好运气？ （　　）

28. 你是否曾有过难以原谅的不良习惯？ （　　）

29. 你是否认为自己所得到的爱与感情，比自己应该得到的要少得多？

（　　）

30. 你是否经常花时间回想过去？ （　　）

你的总分：（　　）分

测试结果分析

15～30 分：你常常愧疚、自责与自卑，并往往将自己的感情世界封闭起来，还习惯于不切实际地否定自己，夸大自己的过失与弱点。试一试，将自己看成一位成功者，消除内心深处的无能感与内疚感。积极的自我评价能免除很多身心疾病。当然，对自身的缺点亦应正视，但别让思想走极端，因为如果把自己的价值和某一种事的成与败划上等号，那便会无形中增添心理压力。

8～14 分：基本上你是有自信的，但过失感在你的生活中扮演着重要角色。其实，自卑心理人人都有，只不过程度不一样，自省程度亦不同罢了。心理学家阿德勒提出过"因自卑而追求卓越，扬长补短进行代偿"的理论。有自卑心理并不可怕，关键是怎样看待它，又如何将之转化为财富。所以，清醒而客观、全面地看待自己，别忘了经常鼓励、嘉奖自己。

7 分以下：你全身上下充满了自信。自信是你生命中的阳光，让自卑在你的心中无处隐藏。

第2节
心理暗示：走向自信的通行证

——发生火灾时，你也赶去凑热闹，这个时候，你就是那些有共同目标的群众之一，你会受到这些群众的影响做出一些平时不敢做的事，你会发现自己正大声喊叫，跟着别人盲目地乱跑而且情绪激动。

——我们常不自觉地买下电视广告所介绍的商品，这就是我们每天被迫重复地观看那些广告的结果，广告不断地暗示我们，影响我们的判断力，因此，不知不觉地就相信它了。

——有一个实验。在20个人面前，拿出一个有瓦斯标记的小筒说："这个筒内，装着具有酸味的瓦斯，我现在打开它的开关，闻到瓦斯味的人，请举手。"结果，所有的人都把手举起来，而且异口同声地说，闻到了瓦斯的气味，其实，筒内只装了无色、无臭的空气而已。

——将面粉交给病人服用，告诉他这是药粉，病人的头痛也会痊愈。

——你对你的朋友说："你的脸色好苍白啊！"于是他本来不算苍白的脸，就立刻变得像一张白纸。也有些人只听到医生漫不经心的一句话，就疑神疑鬼起来，本来没有什么大病，也给逼出来了。

以上所述的所有现象，都是"暗示"的效果。"暗示"在日常生活中，与我们有着很密切的关系。"自我暗示法"就是成功的心理学，一种增加自信消除自卑的精神调养法。

● 由一个小品看心理暗示的效果

众所周知的小品《卖拐》令人捧腹不已，从心理学的角度而言，它妙趣横生地说明了心理暗示的威力。《卖拐》是一个消极暗示的典型，在消极暗示的影响下，受暗示者多自卑、缺乏主见、人云亦云、听风是雨、盲目崇拜。如小品中的卖拐者以行家里手自居，说一些貌似科学术语的话，极具欺骗性。买者说自己"脸有点大"，言外之意是说自己的腿没有问题。卖者则说："那是腿部神经末梢坏死，把脸憋大了。""神经末梢坏死"可不是小事，放在谁身上心里也得"咯噔"一下。买者说，自己左腿没有毛病，只是小时候右腿摔过。卖者便说"那是转移了"。"转移了"这三个字是癌症晚期常出现的字眼，很有煽动性。让买者把腿跺麻之后走一圈儿，那种不适感让买者对自己的腿有病深信不疑了。人对自己的健康是很珍视的，因而也容易疑神疑鬼，过分敏感，本来没问题的部位，在心理暗示的作用下，就产生了错觉，出现了"杯弓蛇影"的心理暗示效应，进而产生了急切求治的心理。怎么治呢？卖者说出了他的"经验"之谈："架着拐，走一段时间就会好。"卖者不失时机地把拐杖拿出来进行推销，买者听说自己的腿有办法治，自然喜出望外。于是，一出骗局也就此宣告成功。

早在 70 多年前，美国哈佛大学在霍桑工厂进行过一项关于劳动环境对生产影响的研究，结果表明，受心理暗示的鼓励，参加实验的工人可以提高生产效率。这一名为"霍桑效应"的心理规律被应用于医学领域，医生用一些毫无作用的"安慰剂"治疗病人很有效。专家甚至发现"安慰剂"的有效率平均可达 30%，也就是说，三分之一的人容易接受暗示或者自我暗示，通过人体的代偿能力和自我调节能力，使病情有一定好转。

所谓"心理暗示"，即是指通过语言动作，以一种含蓄的方式，对他人（或自己）的认知、情感、意志以及行为产生影响的心理活动过程。它与其他心理活动最重要的区别是一个"暗"字。暗示是指旁敲侧击、声东击西、拐弯抹角、意在言外。施加暗示影响的人，有的是有意识的，有的是无意识的；而受暗示影响的人，其心态改变过程一般是无意识的。

● 心理暗示与心理疗法

"望梅止渴"的故事说的是成百上千疲惫不堪的士兵，听到前面有一片梅林，即口中生津，焦渴缓解，这就是语言暗示产生的生理反应。每个人的心理特点与神经类型是不同的，对暗示的感受程度和结果也就不相同。人从气质上来分，有胆汁质、神经质、多血质和黏液质四种，大多数人又同时具备这四种气质类型中的几种。胆汁质型的人最容易接受心理暗示，而黏液质型的人对心理暗示的反应较慢。大多数女性比男性容易接受心理暗示，老年人和儿童比青年人容易接受心理暗示。出人意料的是，一个人的智力水平与文化程度，在能否接受语言暗示方面，并无决定性的作用。

暗示，作为一种心理疗法，有科学的基础和功效，对一些心因性疾病有一定的疗效，如口吃、厌食、哮喘、高血压、心动过速、神经性头痛、植物神经功能紊乱和更年期综合征等。积极正确的暗示疗法，通过调节人的神经内分泌，可以促进脑中有益的激素分泌，增强人的身体健康。而恶性的心理暗示，不仅不能医治疾病，反而会使受暗示者产生心理障碍，严重的会出现幻听、幻觉和幻视。在生活中，我们要多运用积极、恰当的心理暗示，使人的生理功能发生良性改变，让疾病症状消失，达到强身健体的目的。

"暗示"具有非常大的效果，即使是在自我暗示的情况下也是如此。其实在日常生活中，我们的内心已不断地受到自己或他人各种暗示的影响，有时喜悦，有时郁闷，换句话说，暗示有正、反两面，影响的方向也因而不同，如果受到反面的暗示大些，我们便会感到自卑和烦恼，为了不存在的事物惶恐不安。甚至有些自我暗示的效果，还大于他人的暗示，因为自我暗示最大的优点，就是可以随时随地自由发挥，这是他人的暗示所无法做到的。

● **自卑者的消极心理暗示**

自卑心理主要来源于心理上的自我消极暗示，表现为：

1. **现实交往受挫产生消极反应的结果**。一些年轻人在初入社会时常可能遇到不能克服的障碍，导致交往受挫。如，自己的良好表现没得到应有的重视或预期的反应，有自卑倾向的人对此会难以忍受，因此而灰心丧气、意志消沉。这种不良后果会产生消极的自我暗示，使得自卑心理趋于严重。

2. **生理上的某些不足引起消极的自我暗示**。由于先天或后天的原因，有些人因个子矮小、过胖、五官不正、身体有残疾、缺陷等，怀疑或担心自己被他人耻笑而引起自卑，表现为离群索居、不敢主动交往或不肯接受他人的友谊等。

3. 对自己智力估计过低带来的消极暗示。有些人自认为没有什么出色之处，因而过低地估计自己的智能水平，甚至认为自己一无是处。在交往中过于拘谨，放不开手脚，总担心自己成为他人的笑料。

4. 对自身心理的不当评价带来的消极自我暗示。自卑者大多数对自己的性格、气质等心理特点有一些了解。但对自身存在的不足往往过分夸大，表现出对这些弱点无能为力。

● 积极的心理暗示

就自我而言，心理上的积极暗示也是非常重要的，它能帮助自己走出困境。

成功学的代表人物卡耐基认为他所学到的最重要一课是：思想的重要性。只要知道你在想些什么，就知道你是怎样的一个人，因为每个人的特性，都是由思想形成的。我们的命运，完全决定于我们的心理状态。正如爱默生所说："一个人就是他整天所想的那些。"

人们所必须面对的最大问题——事实上也是我们需要应付的惟一问题——就是如何选择正确的思想。如果我们能做到这一点，就可以解决所有的问题。

不错，如果你想的都是快乐的事情，你就能快乐；如果你想的都是悲伤的事情，你就会悲伤；如果你想到一些可怕的场面，你就会充满恐惧；如果你想的是不好的念头，你恐怕就不会安心了；如果你想的净是失败，你就会失败；如果你一味地沉浸在自怜里，大家都会有意躲开你。

那么，是不是暗示对于所有的困难，我们都应该用习惯性的乐天态度去对待呢？不是的。生命不会这么单纯，不过我们应选择正面的态度，而不要采取消极的态度。换句话说，我们必须关切自身的问题，但是不能忧虑。关切和忧虑之间的区别是什么呢？关切的意思就是要了解问题在哪里，然后很镇定地采取各种步骤去加以解决，而忧虑却是发疯似地在小圈子里打转。

卡耐基认为，自我暗示这个名词，适用于通过人的五官进入个人意识中的所有暗示与所有自治式的刺激。也就是一个人用语言或其他方式对自己的知觉、思维、想像、情感、意志等方面的心理状态产生某种刺激影响的过程。自我暗示就是自动暗示，它是人的心理活动中意识思想的发生部分与潜意识的行动部分之间的沟通媒介。它是一种启示、提醒和指令，它会告诉你注意什么、追求什么、致力于什么和怎样行动，因而它能支配影响你的行为。这是每个人都拥有的一个看不见的法宝。

💬 心理故事

这是卡耐基讲述的一段发生在美国内战期间的奇特的故事，它说明了思想的魔力。

基督教信仰疗法的创始人艾迪当时认为生命中只有疾病、愁苦和不幸。她的前任丈夫在婚后不久就去世了，第二任丈夫又抛弃了她。她只有一个儿子，却由于贫病交加，不得不在他 4 岁那年就把他送走了。她不知道儿子的下落，以后的 31 年里，她没有再见到他。

她一直对所谓的"信心治疗法"极感兴趣。可是她生命中戏剧化的转折点，却发生在麻省的理安市。一个很冷的日子，她在城里走着时，突然滑倒了，摔倒在结冰的路面上，而且昏了过去。她的脊椎受到了伤害，使她不停地痉挛，医生甚至认为她活不了多久了。医生还说，即使奇迹出现而使她活下来的话，她也绝对无法再行走了。

躺在一张看起来像是送终的床上，艾迪打开《圣经》。她后来说，她读到马太福音里的句子："有人用担架抬着一个瘫子到耶稣跟前来，耶稣……对瘫子说，放心吧，你的罪赦了……起来，拿着你的褥子回家去吧。那人就站起来，回家去了。"

她后来说，耶稣的这几句话使她产生了一种欲望，一种信仰，一种能够医治她的力量，使她"立刻下了床，开始行走。""这种经验，"艾迪说，"就像引发牛顿灵感的那个苹果一样，使我发现自己怎样地好了起来，以及怎样地也能使别人做到这一点……我可以很有信心地说：一切的原因就在你的思想，而一切的影响力都是心理现象。"

➕ 故事解读

男人和女人都能够消除忧虑、恐惧和很多种疾病，只要改变自己的想法，就能改变自己的生活。

不同心态，不同结果

信心与意志是一种心理状态，是一种可以用自我暗示诱导和修炼出来的积极的心理状态。成功始于觉醒，心态决定命运。成功心理、积极心态的核心就是自信主动意识，或者称为积极的自我意识，而自信意识的来源和成果就是经常在心理上进行积极的自我暗示。反之，消极心态、自卑意识，就是经常在心理上进行消极的自我暗示。就是说，不同的意识与心态会有不同的心理暗示，而不同的心理暗示也是形成不同意识与心态的根源。所谓心态决定命运，正是以心理暗示决定行为这个事实为依据的。

例如，你本来约好星期天和朋友出去玩，可是早晨起来往窗外一看，下雨了。这时候，你怎么想？你也许想：糟糕！下雨天，哪儿也去不成了，闷在家里真没劲……但假如你换个角度想：下雨了，也好，今天可以在家里好好读读书，听听音乐……

这两种不同的心理暗示，就会给你带来两种不同的情绪和行为。

我们多数人的生活境遇，既不是一无所有，一切糟糕；也不是什么都好，事事如意。这种一般的境遇相当于"半杯咖啡"，你面对着半杯咖啡，心里会产生什么念头呢？消极的自我暗示是为少了半杯而不高兴，情绪消沉；而积极的自我暗示是庆幸自己已经获得了半杯咖啡，那就好好享用，因而情绪振作，行动积极。

由此可见，心理暗示这个法宝有积极的一面和消极的一面，不同的心理暗示必然会有不同的选择与行为，而不同的选择与行为必然会有不同的结果。有人说：一切的成就，一切的财富，都始于一个意念。我们还可以再说得浅显全面一些：你习惯于在心理上进行什么样的自我暗示，就是你贫与富、成与败的根本原因。因而，摒弃自卑，走向成功的通行证就是：坚持在心理上进行积极而自信的自我暗示，去做那些你想做而又怕做的事情，变自卑为自信！它会让你鼓起信心和勇气，抓住机遇，采取行动，去获得财富、成就、健康和幸福。

人与人之间本来只有很小的差异，但这很小的差异却往往造成了巨大的不同。它决定了人的一生是成功、幸福，还是平庸、不幸。而原本很小的差异就是凡事所采取的心理暗示不同。所以说，两种不同的心理暗示必然会产生两种不同的结果。

💬 心理故事

一个孩子，家境贫寒，生活窘迫，不得不经常拾煤块，拣破烂，因而有些同学看不起他。放学以后，常有三个爱欺负人的孩子袭击他，以此取乐。他每次受到惊吓或是挨了打骂，只有流着泪回家，感到恐惧和自卑。后来，他读了一本叫《罗伯特的奋斗》的书，内心受到启发和鼓舞。他在心理上进行了积极的自我暗示，决心与之战斗，打败对方。这天放学的路上，他又遇到那三个恃强凌弱的孩子，他们一起喊叫着冲向他。他这次没有逃跑，更没有害怕求饶，而是挺身迎战，一鼓作气和他们拼打。这是一场恶战，他打倒了一个，另一个见势不妙逃跑了，领头的那个也只好退却了。从此，那三个孩子再也不敢欺负他。

➕ 故事解读

实际上，他不比几个月前强壮多少，攻击他的三个孩子也没有变得虚弱，只是他的心理上的自我暗示不同了。他改变了自己的心态，也就改变了自己的命运。

● 让"自信"心理暗示伴你一生

撒下成功的种子

自我暗示法对于恢复信心无疑起到巨大的作用。当衡量自己是否具有信心时，要先了解两件事：一是自信绝非是固定不变的，人们会因为时间与地点的不同，有时会非常自信，有时却毫无信心；二是自信与不安是指当事人的感觉，是以一个"主观的意念"为出发点，而不是客观的。

自我暗示的巨大魔力还需要通过经常地长期运用，形成一种意识，才会充分地显示出来。具有自信主动意识的人会长期进行积极的自我暗示，而具有自卑被动意识的人却总是使用消极的自我暗示。可以说，经常进行积极暗示的人在每一个困难和问题面前看到的都是机会和希望；而经常进行消极暗示的人在每一个希望和机会面前看到的都是问题和困难。正是这种由成千上万次的心理暗示所形成的意识决定了一个人有无发展，能否成功。

积极的心理暗示要经常进行，长期坚持，这就意味着积极的自我暗示能自动进入潜意识，左右自己的思维，只有潜意识改变了，才会成为习惯。潜意识就像一块肥沃的土地，如果不在上面播下成功意识的良种，就会野草丛生，一片荒芜。自我暗示就是播撒什么样的种子的控制媒介，一个人可以通过积极的心理暗示，自动地把成功的种子和创造性的思想植入潜意识的大片沃土。相反，也可以种下消极的种子或破坏性的思想，而使潜意识这块肥沃的土地长满荒草。

坚持心理上积极的自我暗示，对于从自卑走向自信是非常重要的。

第一，通过心理暗示的作用，把树立自信、保持积极心态变成了可以具体操作的方式和手段。

第二，心理暗示是人的自我意识中"有意识"和"潜意识"之间的沟通媒介。人的思想行为不可能一切都要有意识地选择和控制，通过经常持久的积极暗示，让自信融入潜意识中，心理暗示才能具有巨大的魔力。

第三，由于心理暗示的内容是具体的、实际的，所以坚持积极的自我意识也就必然要确立自己的目标，即把自信的积极心理暗示作为一种模式或蓝图，支配你的生活和工作。

第四，通过心理暗示这个具体实际、可以操作的环节，能使树立自信心这个看似复杂的问题，化为简单明确而又坚定不移的意志与行动。正因为心理暗示能够直接支配影响你的行动，所以，你的成功往往始于一念之间。

这就是恢复自信的基础，也就是说，想要恢复自信心，只要尽量采用正面的自我暗示就可以了。

拿破仑·希尔关于自信的积极心理暗示法则

1. "反正"与"毕竟"是丧失斗志的忌语；
2. 使用肯定语气表达思想；
3. 利用联想游戏忘掉讨厌的事情；
4. 凡事要做最坏的打算；
5. 想一想"天无绝人之路"；

6. 把时间限制用语从脑海中消除；

7. 用粗鲁的语言为自己壮胆；

8. 不知自己能否成功时，先在别人面前宣扬自己的目标；

9. 怯场时不妨道出自己的感受；

10. 不顺利时可以自言自语；

11. 借写信消除烦恼。

心理故事

心理学家从一班大学生中挑出一个最愚笨、最不招人喜爱的姑娘，并要求她的同学们改变以往对她的看法。在一个风和日丽的日子里，大家都争先恐后地照顾这位姑娘，向她献殷勤，送她回家，大家以假作真地打心里认定她是位漂亮聪慧的姑娘。结果怎样呢？不到一年，这位姑娘出落得越发漂亮，连她的举止也跟以前判若两人。她聪明地对人们说：她获得了新生。确实，她并没有变成另一个人——然而在她的身上却展现出每一个人都蕴藏着的美，这种美只有在自己相信自己，周围的所有人也都相信她、爱护她的时候才会展现出来。

故事解读

许多人以为，信心的有无是天生的、不变的，其实并非如此。如果我们想进行自我改造，就应首先改变对自己的看法。

第 3 节
摒弃自卑的 64 个心理暗示

● **树立自信的心理暗示的 5 个要点**

简洁：默念的句子要简短有力；

积极：用肯定语气正面表达；

信念：要有可行性；

想像：在脑海里呈现清晰的图像；

感情：要有快乐而健康的感受。

暗示 1

我使用肯定句

你生活中是否存在这么一些事情？尽管你做了最大的努力，似乎也总是无法使其发生改变？你对此感到困惑或沮丧，并充满自卑。有一条有效的解决方法——使用肯定句，用肯定的语句改变观念，用明确的语气肯定我们希望要做的事情，并以此来替代早已存在于我们大脑中的自卑观念，你要做的就是：用肯定句来赞美自己。

自卑本身就是消极的自我暗示，累积消极的自我暗示会使人产生自我卑视。做事之前就对自己说"我不行"、"我没什么用"、"我不会干"，结果就真的干不好，这种消极的暗示导致不必要的精神紧张和精神负担，使自己的情绪充满失败感。做事情就束手束脚、畏首畏尾，主动性、创造性受到压抑，自然就妨碍了成功。因此，要勇敢地暗示自己："我能行"、"别人能干的事，我也能干"、"有志者事竟成"、"事在人为"等，会增加自己战胜困难与挫折的力量，自卑也就会逐渐被丢在脑后。要避免使用否定自己的语言，打开积极进取、乐观自信的思维大门。

回顾一下自己的生活，确认你在哪些方面是自卑的，拿起笔来，在纸上写一句改变自我的肯定句。仔细想想，什么样的肯定句会打动你。不要加上任何限制，用肯定的语气念一遍，并确认这句话没有损害他人的利益。

如美国影片《出水芙蓉》中，女校长告诉学生们，女人每天要对自己说："我有个秘密，我长得多美，人人都爱我。"并且要说得自己深信不疑，这就是肯定式语言的力量。用肯定句或否定句来描写同一件事物，其效果往往有天壤之别。

暗示 2　我了解自己，并能正确地评价自己

每个人都有自己的长处与短处，既比上，又比下；既比优点，也比缺点。跟下比，看到自身的价值；跟上比，鞭策自己求进步。这样，就会得出"比上不足，比下有余"的结论。世上任何人都逃脱不了这个公式，人贵有自知之明。所谓自知之明，不仅表现在能如实地看到自己的不足，也表现在能恰如其分地看到自己的长处，切不可因自己的某些不足而看不到自己的过人之处，这才是正确的比较方法。明白了这一点，心理也就取得了平衡点。看到长处是为了培养自信，但也必须承认自己身上存在的短处，如生理缺陷、环境的不利、知识的不足、经验的欠缺等。

自卑者首先要善于发现自己的长处，肯定自己的成绩，并且让优点进一步放大。一个人只有客观地评价自己和他人，与他人进行正确的社会比较，才有助于肯定自己，提高自我期望值，才可能克服自卑感。你不妨将自己的兴趣、嗜好、能力和特长全部列出来，哪怕是很细微的东西也不要忽略，你会发现你有很多优点。同时，对自己的弱项和遭到的失败持理智态度，既不自欺欺人，又不看得过于严重，而是以积极态度应对现实，自卑便失去了温床。

马克思曾经说过："伟人之所以高不可攀，那是因为你还跪着。"事实也正是如此，只要你勇于实践，你就会发现，别人能够做到的，你经过努力一定也能够做到。

暗示
3　　**我是有价值的，我不比任何人差**

　　自卑是一种自认为不如人的感觉，这就意味着它是一种"自认"的"感觉"。这种感觉往往是我们拿自己的短处与别人的长处相比较而产生的。事实上，地球上每一个人，从某个特定的方面来看，都有不如别人的地方。自卑感的产生来自我们对事实的结论和对经验的评价，而不是来自事实或经验。例如：你是个举重不行的人，但这并不等于说你就是个"不行的人"，张三的举重非常出色，但他没有办法替你搞互联网技术，但这同样不意味着他是"不行的人"。

　　自卑感之所以会影响我们的生活，是由于我们有"自己不如别人"的感觉，不如人的感觉则产生于我们不用自己的尺度来判断自己，而是用某些人的标准来衡量自己。这个愚昧推理过程的逻辑是：我们应该以某些人为标准来向他看齐——觉得不如人——觉得焦虑——我们本身有毛病——我们没有价值——我们不配得到成功与快乐。那么试问：

　　——"自己不如别人"，这个"别人"是谁呢？

　　——以哪个人为标准呢？

　　——有没有一个通用的"别人"的标准呢？

　　——为什么（凭什么）我们应该以别人为标准呢？为什么我们应该"像其他每一个人"呢？

　　实际上，并没有"其他每一个人"的通用的标准，就算有，也不过是某一个人或某一些人的主观想法。你不必与别人比较高低，因为地球上没有一个人是和你一样的，你是独一无二的。要超越自卑，就不要拿别人的标准来衡量自己，你不是那个人，也永远无法用那个人的标准来要求自己。只有相信自己具有独特性，才可以找到内心的安全感，才可以轻易地实现自己的价值。

　　就算是真的在某方面（甚至是自己的长处和自以为得意的方面）不如别人，那也不必自卑，以至怀疑自己的价值。别人之所以比我们优秀，或者是由于我们无法决定的原因（如遗传、机遇等），或者是我们可以决定、可以改变的原因（如主观努力，正确的方法等），对于前者，我们不必自卑，因为那是我们无法控制的；对于后者，我们亦不该自卑，因为我们也可以做到。所以，有句话说得好："我们应该努力去改变自己能够改变的，接受我们不能改变的，并努力寻求知识，以了解它们的区别。"

我不能总盯着自己的劣势不放，要学会转移注意力

不要老关注自己的弱项和失败，而应将注意力和精力转移到自己最感兴趣、也最擅长的事情上去，全神贯注于自己喜欢的事物。心理学家认为：人的思考可以创造情绪。如果你满脑子被负面的愤怒、自卑、怨恨、沮丧所占据，就容易陷入消极悲观的泥沼中，所以当遇到压力、情绪低潮时，就应立刻转移到其他可以让自己全心投入的事情上，并且给自己注入一些积极性的思考，不要在意自己会遭遇到什么，事后也不必自责。转移注意力会使你获得乐趣与成就感，强化你的自信，驱散你自卑的阴影，缓解心理压力和紧张情绪。

💬 心理故事

两个和尚同行前往另一座寺庙，途中遇到一条河。河水浑浊，咆哮不止。河边站着一位姑娘，害怕被汹涌的河水卷走，正望河兴叹，不敢迈足。其中一位和尚一语未发，直走到姑娘身边，弯腰抱起她，扛在肩上，涉水过了河。放下姑娘后，与她道别，然后继续赶路。与他同行的和尚紧紧相随，却缄口不语。然而，过了一会儿，他终于按捺不住，突然问道："我们出家人连看都不该看一眼女性，你怎么能抱起她而且还把她扛在肩上呢？"

"啊，"第一个和尚说："你为这个担心呢！我一过河就把她放下了，你怎么还抱着她呢？"

➕ 故事解读

这个故事生动地说明了我们在烦恼（自卑、不快、对立、愤怒、羞愧等情绪）结束后还没能马上把它们抛到脑后，相反，却紧紧抱住不放（有时甚至以此为乐），使这些情绪占据我们的思想，不管我们下一步应该做什么。

暗示 5

我重视自己的优点，利用自己的缺点

当你因"我有许多缺点"而产生自卑感时，不妨采用以下方法，那就是"重复自己的优点"。

这个方法很简单，例如：想要追女朋友的人，不妨一再称赞她自认为最有魅力的部分，便不难打动她的芳心，本来非常微小的优点，受到重复"量"的刺激之后，这个优点就会在内心扩大至重要的地位。

重复某一个人的优点，会使自己以为全身都充满了优点，而忽略了缺点，如果你认为自己"内向、消极，但是性情温和"，只要重复告诉自己："我的性情温和"，便能产生信心了。

每个人都有缺点，但正如爱默生所说："没有任何人有无法利用的优点"，的确，大部分人的缺点是和优点密不可分的，所以，不去勉强自己改正缺点，而是善于利用缺点的人，才是聪明的。

如果你为了自身的缺点而烦恼，就想办法去利用它，也许你会发觉这些缺点，其实是个了不起的优点呢！

💬 心理故事

一位隐士计划在大河上搭建一座桥，他请所有的动物来帮忙。

大象用它有力的鼻子把巨石推进海里，犀牛把沙土顶到海中，猩猩把木头拉到海里去，所有的动物都尽力为造桥贡献自己的力量。

小松鼠在一旁看着大工程的进行，觉得自己实在太渺小，没有办法和它们一起工作。于是它想出一个好方法，它在尘土中翻滚，让全身沾满泥土，然后快速跑向河边，把身上的泥土抖进水中，松鼠一次又一次重复着这样做。

这一切隐士都看见了，就夸奖它说："只要有心，即使一只小小的松鼠也能有所成就。"

➕ 故事解读

你自以为不如人而希望改变的地方，或许正是一种最好的特点，假如你能正当利用的话。无论是利用或克服一种缺点，我们都应该承认其存在。你的缺憾如果能够引起别人的喜欢，别人便会因你有这种缺憾而更喜欢你。

我总是感到自卑，我必须对此进行细致的心理分析

这种方法可在心理医生的帮助下进行。具体做法就是通过自由联想和对早期经历的回忆，找出导致自卑心态的深层原因。你将明白：自卑情结是因为某些早期经历而形成的，并深入了你的潜意识，一直影响着你的心态，而实际上目前的自卑感是建立在虚幻的基础上的，是完全没有必要的。这样可以从根本上瓦解自卑感。

我做了很多令自己得意的事，我要多想想那些成功的时刻

在心理学中有一种"高原现象"，意思就是指工作进行到某一程度，而无法继续下去时所呈现出的一种水平状态，即一个停滞期，这种现象可说是进行下一步工作的准备阶段，所以不必悲观，低潮期很快就会过去的。但有些人会由于这一次的阻碍，而导致信心完全丧失，那就得不偿失了。

因"高原现象"而丧失自信的最大原因是：对自己过去的努力产生怀疑，对于未来感到彷徨。

当你怀疑自己的能力并为自卑感所困扰的时候，不妨从过去的成功经历中汲取养分，来滋润你的信心，从成功的回忆中建立成功的自我形象。不要沉溺于对失败经历的回忆，要将失败的意象从你脑海中赶出去，因为那是位不友好的来访者。失败绝不是你主要的一面，那不过是偶尔存在的消极面，是你心智不集中时开的小差，你应该多多关注你的成功。一连串的成功，贯穿起来就构成了一个成功者的形象。它强烈地向你暗示，你是具有决策力和行动力的，你能够演绎成功的人生。

若想要脱离自卑情绪的笼罩，我们应该将过去努力的成果，拿出来重新冷静地进行评价，当这些实在的成绩堆放在眼前，自然就会对自己产生信心。一般的上班族，可以将以前经手的工作成果堆放在桌上；正在准备

考试的学生，可以将复习好的课本或笔记本放在眼前，这些切实的成就，便是你的信心之源。

暗示 8　我能够接纳真实的自己，凡事尽己所能就足够了

有的人过于苛求自己，总觉得自己不如他人，由此而产生自卑心理：有人因身体上有某些缺陷而产生自卑；有人因学习成绩不如同伴而自卑；有人因工作不如他人而自卑；甚至有人也会因自己的容貌而自卑。能否接纳自己是衡量一个人的心理状态是否积极和健康的一项重要的指标，它是一个人相信自己存在的价值，认同自我能力，并在行为上表现出一种与环境和他人积极互动的心理定势。

心理故事

一个农夫有两个水罐，一个完好无损，另一个有一条裂缝。农夫每次挑水，完好的水罐总能把水从远远的小溪运到主人家，而有裂缝的水罐回到主人家时却总是只有半罐水。有裂缝的水罐感到无比痛苦和自卑。

一天，它在小溪边对主人说："我为自己每次只能运送半罐水而感到惭愧"。

农夫惊讶地说："难道你没有看见每次回家的路旁那些盛开的鲜花吗？这些花只绽放在你那一边，而并没有长在另一个水罐那边。因为我早就知道了你的裂缝，并且利用了它。我在你这一边撒下了花种，于是每天我们从小溪回来的时候，你就浇灌了它们。如今，这些鲜花已给我们一路上带来了许多美丽的风景。"

故事解读

金无足赤，人无完人。寸有所长，尺有所短。你不应因为在生理上有某些缺陷或在工作和学习上一时不如他人而产生自卑的心理。如果能够坦然地、微笑着面对自己生命中的一些缺憾和工作中的不足，愉悦地接纳自己，扬长避短，充分发挥自己的潜力，你的生命就是美丽的。

暗示9 我用补偿心理超越自卑

补偿心理是一种心理适应机制，个体在适应社会的过程中总有一些偏差，以求得到补偿。从心理学上看，这种补偿，其实就是一种"移位"，即为克服自己生理上的缺陷或心理上的自卑，而发展自己其他方面的长处、优势，以赶上或超过他人。正是这一心理机制的作用，自卑感就成了许多成功人士追求成就的动力，成了他们超越自我的涡轮增压器。对于某些人来说，缺陷越大，他们的自卑感也越强，寻求补偿的愿望就越大，成就大业的本钱就越多。

一个人有着多方面的才能，社会的需要和分工更是万象纷呈。一个人这方面有缺陷，便可从另一方面谋求发展。一个身材矮小或过于肥胖的人，可能当不成模特，可是这世界上对身材没有苛刻要求的工作多的是。一个人只要有了积极心态，对自己扬长避短，将自己的某种缺点转化为自强不息的推动力量，也许你的缺点不但不会成为你的障碍，反而会成为你的福音。因为它会促使你更加专心地关注自己选择的发展方向，使你取得超常的成绩，最终超越自己。

心理补偿是一种使人转败为胜的机制，如果运用得当，将有助于人生境界的拓展。但应注意两点：一是不可好高骛远，追求不可能实现的补偿目标；二是不要受赌气情绪的驱使。只有积极的心理补偿，才能激励自己达到更高的人生目标。"盲人尤聪，瞽者尤明"，这是生理上的补偿。人的心理也同样具有补偿功能。

两种积极的心理补偿方式

一是"勤能补拙"。数学家华罗庚说："勤能补拙是良训，一分辛劳一分才。"知道自己在某些方面有缺陷，但不背思想包袱，以最大的决心和最顽强的毅力去克服这些缺陷，这便是积极的、有效的补偿。

二是扬长避短。生活中"失之东隅，收之桑榆"的事例屡见不鲜。一位心理学家说得很深刻："伟人的生命其实就是一部奋斗史，显示了借补偿作用而获得成就的可能性有多大。我们读达尔文、济慈、康德、拜伦、培根、亚里士多德的传记，就不会不明白，他们的优秀品格和一生的辉煌成就，从某种意义上来说，都是个人缺陷造成的。像亚历山大、拿破仑、纳尔逊等尽管身材矮小，却在军事上获得辉煌成就；像苏格拉底、伏尔泰等是因为自惭形秽，而在思想上痛下功夫，结果在哲学领域大放异彩。所以说，人们的缺陷，不是绝对不能改变的，而是要看我们自己愿不愿意改变。只要下定决心，讲究科学的方法，你就可以把自己调整得更好。"这方面的著名事例还有很多，如下肢瘫痪的罗斯福、少年坎坷艰辛的巨商松下幸之助、霍英东、王永庆、曾宪梓，这些人要么有自身缺陷，要么有家庭缺陷，但他们都成了卓越人士，都从某个方面改变了世界。

💬 心理故事

解放黑奴的美国总统林肯，不仅是私生子，出生微贱，且面貌丑陋，言谈举止缺乏风度，他对自己的这些缺陷十分敏感。为了补偿这些缺陷，他力求通过经受教育来汲取力量，拼命自修以克服早期的知识贫乏和孤陋寡闻。他在烛光、灯光前读书，尽管眼眶越陷越深，但知识的营养却对自身的缺陷做了全面补偿。他最终摆脱了自卑，并成为有杰出贡献的美国总统。贝多芬从小听觉有缺陷，耳朵全聋后还克服困难写出了优美的《第九交响曲》，他的名言："人啊，你当自助！"成为许多自强不息者的座右铭。

➕ 故事解读

在补偿心理的作用下，自卑感具有使人前进的反弹力。由于自卑，人们会清楚甚至过分地意识到自己的不足，这就促使其努力学习别人的长处，弥补自己的不足，从而使其性格受到磨砺，而坚强的性格正是获取成功的心理基础。

暗示 10　我要正确地表现自己，积极与人交往

自卑者总是把自己孤立起来，避开与人的交往，而越不与人交往，就越怯于交往，就越自卑。同时，缺乏社交体验，基本的交往技能也难以发挥，交往经验更是少得可怜，偶尔参加一次交往活动，似乎早己忘记人情世故，不自觉地怯于与交际场上的老手相比，挫折感和自卑感就产生了。然而，如果自卑者能积极参加交际活动，主动与陌生人进行交往，去增强交往成功的概率，享受哪怕是很小的交际成功的欢乐，那么对于他来说一定是莫大鼓舞，这毕竟是零的突破，是再次成功的希望。

认识到自己的长处，就要大胆地表现。扬己长，避己短，在人群中树立一个新形象。要相信自己的能力与价值，如进行一次发言，参加一次竞赛，要把握每一次属于你的机会，积极自信地去做、去尝试，因为只有行动才是达到成功的惟一途径，退缩与回避只能带来自责、懊悔与失意。要注意循序渐进，先表现自己最拿手、最容易取得成功的部分。不妨多做一些力所能及、把握较大的事情。哪怕这些事情很小，也不要放弃争取成功的机会。任何成功都能增强自己的自信，任何大的成功都蕴积于小的成功之中。换句话说，要通过在小的成功之中表现自己来确立自信心，循序渐进地克服自卑心理。有了一次成功的经验，你会惊异地发现你也行，这样自信心就随之增强。再去尝试稍难一点的事，以积累第二次成功，接着争取更大的成功。

不要总认为别人看不起你而离群索居。你自己瞧得起自己，别人也不会轻易小看你。能不能从良好的人际关系中得到激励，关键还在于自己。要有意识地在与周围人的交往中学习别人的长处，发挥自己的优点，多从群体活动中培养自己的能力，预防因孤陋寡闻而产生的畏缩躲闪的自卑感。

暗示 11 我有意识地选择与那些性格开朗、乐观、热情、善良、尊重和关心别人的人进行交往

在交往过程中，你会被他人的性格魅力所吸引，会感受到他人的喜怒哀乐，跳出个人心理活动的小圈子，心情也会变得开朗起来。同时，在交往中，能多方位地认识他人和自己，通过有意识的比较，可以正确认识自己，调整自我评价，提高自信心。

暗示 12 我要改变内向的自我形象

　　每个人都应该是自己的主宰，做自己人生的导航员。没有谁比你自己更能决定你的命运。因此，你个性内向与否，那不是上帝的安排，而是你自己的决定。当你认定自己性格内向时，你便赋予了自己内向封闭的自我形象。而一旦这一形象标签进入你的潜意识，它又反过来约束你的行为。对自己的社交缺乏信心的人，不妨将自己从记事以来所认识的朋友都罗列出来，你会惊讶于自己竟有如此广泛的交际。特别是要多想想你的那些好朋友，既然你能与那么多人建立起良好的人际关系，结下深厚的友谊，也就足以证明你并非性格内向，不善交际了。

暗示 13 我要保持心情愉快

　　情绪是一个人对待所接触的客观事物的一种态度体验。要想有一番作为，总会在周围环境中产生影响，或是良好的期望、或是善意的评价、或是莫须有的嘲讽、或是蔑视的摇头。有的人总是敏感于外界的评价，情绪不稳定，长此以往逐渐失去了个性，引起抑郁或焦虑，从而造成自卑感。因此，应学会豁达开朗、坦率自然地待人处世，不要过分患得患失；要冷静地分析亲朋好友对自己的期望和评价；不要为消极舆论所左右，也不要随意猜测别人，把善意的批评与玩笑当做对自己的轻视和打击。

暗示 14 我向每一个人微笑，并用笑声为自己创造快乐的环境

　　笑能给人以自信，它是医治信心不足的良药。但是仍有许多人不相信这一点，因为在他们恐惧时，从不试着笑一下。

　　真正的笑不但能治愈自己的不良情绪，还能化解与别人的敌对情绪。如果你真诚地向一个人展颜微笑，他就会对你产生好感，这种好感足以使你充满自信。正如一首诗所说："微笑是疲倦者的休息，沮丧者的晴天，悲伤者的

阳光，大自然的最佳营养。"

"笑"可以说是优越感的表现，任何比赛的优胜者常露出胜利的笑容。听相声或看到小品时，我们也会不禁发笑，爽朗的笑声的确可以起到调节身心的作用。积极利用笑的功能，能够有效地改善因失败而陷入的悲观情绪。当意志消沉的时候，可以看些喜剧影片来改善自我情绪，或看些幽默小说、笑话或漫画，也具有同样的效果。利用外界强迫性的刺激，自创出一个欢乐的环境，可以使原来郁郁不乐的心情，因为这些引人发笑的事物，而逐渐开朗起来。

我的失败只是暂时的，并不是永远的失败

在人生的道路上，每一个人都会遭遇到挫折。当失败时，意志往往会产生动摇，甚至不敢面对现实，只是一味地想办法忘记它，如果真的如此，那么这一次的失败，就会变成无可挽回的败绩了。

为了避免人生的挫折，最好的办法就是正视失败，分析失败的原因，并设法改进，避免重蹈覆辙。在职业棒球赛中，表现不佳而被换下的投手，总是被排在休息室最前面的位置，其用意就是要他观察比赛的进行，以此修正自己的错误。

失败是成功之母，它有助于自信心的培养，使失败成为成功的垫脚石。这种利用行动来修正理论的做法，在心理学上被称为"过剩订证"。你能否善用失败？或一次的失败就能击垮你？这就是成功与否的关键。

我要用乐观的态度面对失败

正确面对失败是尤为重要的。人生之路，一帆风顺者少，曲折坎坷者多，成功是由无数次失败构成的，正如美国通用电气公司创始人沃特所说："通向成功的路即：把你失败的次数增加一倍。"但失败对人毕竟是一种"负面刺激"，会使人产生不愉快、沮丧、自卑的心理。那么，如何面对？如何自我解脱？这是你能否战胜自卑、走向自信的关键。

面对挫折和失败，惟有乐观积极的心态，才是正确的选择。其一，做到坚韧不拔，不因挫折而放弃追求；其二，注意调整，降低脱离实际的"目标"，及时改变策略；其三，用"局部成功"来激励自己；其四，采用自我心理调适法，提高心理承受能力。

要使自己不成为"经常的失败者"，就要善于挖掘、利用自身的"资源"。虽然有时人们不能改变环境的安排，但谁也无法剥夺其作为"自我主人"的权利。当今社会为个人的发展提供了无数的机遇，只要敢于尝试，勇于拼搏，就一定会有所作为。屈原放逐乃赋《离骚》，司马迁受宫刑乃成《史记》，就是因为他们无论什么时候都不气馁、不自卑，都有坚强的意志以及乐观向上的人生态度，有了这些，就会挣脱困境的束缚，走向人生的辉煌。

作为一个现代人，应具有迎接失败的心理准备。在这个世界上，你既把握着成功的机遇，也会有遭遇失败的可能。所以要不断提高应付挫折与干扰的能力，调整自己，增强社会适应力，坚信失败乃成功之母。若每次失败之后都能有所领悟，把每一次失败当做成功的前奏，那么就能化消极为积极，变自卑为自信。

暗示 17 我换个角度来审视自己

当你感到自卑、沮丧时，应换个角度看问题或综合性、多角度地判断、分析问题。如被领导批评、责备，为此失眠、哭泣和担心，这种打击、挫折对被批评者而言是100%；然而对领导者而言，远不是100%，因为他批评、责备了许多人，你仅是其中之一，不足挂齿。虽然由某一特定的观点所做的评价，有其影响力与可信度，但它并非就是绝对的，最好能以多种观点来加以评价，才能真正了解一件事物的全貌，而不至产生偏差。

心理故事

一对要租房子的夫妻，带着9岁的儿子拖着疲累的身躯挨家挨户地找房子，但总没有中意的。到了下午，奇迹出现了，两个人对一处房子满意极了，急着想付订金，把房子租下来。房东说："租房子，我只有一个条件，那就是我不租给有小孩子的家庭。"这对夫妻不禁面面相觑，正欲沮丧地离去时，只见孩子又回头按门铃。房东出来了，小男孩说："老爷爷，我要租房子！"房东不耐烦地说："租房子？我不租给有小孩子的家庭！"小男孩："我知道！我没有小孩子啊，你把房子租给我，我带着我的爸爸妈妈总可以了吧。"

✚ 故事解读

生活中总有许多限制，可你却在不假思索地盲从。你是否有这种经验？一旦工作成了一种习惯，那刻板的逻辑也就随之而来。不断地受限，我们就无法发挥创造力。不妨放松心情，换个角度看世界，你会觉得豁然开朗。

暗示
18

我为自己制造一个假想的对手，并试着打倒他

人的竞争方法有两种：一种为"拳击型"，必须打倒对方才能获胜；一种为"马拉松型"，就像马拉松比赛，必须以恒心和毅力，与他人做相对的比较后，才能决定胜负。"拳击型"只要打倒眼前的敌人就可以获胜，因为其目标具体而明显，比较容易发挥实力，甚至，如果对手与自己势均力敌，双方都会发挥出各自的潜能；而"马拉松型"则是一种长期而孤独的战争，敌人的目标并不明显，所以经常会忘记它的存在，而无法发挥自己的实力。在"马拉松型"的竞争当中，要以意识创造一个具体的假想敌，以此作为奋斗的目标。

工作或读书，多数属于"马拉松型"的竞争，眼前没有必须打倒的具体敌人，所以应该在脑中设定一个假想的敌人，为打倒它而全力以赴，便能产生"我绝不会输给他"的斗志。比如备考的学生，在复习阶段的孤独环境中，不妨利用这个方法，以激发斗志，开创自己的未来。

西班牙的斗牛士常以手推式三轮车来做练习，一个人在后面推车假扮牛，一个人在前面练习斗牛技巧，据说，这种练习方式，除了可以学习斗牛技巧以外，还可以消除对真牛的恐惧感。

类似的方法，当然也可以应用于人与人之间，例如：当今流行的泄愤玩具，或用讨厌的人的照片当标靶来射击等等。

这些方法在心理学上称为"模拟体验"，以假设的事物当做敌人并打败

它，便能有效地消除心中的不安与恐惧。但攻击的对象并不一定要与实物完全一样，手边的任何东西都可以，例如将报纸卷超来当做发泄对象，用力拍击，也可以起到相应的效果。

暗示 19 我找到了对手的弱点

找出对手的弱点，先在心里将对手打倒是一种克服胆怯或自卑的极好方法。

在感到对方的威吓时，就先去找出对方可笑的地方，当你想着他的可笑之处时，压迫感、胆怯感就会全都消失了。假如在你目所能及的范围内挑不出对手的毛病，那就想像一下他在其他场合的卑微，这样也会把对方从权威或力量的宝座上硬拉下来。比如，分公司里为所欲为的经理，到了总公司的董事会上，可能只是个小小的角色罢了；他回到家里，也可能是一个在太太面前抬不起头来的惧内先生；在娱乐场合，又可能会因不会唱歌而被人冷落在一旁。

假如只看见对手的优点，往往容易高估对手，而产生难于应对的心理意识，可只要想到对方和我们一样，不过是一个人而已，再想像一下他的卑微与缺点，你就不会再胆怯或自卑了。

心理故事

每逢比赛，乒坛名将瓦尔德内尔总是让自己慢慢进入角色，而不像许多选手一上来就一通猛攻。他要先发现对手的弱点，再往其要害部位狠"戳"一刀。许多对手都感到，一旦被瓦尔德内尔抓住弱点，就很难摆脱。瓦尔德内尔的好朋友佩尔森曾这样评价他："他有一种令人难以置信的本能，他是睿智的战术家，他很快能发现对手的弱点。"比赛中，人们很难见到瓦尔德内尔疾风暴雨式的进攻，他喜欢以巧破千钧，靠自己的智慧、丰富的想像力和近乎炉火纯青的技术打落点，打线路的变化，打对方难以置信的地方。有时，瓦尔德内尔还故意给对方一些得分的机会，比如随便打几个球或丢几分，然后再充满信心地把比分拿回来。

✚ **故事解读**

从心理上挫败对手的锐气、自信及坚强的神经，令对手气馁，是瓦尔德内尔致胜的法宝。找出对手的弱点，就可以为自己建立心理优势，并伺机打败他。

暗示 20

我只不过是当时没有处理好

无论是在工作中还是在生活中，每个人都品尝过失败的苦涩，都遇到过不如意的事情。失败的体验和不愉快的回忆，往往会给人带来不良的自我暗示，把人引向自卑。

例如：打高尔夫球时，如果第一球就打了一个 OB（球杆没有打着球），那么，你马上会产生一种"恐怕打不好这场球了吧"的不安感觉。要是总怀着这样忐忑不安的心情打球的话，也许就真会像自己想像的那样，再次输给别人。

其实，不仅限于打高尔夫球，现实生活中有很多类似的情况。我们越是害怕或失败的事，这类事就越容易再次发生。特别是当你面临重大问题时，这种倾向尤其明显。其原因就在于，最初的失败使你丧失了自信。那种"会不会再次失败"的不良暗示就会在你的紧张心理中产生强烈影响，要想得到解脱，最佳的方法就是忘掉所有的失败。但是，越是不愉快的回忆，往往越不容易被轻易忘掉，强迫自己努力忘掉，结果会适得其反，反而在头脑中留下的印象会更深刻。

因此，与其强迫自己把失败的回忆忘得一干二净，倒不如让人只记住失败的一部分，这样做容易得多。例如：商业谈判失败了，不妨只记住"只不过是价钱没有谈妥而已"，实际上，可能是由于自己没有遵守约定的时间、资料没有准备充分、文件中出现了差错等原因造成了对方的不愉快，才致使谈判破裂。但你最好忘掉失败的经过及其中发生的不愉快，只记住自己未能妥善处理好此事就行了。

拿打高尔夫球的例子来说，与其记住自己打了一个 OB 球，还不如告诉自己"这一球没打出去"，而不去想自己打了个 OB 球——这一重大失误。不把过去的不愉快和失败的回忆想得那么具体，那么直接，而把它变为抽象的回忆——"只不过是当时没有处理好罢了"。你就会变得心情舒畅，不为过去的失败所困扰了。

◉ 心理故事

尼克松是我们极为熟悉的美国总统，但就是这样一个大人物，却因为一个缺乏自信的错误而毁掉了自己的政治前程。

1972年，尼克松竞选连任。由于他在第一届任期内政绩斐然，所以大多数政治评论家都预测尼克松将以绝对优势获得胜利。然而，尼克松本人却很不自信，他走不出过去几次失败的心理阴影，极度担心再次出现失败。在这种潜意识的驱使下，他鬼使神差地干出了后悔终生的蠢事。他指派手下的人潜入竞选对手的总部水门饭店，在对手的办公室里安装了窃听器。事发之后，他又连连阻止调查，推卸责任，在选举胜利后不久便被迫辞职。本来稳操胜券的尼克松，因缺乏自信而导致惨败。

✚ 故事解读

在生活与事业的追求中，对于失败，我们应取的态度是：越挫越奋，永不服输，而不是被失败的阴影所吓倒。当一个人因为失败而痛苦的时候，就是自信与自卑、振作与颓废、行动与沉沦等心理倾向斗争最为激烈的时候。如果你知道欣慰来自宽容，为何不原谅自己的一次失败？如果你知道成功始于自信，为何不把鼓励与祝福送给自己？

暗示 21　我有背水一战的决心

汉朝的项羽在指挥井陉口之战时，当船只渡江之后，便下令烧掉所有的船只，并对将士们说："现在船已全部被烧毁了，我们惟一的生路就是打败敌人"，这时士兵们只有鼓起精神冲锋陷阵，结果取得了胜利，这就是著名的"破釜沉舟"的故事。当危机来临时，你最好充满自信地背水一战，这是获取成功所必备的素质。

现代人害怕面对不利的情况，往往事先准备好退路，例如怕被炒鱿鱼的职员，事先就找好其他的工作；怕考不上大学的学生，则在考前先找些理由自我安慰等，用这些方法虽能获得心理的平衡，但是这种安全感反而降低了斗志，减少了成功的机会，所以，在遭遇危机时不留退路，就是最明智的选择。

暗示 22 我能够做到持之以恒

有些人无论读书还是工作都不能持久，即产生了自己"不行"的失望感，如果你每天都能做同样一件事，就会品味到持之以恒的带给你的自信。你或多或少都能想出一件自己必须天天做的事，只不过没有注意到而已。

仔细想想，自己早上起床后的行为，便会发觉有许多事是天天必做的，例如：不厌其烦地每天用同样的方法洗脸、刷牙、吃早餐、看报纸、梳头发等。事实上，所谓的没有耐性、容易厌倦等个性，并非对于所有事都是如此，你也始终如一地每天坚持做着一些事情，因而，只要有毅力，你就可以做到一切。要保持这样的自信，然后，故意排定一些每天必须做的工作，如每天记一点日记；早上起床后，先做一段简单的体操；每天背几个英文单词等。可能的话，就订一个时间表，依照时间表做每一件事，使生活有规律地进行。到了一定时候，即使一天不做，也会觉得很不舒服。

但有一点要特别注意，不要把这些事认为是"我在坚持"，而要当成"我今天一定要做"的事，一天一天做下去，由此而产生自我暗示效果，便能消除一个人没有耐性或容易厌倦的个性。

暗示 23 我用实际行动建立自信

其实，看一个人有没有价值，根本用不着进行什么深奥的思考，也用不着问别人。有人需要你，你就有价值；你能做事，你就有价值。因此，你可先选择一件自己较有把握也较有意义的事情去做，做成之后，再去选定下一个目标。这样，每一次成功都将强化你的自信心，弱化你的自卑感，一连串的成功则会使你的自信心趋于稳定。征服畏惧，战胜自卑，不能夸夸其谈，要止于幻想，付诸实践，见于行动。强者不是天生的，强者也并非没有软弱的时候，强者之所以成为强者，在于他善于战胜自己的软弱。建立自信最快、最有效的方法，就是去做自己害怕的事，直到获得成功。

心理故事

一代球王贝利初到巴西最有名气的桑托斯足球队时，他害怕那些大球星瞧不起自己，竟紧张得一夜未眠，他本是球场上的佼佼者，但却无端地怀疑自己，恐惧他人。后来他设法在球场上忘掉自我，专注踢球，保持一种泰然自若的心态，从此便以锐不可挡之势投进了一千多个球。

故事解读

球王贝利战胜自卑的过程告诉我们：不要怀疑自己、贬低自己，只要勇往直前，付诸行动，就一定能走向成功。只要坚持不懈，就会从紧张、恐惧、自卑之中解脱出来。因此，不甘自卑，发愤图强，积极补偿，是医治自卑的良药。

暗示 24　我是突出的，要坐在前面的位子上

在各种形式的聚会中，在各种类型的课堂上，后面的座位总是先被人坐满，大部分占据后排座位的人，都希望自己不会"太显眼"，而他们怕受人注目的原因就是缺乏信心。

坐在前面能建立信心。因为敢为人先，敢位于人前，敢于将自己置于众目睽睽之下，就必须有足够的勇气和胆量。当这种行为成了习惯，自卑也就在潜移默化中变为自信。另外，坐在显眼的位置上，就会放大自己在领导及老师视野中的比例，增强反复出现的频率，起到强化自己的作用。把这当做一个规则试试看，从现在开始就尽量往前坐。虽然坐前面会比较显眼，但要记住，有关成功的一切都是显眼的。

暗示 25　我睁大眼睛，正视别人

眼睛是心灵的窗口，一个人的眼神可以折射出性格，透露出情感，传递出微妙的信息。不敢正视别人，意味着自卑、胆怯、恐惧；躲避别人的眼神.

则折射出阴暗、不坦荡的心态。正视别人等于告诉对方："我是诚实的，光明正大的；我非常尊重你，喜欢你。"因此，正视别人，是积极心态的反映，是自信的象征，更是个人魅力的展示。

暗示 26 我要昂首挺胸，快步行走

一般人在心里高兴或得意时，脚步就会比较轻快，有时还会吹口哨；但是当意志消沉、郁郁寡欢的时候，脚步就变得沉重、身体前倾，这便是内心情绪的自然表现。许多心理学家认为，人们行走的姿势、步伐与其心理状态有一定关系。懒散的姿势、缓慢的步伐是情绪低落的表现，是对自己、对工作以及对别人不愉快感受的反映。倘若仔细观察就会发现，身体的动作是心灵活动的结果。那些遭受打击、被排斥的人，走路都是拖拖拉拉的，一副缺乏自信的样子。

刻意创造滋生活力的外在氛围，就可以快速而有效地消除忧郁的心情，通过改变行走的姿势与速度，有助于心境的调整。在考试之前，不妨试着抬头挺胸，大步地踏入考场；向人求助时，走路速度不妨比平日快些，大大方方地走向那个人，这么做，心中会自然涌现出自信。如果能舞动双手，富于旋律感地走路，效果会更好。精神的创造与激发，是可以用外在条件来加以改变的。

要表现出超凡的信心，走起路来应比一般人快。将走路速度加快，就仿佛在告诉整个世界："我要到一个重要的地方，去做很重要的事情。"步伐轻快敏捷，身姿挺拔，会给人带来明朗的心境，以及充满自信的生活。

暗示 27 我可以面对大庭广众讲话

面对大庭广众讲话，需要巨大的勇气和胆量，这是培养和锻炼自信的重要途径。在我们周围，有很多思路敏锐、天资颇高的人，却无法发挥他们的长处参与讨论。并不是他们不想参与，而是缺乏信心。

在公众场合，沉默寡言的人都认为："我的意见可能没有价值，如果说出来，别人可能会觉得很愚蠢，我最好什么也别说，而且，其他人可能比我懂

311

得多，我不想让他们知道我是这么无知。"这些人常常会对自己许下渺茫的诺言："等下一次再发言。"可是他们很清楚自己是无法实现这个诺言的。每次沉默寡言，都会加深其自卑感，令其面对众人时越来越紧张焦虑。如果尽量面对大众发言，无疑会增强信心。不论是参加什么性质的会议，每次都要主动发言。有许多原本木讷或有口吃的人，都是通过练习当众讲话而变得自信起来的，如肖伯纳、田中角荣等。因此，当众发言是信心的"维生素"。

暗示 28 我要拿开不必要的东西

有些人无法集中精神来读书，或无法专心去工作。由于心里一直想着要集中注意力，反而把工作或读书的内容给疏忽了。

对于有这些困扰的人，应重新观察自己工作或读书的环境，事实上，这些不能专心致志的人，往往为了消除精神疲劳或改善情绪，而在桌子的周围摆满了太多不必要的东西。

注意力的分散多半是因为环境造成的。生活在大自然里的动物，必须注意周围的环境，预防意外的灾害，人类也是一样，当我们遇到不能适应的环境时，自然会分散精神去注意它们，这是一种正常的心理反应。

因此，要集中注意力，只有一个办法，除了必要的东西以外，其余的一概拿开，眼不见为净。

暗示 29 我的"睡眠学习法"

"睡眠学习法"就是将想要学习的事情录下来，于睡眠前后重复地播放。在下意识中便能吸收学习的内容，这是一种非常简便的学习方法，它和催眠术有异曲同工之效。

"睡眠学习法"十分适合应用于恢复自信上，例如：重复录下"我今天情绪非常高昂"、"我今晚一定睡得很甜，当明天醒来后，精神会很清爽"之类的自我励志语言，在睡前将这些话在枕头边重复播放，大约五六周后，这种自我暗示便会产生效果。

"睡眠学习法"也可以用来纠正不良的习惯，根据专家的试验，利用此法纠正喜欢咬指甲的小孩，录下老师的话"你不要再咬指甲了"等等，在孩子每天临睡前，重复地播放，一个月后，小孩便不再咬指甲了。假如你正为了强烈的自卑感而烦恼，不妨试试"睡眠学习法"。

暗示 30 我将身边的钟表拿开

根据专家的研究，人是最容易焦虑的，而其他动物却没有如人类般的焦躁感。

为什么只有人类才会感到焦虑呢？可能是因为人类发明了钟表吧！其他的动物在自己体内，有着自己的生物钟，一切行动都配合这种感觉，所以可以不急不缓。而人类发明了钟表，就有了明确的物理时间概念，一旦被这种时间绑住，便会产生"效率"上的问题，于是便产生了焦虑的情绪，以至于丧失信心。

为了消除由此而来的烦躁情绪，最好的办法就是——暂且忘记告诉你时间的钟表，将它们从身边拿开。

暗示 31 我从穿着的改变来放松自己

在西方的电影中，我们常常可以看到许多年老的西方人，都穿着鲜艳而轻便的服装，可能由于衣服的关系，他们看起来都很年轻，都昂首阔步、神采飞扬。年龄较大的人若总是穿着黑色或灰色的衣服，会使人显得弯腰驼背、步履蹒跚，而一些自卑和忧郁的人则更是显得黯然无色、缺少活力。

人的情绪可以从服装上得以改变，所以，当忧郁或烦躁时，应该穿得鲜艳些，心情便会舒朗起来。

在公众场合中，有些人会因为自己成为他人注目的焦点而感到不安，受到这一类事情困扰的年轻人特别多。而偶尔穿着大胆的服装去逛街，你就会发觉，并没有人刻意去注意你，即使成为众人瞩目的焦点，也不必手足无措。

很多人会以为穿得朴素些，就不会受人注视，但事实上，无论穿什么衣服，根本就没有人会去注意你，为了不再害怕他人的目光，故意穿些特殊的服装，你的心理反而会更平和些。

我利用颜色的暗示效果

颜色所带来的暗示效果，是可以使人产生自信的。

一般而言，红色代表热情，会给人跳跃、兴奋的感觉；蓝、绿系的颜色，是海或草木的颜色，会给人安定、平静的印象。研究显示，红色代表生气、兴奋、嫉妒、烦躁、爱恋；蓝色则代表自信、理想、优越、憧憬、永恒；青绿色代表梦幻、未来、理想、憧憬；绿色则代表自信、理想、乡愁。这些感觉与大自然的色彩联想大致吻合。

颜色可以左右人的情绪，要激起斗志，就应使用红色；要消除紧张，则应使用蓝色。根据目的不同来改变房间的壁纸、地毯的颜色，或是装饰物、服装的颜色，是可以有效转换情绪的。

我通过环境的改变来换个心情

当一个人处于众人当中，便会采取与大家相同的行为，以适应环境。例如：在干净的房子里，不会去乱丢纸屑；但是在杂乱的空间中，便会毫不在乎地把它弄得更脏。如果能将这种心理推而广之，则天下就没有令人讨厌的事了，例如：一个不喜欢读书的人，只要改变置身的环境，让他去安静的图书馆，和那些低头读书的人在一起，在这种气氛的长期熏染之下，他或许就会对读书产生兴趣。环境改变了，一个人的心志也很容易改变。同理，当你自卑时，置身于一个充满自信与激情的集体中，会焕发你的斗志。

在单调的声音里，我的心情会平静下来

有的人晚上躺在床上，经常无法安眠，一旦坐上车时，却能够一下子就睡着了。这大概和车子的振动与车轮转动发出的单调声音有关。除此以外，周围的杂音、光线，以及人的姿势，是没有一项适于睡眠的。

单调的车轮转动的声音与身体有规律的晃动，这种反复的刺激，可以松

弛人的精神，镇定全身的机能，这和哄睡婴儿的原理是一致的，将哭闹不休的婴儿放在摇篮中，慢慢地摇动，或者是轻轻拍他的背，不久之后，他就会停止哭闹而睡着了。

所以，对于声音或振动等重复的动作，如果加以有意识的利用，会比吃镇静剂更有效。静听钟摆声、雨声，以及其他有节奏的声音，或是听一段简单柔和的音乐，在不知不觉中，情绪便会平静下来，这将有助于增强你的自信。

暗示 35 我在快速的旋律中为自己加油

在运动会上，当演奏雄壮的进行曲时，每个人都会显得斗志高昂、充满活力；而部队中的军歌，也都以快速而有力的节奏鼓舞士气。快速而有力的节奏，能够促进人的心脏、血管以及内分泌的活动，因而振奋精神，给人活力与自信。当情绪低落时，不妨听些旋律较快或者是雄壮有力的音乐，会使你的精神为之一振，工作效率也会因此而相对提高。

暗示 36 我有自己的兴趣和爱好

一个人的心理状态往往能够从他的兴趣爱好中有所体现。人的理想状态，应该是工作、家庭、娱乐三者兼顾而平衡的。倘若失去平衡，其不良影响就会集中体现到其中某一个方面。如家庭纠纷迭起，会使人变得索然寡味；整天埋头于工作，表面上看好像不错，其实却是工作狂，如不工作，他将难以忍受精神上的压力。在公司里无法出人头地，又无特别兴趣爱好的人，大多沉溺于极端的个人主义中。工作和家庭都不理想的人，往往热衷于个人爱好。这种以其他方式消除烦恼和不安的行为，心理学称之为"赔偿行为"。工作毫不热心，一谈到兴趣爱好，就像忽然变了一个人似的起劲，这种人内心也许有一种不安和烦恼。兴趣爱好膨胀而致狂热的人，往往性格偏执。这种人工作中自以为是，讨厌别人参与其事。

如果想要获得更有自信的生活，就通过运动或培养适合自己的兴趣与爱好，会获得意想不到的效果。

我利用灯光效果集中注意力

若想保持长时间的注意力，最好的方法就是对事情本身有强烈的兴趣。但是，当面对毫无兴趣的事，又必须集中注意力时，只有为自己创造一个较适合的环境，将容易使人分心的杂物拿开。如果环境并不容许我们这么做，那又该怎么办？

这时可以利用光线的照明，使周围的事物尽量不引起你的注意。一般人往往认为，工作的场所一定要非常明亮，甚至连周围的墙壁也要被光线照到，但调查结果显示，增加 5 ~ 10% 的照明效果，会使工作效率降低 20%，所以当周围明亮时，则不易集中注意力，因此，可以利用"点"的照明方式，只照必要的部分，便能有效地集中注意力了。

我越是感到自卑，越要接近比我更优秀的朋友

有些人在丧失自信时，会把自己隐藏起来，尽量远离外界来保护自己，尤其不愿见到比自己更优秀的人。但是，越自卑的人，就越需要接近比自己更优秀的朋友。

在心理上，如果你急于使自己变得完美无缺，要求自己成为一个"在各方面都优秀"的人，那么你就会特别注意别人的优点，并把它们与自己的缺点做比较，这种比较会使你的注意力集中在自己的缺点和不足方面，并且会觉得要在短时间内改变它们是不可能的，你会因此觉得沮丧，感到自卑。另一方面，为了维持自己在别人眼里"各方面都优秀"的形象，你不愿也不敢暴露自己的缺点和不足，因而"越来越不敢说话"，往往形成自卑的恶性循环。每个人都有自己的优点和缺点，即便是伟人、名人也不例外。当我们的优点得到表现时，就会自信；而在别人面前表现缺点时，就会感到自卑。

心理健康的标志就是能以行动去表现自己的优点，增强自信。因为害怕暴露缺点而放弃行动（如与人交往、说话等），其实就是压抑、隐藏自己的优

点，只会加重自卑感，从而错失自我发展的好机会。

因此，与其要求自己"各方面都优秀"，不如要求自己"在某一方面优秀"；与其尽力掩盖自身的缺点，不如在承认它们的前提下努力表现自身的优点和长处；与其盯着自己与"特别特别优秀"的朋友之间的差距，不如想一想：为什么那些"特别特别优秀"的人会愿意与你交朋友？

当你发现朋友们有各自的缺点时，你的心理紧张感就会消除；当你更多地注意到自身的优点时，你的自信心就会更充足。

暗示 39 我通过激烈的运动来调整情绪

当工作或读书不顺利时，心情难免会显得焦躁不安，如果不想办法消除这种情绪的话，情况会越来越严重。而最简单的治疗法是：通过进行激烈地运动，将波动不定的情绪转化为外在的动力发泄出来。

运动员很少有郁郁不乐的，这就是因为他们懂得将内心的压力化为外在动力的缘故。当心情焦躁不安时，只要出去进行高强度的运动，就能够逐渐恢复平静，工作效率也会相对地提高。这种方法看起来十分简单，但实行起来却十分有效。

暗示 40 失意的时候，我就看看自己最满意的照片

一个人看到具有纪念价值的物品时，往往会产生无限的联想。比如，看到奖状、奖杯时，你便会回忆起从前获得胜利时的一幕幕情景；而照片则更能唤起对往事的回忆，将一个生动的自我形象清晰地刻在自己的脑海里。自卑的人不妨将自己最得意的照片随身带着，当情绪低落时，它能有效地调节你的心情，照片上你那张生动的脸、飞扬的神采和洋溢的喜悦无异于一种振奋剂，它会明确地提醒你，你能够以一种光彩照人的形象出现。

暗示 41　我把双手交叉于胸前

棋手在与人对弈时，往往会将双手交叉于在胸前，陷入思考状态；一些人在遭遇难题，需要深思时，也常会下意识地做出这种动作。

根据"行为语言"专家的解释，双手交叉抱在胸前是防御的姿势之一，此动作表示缩小身体的面积，以保护自我的安全。双手交叉抱在胸前，或将双腿交叠，这些动作都属于自我接触行为的一种，皆具有防卫的意识，即使没有外物的威胁，也可以产生自我的安定感。

在必须面对困难时，就可以采取这种姿势。即使没有直接的防范对象，只要是感到内心不安，就可以通过这种姿势使内心平静下来。

暗示 42　我先做自己喜欢的事情，暂时将厌烦的事情放下

推销员是最深知人类心理的人，在开始时，他们跟你谈天气、谈家庭、谈物价，使你不得不回答"是"，当你习惯性地回答"是"以后，他立即转移话题，要你买下他的商品，使你在毫无防备的情况下会说"是"，而陷入他们的圈套中，这在心理学上便称为"心理准备"。

不想工作时，此法便可以消除对工作的排斥感，使工作顺利进行。例如：不喜欢写计划书，那么就先上网查查相关的资料，或干脆先看些其他方面的书。有些作家在写作前，会先玩游戏，以便培养出写文章的情绪来。

"心理准备"不但可以消除对工作的排斥感，而且可以提高工作欲，有些人在考试时，从容易的问题开始作答，也是这个道理，当做完容易的问题后，就会较有成就感，能鼓舞精神，应对较困难的考题。

每个人都会有厌烦的时候，但是有人在低潮的情绪过后，工作效率会降低，有人却反而提高，所以"厌烦"并不能作为工作或学习成绩不佳的理由，这是因人而异的。"厌烦"与"厌倦"是不能混为一谈的，厌倦表示需要休息一段时间即可继续工作；而厌烦完全是心理上的"饱和现象"，表示对某件事的吸收能力或关心度已达到饱和点，即使休息过后也不能消除这种现象，反而可能使原有的饱和状态满溢出来。为了避免这种现象，最好不要休息，只要暂时将注意力转移到其他的事情上，便能消除原有的厌烦感了。

我尝试去做不喜欢的事情

人生不如意事十之八九，这是无法选择的，而且在现实社会中，令人讨厌的事又似乎多于快乐的事，为了寻求生活的情趣，我们必须努力排除厌恶的意识，使"不喜欢"变成"喜欢"。

或许你会认为，"讨厌"和"喜欢"是截然不同的，但事实上，"讨厌"当中，往往有些令你"喜欢"的成分，只是常常被人忽略了。当你对某事"没有兴趣"或"讨厌"时，不妨试着去做，你将会发觉其中有着令人喜悦的东西，从不喜欢到喜欢，往往是个瞬间的过程。

我要制订人生的目标

年轻人在订立人生目标时会感到充满不确定性，这也许是因为他们缺乏信心，做事没有魄力。心理学上有一种"对比效果"，即利用未来的大目标，来衬托目前的小目标，这种方法能有效地松弛紧张与恐惧的情绪，以及由此而产生的自卑感。

例如，制订一个 5 年或 10 年的具体计划，计划越大，会显得眼前的工作越渺小，而这项大目标是否越能够完成，也许并不特别重要，最重要的是你会因此而放松紧张的心情，乐观面对今天的生活。

我制订阶段性的目标，将整体目标具体化

一个月写一本书，这样的目标给人的印象或许是"工作太重了"，但是你仔细想一想："只要每天写 10 页纸"，心情就好多了。将庞大的工作量进行细分，工作的压力也会相对减少，这个能够使人愉快地工作的方法，被称为"心理除法"。

善于运用"心理除法"的人，即使再多的工作也会轻松地完成，而且可以提高工作效率，例如：计划一年背5000个英文单词的人，只要一想到这个数字，便会觉得困难重重，但是"心理除法"的解释则为"一个月只需背400多个单词"或"一天背十几个单词"，而如果每天抽出一小时，那么背下一个单词的时间是5分钟，这么想，是不是轻松多了？

"慢慢做，踏实地做"，这是成功的基本条件，而将大目标分成几个小目标，小目标分成几个小阶段，再一点一点地完成，这便是产生自信的来源，也是使人努力不懈的力量。许多人为自己订下长远而艰难的目标，却无法持之以恒，皆因其心浮气躁，最后丧失了自信。

改变工作或读书的方式，就能产生行动的欲望与自信心，快乐地完成眼前的小目标，是达成人生大目标的阶梯。同时，应将你的目标具体化。比如读一本书，你不能说："我要快点读完它。"这是绝对没有帮助的，而是应该订下一个具体的目标："一个星期内我要读完这本书。"这种做法在心理学上被称为"目标行动"，有了目标才有可能激发行动的意愿，而且，目标越具体，行动与目标就会越清晰，斗志也就越旺盛，达到目标的时间也将相应缩短。

我要将工作系统化

做任何工作，我们都必须事先了解整个事件的情况，预知所有可能发生的变故，排定工作的程序，再开始着手，这就等于完成了一大半的工作，即使中途遇到了意外，需要变更计划也不致手忙脚乱。这种系统化的工作，可以提高工作情绪，收到事半功倍的效果。

心理故事

一位国王将两块面积相等的土地分给甲、乙两人，命令他们在限期内建造一座城市，他们从来没有建设如此大规模建筑的经验，心里非常着急。甲首先开工，在土地中建筑了一座房子，接着在四周开路；乙却迟迟未动，20天后，甲的工作已进行得差不多，但仍惴惴不安，不知下一步该做什么。而乙虽然连根钉子都还没有钉，这时却以轻松的心情开始工作，原来这么多天以来，乙一直在计划工作的顺序及进度，一切了然于胸后才开始动手。

✚ **故事解读**

在这则寓言中，两位主人公的胜负无关紧要，我们所要关注的是甲、乙两人的心理状态。即使最后的结果，两人平分秋色，但是甲始终怀着不安的情绪在工作，而乙虽然起步较晚，工作时却能心平气和，两人的工作态度截然不同。而造成这种差异的原因是：乙将工作系统化了，且已有整个工程设计、进程、进度等蓝图，所以能以平静的心绪，一步一步地达成目标。

暗示 47　我要打破固定的生活模式

上班族每天一成不变地按"朝九晚五"的频率上下班，完成一定的工作，虽然忙碌，但大多数人心里反而觉得很空虚，或缺乏朝气与活力，或自暴自弃，或安于现状而不知如何改变，从心底滋生了一种倦怠感。

那么，就暂时放下所有该做的事，去做那些想做而没有做的事。生活的倦怠感是因为同一形态的生活不断地重复，缺少新鲜感而引起的，所以要消除它，就必须打破固定的生活方式。例如你平时每天夜里 11 点钟睡觉，工作 8 小时，每周休息两天，那就不妨改变一下，一天做完两天的工作，第二天休息一下，或者是晚饭后立即睡觉，半夜起来工作，这种与你的日常作息时间不同的工作方式，可以使你体验不同的生活，并发现新的生活情趣。

每个人都有自己固定的生活模式与习惯，是否要跳出这个圈子全由你个人来决定，如果不愿跳出就不要羡慕别人，认为别人比自己好，怨天尤人，自怨自艾。若想要跳出，就要给自己机会勇于尝试，只要敢于尝试就拥有百分之百的成功几率，没有尝试就不会成功，不要害怕失败，打破常规才能使潜能尽数发挥。

暗示 48　我要缩小问题的范围

很多男人一提到和女性逛街买东西，就唉声叹气，因为女性多半会特别挑剔。买衣服时，虽满意衣服的式样，但又抱怨布料太差；对布料满意，又觉得手工太粗，最后往往空手而归。其实，这种情况不仅发生在女性身上，每一个人都会遭到类似的事情，例如：在读书或工作时，都会因遇到难题而犹豫不决，并使问题无限地扩大。

一旦遭遇难以解决的问题，如果重复不断地去做，就会仿佛走入迷宫，很难找到出口，如果缩小包围圈，找出其症结所在，问题即可迎刃而解。如买衣服前，心里先有个目标，是以布料为重，还是以样式为主，或以布料的图案为先，就会在短时间内很快选定满意的衣服。

暗示 49 我有条不紊地处理自己的琐事

你会不会常被琐事困扰？对琐事的处理态度是一件一件地处理，还是累积起来一次性处理？做事前是先有明确的安排计划，还是一边做，一边决定下一步干什么？是否希望对自己的习惯有所改变？

一些日常生活中的琐事，看起来无关重要，可它往往会给你带来许多麻烦，甚至会影响你的寿命。法国作家莫鲁瓦指出："我们常常为一些应当迅速忘掉的微不足道的小事所干扰而失去理智，我们活在这个世界上只有几十个年头，然而却为纠缠无聊琐事而白白浪费了许多宝贵时光。"这话实在发人深思。过于在意琐事已经严重影响了我们的生活质量，使生活失去光彩。这是一种最愚蠢的选择。

有些事是否能引来麻烦和烦恼，完全取决于我们自己如何看待和处理它。首先应学会不在意，换种思维方式来面对眼前的一切。不在意的意思即为：

——别拿什么都当回事，别去钻牛角尖，别太要面子，别事事"较真"；

——别把那些微不足道的小事放在心上；

——别过于看重名与利的得失；

——别为一点小事而着急上火，动不动就大喊大叫，因小失大，后悔莫及；

——别那么敏感多疑，总是曲解别人的意思；

——别夸大事实；

——别把与你所爱的人说话的异性都打入"第三者"之列而暗暗仇视；也别像林黛玉那样多愁善感，总是顾影自怜。

不在意，也是在给自己设一道心理保护防线。不去主动制造烦恼，即使面对一些真正的负面信息及不愉快的事情时，也要泰然处之。这既是一种自我保护的妙方，也是一种坚守目标、排除干扰的良策。我们的精力毕竟有限，假如处处纠缠琐事，被小事所累，一生必将一事无成。

💬 心理故事

有一位大公司的总经理，他身上经常带着一本笔记簿，密密麻麻地写满各种工作进度、计划及其一些个人的琐事，例如："今天要去理发"，理完头发后，就用铅笔划掉，而这些琐碎的事，似乎与他的身份不太相称。有人对他说："你也未免太婆婆妈妈了。"但他却很严肃地答道："不！将这些小事搁置一旁，会使我分心，而无法专心工作。"

✚ 故事解读

当我们有许多该做而没有做的工作时，往往会因此而焦躁不安，而这种情绪如果一直持续，便很容易引起神经衰弱。消除这种紧张的最好方法，就是将这些小事也立即处理掉，切勿积压在心里。如果因为忙碌，无法立刻处理时，不妨学学那位总经理，将大小琐事全部记录下来，见缝插针地完成。

暗示
50

我在房间中贴上自我鼓励的警示标语

很多人都会在房间的墙壁上或床头贴上各式标语，例如："考试必胜"、"我是最好的"等等。这些用来提高斗志的自我暗示术，收效极大。但你知道这些如何张贴这些标语吗？既然要贴，就要尽量在大纸上写着大字，字体要略微向右倾斜。如果用小纸、细字，写出来的标语反而会使人意志消沉，收不到应有的效果。

从字体上是可以看出一个人的性格及其心理状况的。个性积极且信心十足的人，字体多半较大而且字型会向右倾斜。字体可以表现一个人，也可以创造一个人，有些人会将名人的字画挂在墙上，就是希望借助名人有气势的字体所显露出来的自信鼓励自己。如果贴在房中的标语，是在心情烦躁或丧失自信时所写的，那么写字时的心理状态必然表露无遗，还不如趁早撕掉！

我要在周末高效率地工作

登过山的人都有这样的体验，在望见峰顶的一刹那，已经疲惫的身体会立刻振奋起来，而一鼓作气冲上最高处。其实，在工作将要结束时，工作效率也往往是最高。因为在工作即将完成时，会产生一种安定感，它能够促使工作效率的提高，心理学上称之为"终末效应"，在每个周末，工作场所总会出现这样的"周末效应"。

星期一通常被称为"忧郁的星期一"，因为经过星期日的休息后，人们尚未从懒散的状态中恢复过来，致使工作效率降低，到了星期五，人们的思想状态是："这周即将过去，可以休息了"，于是"终末效应"发生了作用。

根据一周中的情绪变化做出有效的安排，将喜欢做的工作在周一至周三来做，周末时做完不愿做或繁重的事，这种"报酬作用"会使情绪稳定下来，并有助于提高工作的自信。

我尽情地玩乐后，可以更加充满激情地工作

很多老板喜欢做出这样的承诺："我愿意尽力创造一个宽松的工作环境，让每位下属都能尽情享受工作的乐趣。"又有多少管理者勇敢地宣称："我努力使整个办公室像游乐场，让每位同事都为快乐而工作。"通常，人们在玩乐时效率最高。那么，为什么不让工作像玩乐呢？在各种职业中，游戏的色彩越重，就越吸引人。旅游业、大众传播业、百货业、信息软件业、保险业、营销业等，都能让人在工作中"玩"上一番。

很少见到在玩乐的时候有人打呵欠，更不会听到人们抱怨四起的声音。游戏中的人们显得精神抖擞，直到玩得精疲力竭，他们爽朗的笑声似乎还飘在空中。但是，如果在一个房间里面摆放各种玩具，如象棋、围棋、麻将、扑克牌等，让进入这个房间的人可以整日玩他所喜欢的东西——不做任何工作，会出现怎样的情形？刚开始时，人们会觉得很快乐，每天玩得不亦乐乎，但是不久以后，他们便会开始要求工作了。

每个人都有"自我表现"的欲望，想尽一己之力为社会做些有用的事。如果你的工作是枯燥而单调的，当你在学习或工作中产生心理疲劳或沮丧情绪时，当你因压力重重而缺乏自信时，不妨暂时彻底地脱离恼人的工作或环境，忘掉课本、计划书，以及金钱的诱惑……尽情地玩乐，几天以后，你又会发现，在你的内心深处是充满了工作热情的。

暗示 53　我善用自己的生物钟创造高效率

每个人都有属于自己最佳的时刻，有些人在清晨头脑最清楚，最能集中精神，被称为"早上型"，有些人则是"午后型"，另一些人则在深夜时工作情绪最好，属于"夜猫子型"。一般而言，属于"早上型"的人最多。

如果你是属于"夜猫子型"的人，在白天工作，晚上休息，这种机械性的生活，就无法提高工作效率，徒然浪费许多时间。如果遇到棘手的事情，最好趁早打破机械式的生活模式，选择自己状态最佳的时刻快速而有效地完成工作。

特别提示：一天内的"生物钟"

半夜至清晨 4 点	听觉灵敏；
早上 7~8 点	肾上腺素作用达到高潮，血液流动加快；
上午 9 点	身体对痛觉不敏感；
上午 10 点	注意力、记忆力达到高峰，工作效率高；
中午	人体对酒精的反应极为敏感；
下午 2 点	精神困倦；
下午 3 点	性格外向者此时创造力更旺盛；
下午 4 点	体内代谢变化常使脸部潮红；
下午 5 点	嗅觉和味觉处于敏锐状态；
下午 6 点	体力和耐力达到高峰；
晚上 7 点	由于激素变化，情绪不稳定；
晚上 10 点	身体各种功能处于低潮。

心理故事

公司职员李某有个 9 岁的儿子，任她怎样教育，学习成绩总不能提高。每当看到儿子成绩单时，她就十分生气，动不动就打骂孩子，甚至要求孩子晚上长时间学习，深夜也不让他睡觉，但效果还是不能令人满意。她说："我的孩子并不是傻瓜，老师都说他是聪明的学生，但总是贪玩，有时我对他进行辅导，他总是听不进去……"后来，她听说学习效果与生物钟有关就去咨询，并给她的孩子计算、标记了生物钟节律，按生物钟理论指导孩子，当孩子生物节律（以智力钟为主）处于低潮期时，不勉强孩子多做功课，能完成作业就行了，在高潮期时就给他"加码"，而在临界期时尽量让他轻松一些……果然几个月后，孩子的成绩有了很大提高，期中考试名列全班第三名。

故事解读

只要正确掌握生物节律理论，并结合各自的实际状况安排作息，就能显著提高工作或学习的效率。

暗示 54　我善用"搁置"的技巧

有些人在该工作时，却不见其行动，问其原因，他们会说："我正在思考。"其实这些人并不是因为"想才不做"，而是由于"不会做才去想"，也就是说，他们多半为了找一个不会做的理由而借故拖延。

当然，这里所说的"不要想"并非指对工作的认真思考，而是说任何问题都无法设想得完全周到，因此，当"想"到某一程度后，就应"搁置"一旁，而付诸行动。

可以将人分成"行动型"和"熟虑型"两种，前者反应快，但错误多；后者反应慢，但错误少，两者各有优缺点，如果善用"搁置"技巧，便可以取长补短。"搁置"并非忘记问题，而是暂时抛开问题，以行动来代替思考，逐步地改进。

暗示 55

我要适当地奖励自己

许多人都处于消极的环境中（听到的、看到的、遇到的……），而对那些有具体目标、能力争上游、肯接受挑战的积极者而言，他们会有所警惕并离开消极的环境（至少不受影响）。但这还不够，他们必须为自己创造一个积极的生存环境，让自己充分感受人生的美好，而自我奖励则是最好的方法。

真正把，"奖励"的技巧应用在自己身上的人少之又少，越是懂得随时奖励自己的人，越是能过着快乐而自信的生活，因为他们通过自我奖励而获益颇多：

——觉得自己越来越有信心，越来越能肯定自己（毕竟别人的肯定不如自我的肯定），而且"积小胜为大胜"是自信的基础。

——觉得越来越有成就感，因为你很清楚自己做了什么，完成了什么，这是一种"自我实现"，它是生命最高峰的体验。

——充满了旺盛的斗志和进取心，因为你所要的东西（不论是物质的还是精神的）会刺激你不断地追求更高的目标。

每次你在竞赛中获胜时得到的奖牌或纪念品，你会将它藏起来呢？还是——摆出来？大多数人都会不时展示出来以得到更多人的肯定。不过，这和"自我奖励"又稍有不同：

——自我奖励是自己颁奖给自己，而非别人颁发的。

——自我奖励是只要完成一项目标或任务（不管在竞赛中是输或是赢），就要奖励一次。

如何进行自我奖励？

1. 首先列出你要完成的目标或任务（从小到大）。例如年收入 100 万元是一项长期的大目标，这固然要列入，但"明天我要拜访四个人"或"我要打几个很重要的电话"等小的目标也要列入，只要你认为这对你是种挑战，不论大小，通通列入。

2. 针对所列的目标加以分类并予以周详计划。

3. 在每一个目标的右边列出当你完成这个目标时，你会给自己什么奖励，买什么东西（从车子、衣服到一本书），做什么事（带家人休假几天到只是看一场电影），任何你真正想要的和喜欢的，不论大小，都可以列出来，即使只告诉自己"你做得真棒"也有它的效果。

4. 切记要遵守诺言，该奖励的就要奖励，不要以为对自己食言没什么关系。

5. 随时增添、删掉或修正你的目标和奖励的项目。

如果你坚持按照上面的方法去做，你将沐浴在一种完全积极、自信的环境之中，可能你身上的西装、领带、鞋子、公事包、眼镜、手表，家中或办公室的摆设、用品……任何一件东西背后都有其意义，它们所带给你的喜悦，不会亚于那些奖牌或纪念品。如果你给自己的奖励是去旅游、吃一顿牛排或看一场电影，那么你也能想像得出当时的心情和感受如何了。

对自己不要吝啬，请随时随地给自己一个奖励，不要忘了——"你自己才是你最要好的朋友、最大的客户。"

暗示 56 我通过阅读名人传记鼓励自己

当自信心不足时，不妨多阅读一些名人传记，因为世上任何一位伟人，其人生的过程都不是完美无瑕的。他们也许较为聪明，但他们的成功，却多半来自克服并利用自己的缺点，发挥潜能，并在种种恶劣的环境之下脱颖而出。

所以当始终无法排除烦恼，或郁郁寡欢时，阅读名人传记，便可以借助他们的成功之道来克服自我的缺憾，作为自我解救的参考，创造出光明灿烂的人生。

暗示 57 我找到一个和自己相似的伟人

贝多芬在少年时代，因为家境清寒、身材矮小而非常自卑，后来，他克服了自卑感，创作了伟大的乐曲并流传后世。其实促使他克服自卑的原因十分简单，有一天他发现拿破仑与他有相同的身体缺陷，而拿破仑却是盖世的英雄，因此激发了他的天赋本能。

找一个和自己相似的伟人或在某方面有杰出才能的人，就能由此改变生活态度，获得极大的鼓励。

常常听到有人说对读书没有信心，因而对其他的事也失去了兴趣，其实历史上的著名人物，很多在学生时期成绩也不佳，例如：生物学家达尔文、物理学家牛顿。

效仿伟人的做法，不要妄自菲薄，振作精神，努力不懈。

暗示 58 我经常自言自语

自言自语，是改变自我情绪，增加自信非常有效的方法。毕竟只有自己最了解自己，诚恳地与自己交谈，就是激励自己，为自己打气。

医学家认为，有意识的自言自语有稳定情绪、恢复自信、改善睡眠、消除忧虑和减轻疲劳的作用。心理学家研究发现，自己的声音有一种自我镇静的功能，特别有利于调整、改善和抑制大脑中紊乱的思维。冥思苦想只是内心的对话，如果在幽静的环境里把这种对话变为独白讲出来，心情便会得到稳定。如果在失眠的辗转反侧中把紊乱的思绪说出来，往往会在自言自语中安然入睡。

有意识的自言自语还能释疑解难，当遇到某个问题一时解决不了时，想到什么就自言自语什么，往往会突然产生灵感，抓住契机，找到解决问题的最佳办法。

例如现在很流行减肥，减肥方法千奇百怪，功效不一。如果真有需要，不妨试试既不花分文又无副作用的"自我对话"法。只要每天对着镜子不断告诉自己：我一定可以在这星期之内减掉两公斤，我一定做得到。这种想法会进入你的潜意识，你就能够有足够的自信，抗拒美食的诱惑，很快地瘦下来。自我对话，可以运用于各种场合中，对人的意志力有极大的帮助。没事时不妨多对自己说说话，你会发觉自言自语效用无穷。

暗示 59 我不再恐惧

想增强自信，一定要克服恐惧。卡耐基训练并不是演讲训练，但是在课程中，会要求每个人上台说话，克服对听众的恐惧。只要能克服台前、台上的恐惧，你的自信就会增强，并蔓延、影响到其他层面。有恐高症的人，可以通过跳伞克服这种恐惧，建立自信。

有时我们会觉得环境的变化是恐惧的来源，在一个陌生的环境中产生的恐惧远远多于熟识的环境，真的是环境产生恐惧吗？答案是否定的。如何战胜恐惧？自信。建立自信是战胜恐惧的根本保证，许多事情并不是做不到，而是不敢做。勇敢地迈出第一步，你的恐惧就会消失殆尽。

◯ 心理故事

有一处地势险恶的峡谷，涧底奔腾着湍急的水流，几根光秃秃、颤悠悠的铁索横亘于悬崖峭壁之间，算是一座桥，它是通过此地的惟一的路，经常有行人失足葬身涧底。这天有一行四人来到桥头，一个盲人、一个聋人和两个耳聪目明的健全人，他们除了攀附铁索过去，别无选择。

四个人开始一个接一个抓住铁索过桥了。盲人心想，我眼睛看不见，不知山高桥险，可以心平气和地攀附。聋人说："我听不见，不闻脚下的咆哮怒吼，恐惧相对会减轻许多。"其中一个健全的人自我激励道："我过我的桥，险峰与我何干？急流又怎奈何于我？只管注意落脚稳固就行了。"结果他们三个人都相继过去了，只剩下另一个耳聪目明之人，却被眼前的险恶吓得魂飞魄散，跌跌撞撞摔下铁索桥，丧了命。

➕ 故事解读

恐惧感特别强烈的时候，会使人失去自信心，陷入暂时的消沉和颓废中。人们的恐惧与自信相互斗争着，当恐惧大于自信时，就会心情郁闷，感到压抑，不知道下一步会发生什么事情。

暗示 60 **我勇敢地面对批评**

每个人在生活中都不可避免要受到批评，尤其是当你的行为发生改变时，你周围的人更是会给予你更多的"关注"和"评论"。因此，如果你已经开始不再对别人的要求来者不拒，或偶尔也会说"不"时，那么诸如"不近人情"、"骄傲"、"小家子气"之类的批评就会找上门来。当然，也有一些真正关心你的人会对你提出善意的批评。能正确面对批评的人不多，喜欢被批评的人更是少见。尤其是缺少自信的人对批评有着超常的敏感性，总是千方百计想避开它，久而久之就会产生恐惧感，越是不自信就越害怕别人批评。

克服批评所引起的恐惧感的惟一办法是要勇敢地面对它。具体措施如下：

1. 要倾听批评你的人说话，不要中途打岔。不要用面部表情或身体动作表现出你不愿对方继续说下去。

2. 在心中仔细想想别人的指责，找出自我偏差，并勇敢地承认它。

3. 让对方明白地说出他的异议，如果他对你的批评表现得含混不清，你就不会知道自己的缺点是什么。

4. 请批评者为自己提出建设性的建议，这样不但可以了解对方，而且还可以学习各种解决问题的方法。

5. 如果你觉得自己不该受责备，也要让对方把话说完再解释。

6. 如果别人批评得有理，的确是自己的错误，那么就向对方道歉，表示愿意改正。但道一次歉就够了，顶多两次，不必一而再，再而三地请求别人原谅，过分的谦卑无助于自信的培养。

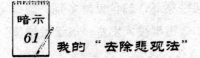

暗示 61　**我的"去除悲观法"**

未来是一个未知数，做任何一件事，没有谁能百分之百地拥有成功的把握，但如果过于自卑，失败的比率会更高些。

用一本笔记簿，中间画一条直线，左边写着"乐观"，右边写着"悲观"，然后，将一天发生的事分别写在两栏中，写满一页纸后，再将悲观栏下的每一件事，一项一项地划掉，仿佛把这些悲观的事情从心中除去，然后大声念出乐观栏下的事情，做完这些事后，你的心情就会真的好起来，那些令你难过的事情好像真被抛到九霄云外去了。

这个方法非常有效，能将你的烦恼与快乐清晰地分割开来，使你了解烦恼的原因，保持头脑清醒，树立自信心。

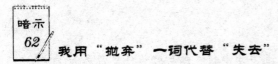

暗示 62　**我用"抛弃"一词代替"失去"**

在越战时，一位受伤的士兵在医院中醒来时，医生对他说："有一件不幸的事你必须知道，为了保住你的生命，不得不锯掉你的一条腿。"很意外地，这位士兵对医生说："不对，那条腿不是你锯掉的，而是我自己不要的。"这个故事令人感动，这位士兵以出奇的冷静和信心，采用不同的表达方式，神奇地改变了自己的心境。

无论是使用"失去"还是"抛弃"，少了一条腿的事实是不会改变的，但是如果心中想着"我失去了一条腿"，那么就会越想越悲哀，就永远不会从中解脱出来。倘若采取了主动的意念，就能很快抚平内心的创伤，充满自信地活下去。

暗示 63 我不再多疑

多疑的人自卑感强，不能正确认识自己。比如，容貌不漂亮，就非常害怕别人瞧不起自己，越害怕就越疑心，越疑心，看着别人的一举一动，都会觉得可能是在蔑视自己。久而久之，便形成恶性循环，越自卑越多疑，越多疑越自卑。同样，个子长得矮，身体有残疾，做错事被人发觉，或没做错事被人冤枉等都是导致过分多疑敏感的原因。

由于自卑心理作怪，他们对事物的反应极为敏感，多疑善感，谨小慎微。在路边谈话时生怕有人躲在暗处偷听；做事情前怕狼后怕虎、优柔寡断。明明是自己胸怀不够坦荡，却总怀疑他人在背后捣鬼，说自己的坏话。自卑给人带来很多痛苦，许多本应取得的成就常会因自卑而放弃。连自己"行"的事情也在"不行"的自我暗示中被淹没了。

这种人必须对自己有一个清醒的认识，接受自己，无论与任何人交往都要做到不卑不亢，既不取悦别人，以获取好评来满足自己的虚荣心；更不需要在别人面前显示自己，炫耀自己，以提高自己的身价。真正的自我价值源于内在的品质，并不随别人的评价而改变。消除多疑心理，才会赢得更多人的尊敬。

心理故事

古罗马皇帝提贝里乌斯直到 55 岁才继位，他目睹前任皇帝屋大维统治时期，朝廷中争权夺利、勾心斗角的情况时有发生，逐渐变得狐疑多虑。他的侄子盖尔玛尼库斯深孚众望、颇有才干，提贝里乌斯放心不下，便把侄子远远地打发到东方去，即使这样还是心有余悸，两年后又派人把他毒死。近卫军长官谢雅努斯居心险恶，阴谋篡位，在皇帝面前煽风点火，细数盖尔玛尼库斯及其家属亲友的种种不是。后来，谢雅努斯真实的面目暴露了，提贝里乌斯认清他的阴谋后，大吃一惊——连最亲信的近卫军长官都在谋害自己，还有谁可以相信呢？他处死了谢雅努斯，从此以后变得更加怀疑一切，惴惴不安，即使亲信卫队中也没有一个能够相信的人，神经极度紧张，由此加剧了恐怖统治，导致各种"叛国罪"案件的迅猛递增，其中许多案件都是皇帝病态多疑的产物。

✚ 故事解读

多疑的人在心理上总是处于不安全、痛苦的猜测状态中。这种不正常心理反应往往是由于人们对客观环境或他人的主观判断失误，而又没有认识到这种失误所引起的心理失控，"杯弓蛇影"这个成语讲的就是这种疑心病。在现代社会，有的领导者就像那个古罗马皇帝一样，会因为某一次受到上级的批评而怀疑上级不信任自己；也会因为由于自己的突然到来终止了他人的谈话而怀疑别人正在议论自己；有时甚至怀疑自己的下属对自己是否忠诚等等。这对实现组织目标，提高领导绩效极为不利。

暗示 64　我虽然……但是……

在心里辅导中，常有人以"但是"来强化被辅导人的自信，比如学生因为数学成绩欠佳而烦恼时，便命他们写一篇作文，题目就是"我的数学成绩欠佳，但是……"结果，学生的文章大部分是："我的数学成绩欠佳，但是我记住了那些公式""……但是那是在我没有认真复习的情况下考出的成绩""……但是我认为我一定能学好它"等等。在"但是"这个连接词后，所引发出来的肯定部分，能够使人重新肯定自己的价值。当你失望或焦虑时，试试用"但是"来有效地恢复自信。

● 附录1：一篇关于消除自卑感的范文

（作者艾尔默·汤玛士，曾担任美国国会议员，年轻时因衣着破败不堪，而深觉尴尬，后来却当选为美国国会议员中的最佳服饰者。）

我15岁时，常常因忧虑恐惧及自我意识所苦。与同年龄的少年相比，我实在长得太高了，而且瘦得像根竹竿。我有6尺2寸高，却只有118磅的体重。除了身材比别人高外，在棒球或赛跑等各方面都不如人。他们常取笑我，封我一个"马脸"的外号。我的自卑意识极重，不喜欢见任何人。又因为住在农庄，离公路很远，也碰不到几个陌生人，平常我只能见到父母及兄弟姊妹。

如果我任凭烦恼与恐惧盘踞下去，我可能一辈子无法翻身。一天24小时，我每时每刻都在顾影自怜，什么其他的事也不能想，我的恐惧是文字所无法形容的。我的母亲了解我的感受，她曾当过学校教师，因此，她告诉我："儿子，你得去受教育，既然你的身体状况如此，你只有靠智力谋生。"

可是父母无力送我上大学，我必须自己想办法。我在冬季捉到一些貂、浣熊、鼬鼠类的小动物，春天来时我把它们卖掉赚了4美元，再买回两头小猪，养大后，第二年秋季卖得了40美元，用这笔钱，我到印第安纳州去读师范学院。住宿费一周1元4角，房租一周5角。我穿的破旧衬衫是我妈妈做的（为了不显得脏，她特意用咖啡色的布），我的外套以前是父亲的，他的旧外套、旧皮鞋穿在我身上很不合体，皮鞋旁边有条松紧带，已经完全失去了弹性，搞得我走路时，鞋子随时会脱落。我没有脸去和其他同学打交道，只有成天在房间里温习功课。我内心深处最大的愿望是，有一天我能在服装店买身体面的衣服来穿。不久以后，却发生了几件帮助我克服自卑感的事。其中有一件，给我带来了勇气、希望与自信，改变了我以后的人生。事情是这样的：

第一件：入学后八周，我通过一项考试，得到一份三级证书，可以到乡下的公立学校授课。虽然证书有效期只有半年，但这是我有生以来，除了我母亲以外，第一次证明别人对我有信心。

第二件：一个乡村学校以一天2美元或月薪40美元的薪资聘请我去教书，更证明了别人对我的信心。

第三件：领到一张支票，我就跑到服装店，买了一套全新的服装。现在即使有人给我一百万，我的兴奋程度一定也不及我穿上第一套新衣服时的一半。

第四件：我生命中的转折点，发生在一年一度举行的集会上。母亲鼓励我参加集会上的演讲比赛。对我来说，那当然是天方夜谭。我连单独跟一个人说话的勇气都没有，更何况是面对一群人。可是母亲对我的信心是不容动摇的，她对我的未来满怀憧憬，把一生的期望寄托在我身上，她对我的信念鼓励了我去参加比赛。我抽中的题目，可以说是最不适合我表达意见的，题目是："美国的美术与人文艺术"。坦白地讲，我在做准备时，还搞不清楚人文艺术是什么玩意儿，不过反正观众也不懂什么是人文艺术，我想倒也没什么大不了的。我把演说内容都记熟了，而且对着树林与牛群预演了上百遍。为了我的母亲，我渴望有出色的表现，因此，在演讲中我真情流露。完全出乎意料地，我竟然得了冠军。我太吃惊了，人们开始欢呼。一些曾取笑过我的男孩跑过来拍着我的背说："我早知道你能办到的！"母亲紧紧拥抱着我。当我回顾我的人生，可以说那次演说得奖确实是我人生的转折点。当地一家报纸以头版文章刊登我的故事。赢得演说优胜奖使我在本地得到肯定，更重要的是，它使我的自信倍增。如果不是那次的成功经验，我也不可能成为国会议员，因为它提升了我的士气，开拓了我的视野，并让我体验到我拥有一些从不敢想像的才能。其中最重要的，是那次的优胜为我赢得了一年的师范学院奖学金。

我变得十分渴求得到更多的知识。因此以后的几年——1896 年到 1900年——我把时间用于教学与研究两方面。为了筹足上大学的学费，我夏季时到麦田、玉米田里工作，并参加道路工程建设。

1896 年，我虽只有 19 岁，却已做过 28 场演说，鼓励人们投票选举布莱安为美国总统，为布莱安进行助选演说。1899 年，我代表学校与一所大学进行辩论，主题是"国会议员是否应开放全民投票"，因为我以前曾是演说冠军，被选为学校年刊与学校报纸的主编。

大学毕业后，我到俄克拉荷马州开了一家律师事务所，接办一些印第安保留区的法律问题。我在州议会中服务了 13 年，并在下议院服务了 4 年。在我 50 岁那年，我终于完成了一生的抱负——成为俄克拉荷马州的议员。我是在 1927 年 3 月 4 日就任的，自从 1907 年 11 月 6 日俄克拉荷马与印第安保留区合并为一州，我常得到民主党的提名，先是提名为州议员，后来成为国会议员。

我叙述这个故事，绝非为了吹嘘自己的成就，没有人会对我的成就感兴趣。我把它说出来，只是希望它能带给贫困的年轻人一些新生的勇气和信心，也许他们正像我小时候穿着父亲的旧衣旧鞋时，一样的苦恼、害羞与自卑。

● 附录2：提高勇气的自信心理训练法

你也许曾经多次屈从于别人提出的无理要求："我想要看本杂志，你替我去跑一趟吧！"或者"我又没钱了，你能借我 100 元钱吗？"这类要求在生活中司空见惯，有时候它也并不是不可以接受，但是如果这类问题太多或同一问题经常出现，如果你总是屈从于别人的要求，就会觉得自己太软弱。应当加强自信，并且以一种坚定而礼貌的方式说出"不"字来。

同样，你也许有许多正当、合理的要求，但是你怕被拒绝，所以不敢提出，或者虽然提出，但别人一旦拒绝，你就不敢坚持。

你接受不合理的要求以及你提出合理的要求却不能实现，都是缺乏自信造成的。提高勇气的自信心理训练就在于通过分析和思维判断、改变自己的行为，使自己变得更加自信。

训练程序

1. 检查你的交往。

——你有需要更加自信地处理的事情吗？

——你害怕由于把你的意见和感受表达出来而发生什么事情吗？

——你有偶尔不冷静而愤怒地斥责别人之类的事情吗？

考察你交往状况的简易方法，是坚持写一周或更长时间的日记，记下你胆怯时的事情、你冒犯他人的事情以及需要你用自信处理的事情。

2. 选出对你来说需要改进的事宜，以有益于你更加自信地交往，其中包括：

——在你不满、愤怒、困窘、对别人感到恐惧时；

——因没有勇气表达自己的真实感受而出现自我贬低的情绪时；

——你表面上礼貌地道歉，其实是胆怯或允许别人超过你时；

——你暴怒或比别人优越时表现出的侵犯性（交往也包括在内）。

3. **集中于过去的特定事件。** 闭上眼睛几分钟并且生动地想像事件的细节，包括你和其他人说的话，你当时及以后的感受。

4. **记下并回顾你的反应，通过下列问题以确定你怎样表现自己：**

——眼睛接触：你以放松的、不断的凝视来直视他人吗？向下或向远处看表示缺乏自信。始终不断的凝视是侵犯性反应。

——手势：你的手势恰当、自由挥动，放松并且能够有效地强调你要表达的信息吗？笨拙、拘谨表示紧张，其他手势（如愤怒地紧握拳头）代表侵犯性反应。

——身体姿势：你以下列方式来表示你的信息的重要性吗？直接面对他人；向他人那边倾斜头部；适当地坐或站着；离别人近些。

——面部表情：你的面部表情表现出了与自信相一致的坚定、严肃的神态吗？

——音调和音量：你保持了一种坚定而信心十足的语调吗？叫喊表示愤怒；柔声细气表示羞涩；粗哑的声音表示紧张。请注意，听自己的录音后进行改进是一种练习声音的方法。

——讲话的流畅性：你讲话平稳、清晰而缓慢吗？讲话快或犹豫表示紧张。只录下自信的反应，然后再到相应的情境中去尝试。这样训练，促进了语言的流畅性。

——时间选择：在允许你和其他人对事件做评论时，你是否能做出最快的反应呢？一般来讲，在被允许发表言论的同时做出反应是最好的。但是对特定的情境，应当在事后处理，比如对老板的错误陈述提出异议，应当在私下进行，而不是他正在所有员工面前自我表现的时候。

——信息内容：通常在哪种情况下你的反应是不自信的或具有侵犯性的？哪种情况下是自信的？分析其内容并考虑你为什么以一种不自信或侵犯性的方式做出反应。

5. **观察一个或多个有效的模式。** 在你存在问题的方面，观察自信者的言行举止，比较他们的方法与你的方法有何不同。如果可能的话，还可以讨论他们的方法的优势所在以及他们使用这种方法的感受。

6. 列出一系列可供选择的、能变得更自信的方法。

7. 闭上眼睛想像你正在使用以上各种可选择的方法。对于每一种方法，反复考虑与结果相联系的最完美的形式。选出一种或几种你认为对你来说有效的方法。通过意象，练习这种方法，直到你感到满意并能为你所用时为止。

8. 与其他人，如朋友、家人一起使用角色扮演的方法。如果你的方法在某些方面显得粗陋、笨拙、胆怯或有侵犯性，那么就在实际中加以矫正，直到你对这种方法运用自如为止。请他人对你的方法做出评价。

9. 重复 7、8 两个步骤，一直到找出一种你感到满意并最适合你的提高自信的方法。

10. 在真实的生活情境中使用你的方法。前面的步骤就在于让你做好应对真实事件的准备。如果你仍然过于害怕尝试而不能变得自信，那么重复第 5 步到第 8 步。

11. 反省你的努力的有效性。像第 4 步那样重新审视自己的行为，在你的反应中：

——哪些成分是自信的、具有侵犯性的和不自信的？

——你努力的结果是什么？

——使用这种新的行为方式后，你的感受如何？

12. 期望通过早期努力有所改进，并不意味着你应该完全满意了。充满自信地和其他人进行交往是一个不断学习的过程。

心理疲劳篇

轻轻松松每一天

■■■■■■■■■■■■■■■■■■■■■■■■■■■

　　人，是可以被累死的，这并不是危言耸听。不久前，世界卫生组织在一份报告中称："工作紧张是威胁许多在职人员健康的因素。"这一结论明确指出了过度劳累对人体的危害。随着经济的高速发展，生活节奏的不断加快，"太累"、"太疲劳"已是人们日常生活中的流行词汇了。正如英国科学家贝弗里奇所说："疲劳过度的人是在追逐死亡。"心理疲劳正在成为现代人的"隐形杀手"。

　　本篇收集了几十则令你会心一笑的小幽默，旨在使你真切地体验到：面对心理疲劳，我们的最好办法就是——适度保养、合理调剂。

● "亚健康"——慢性疲劳综合征

医学家把健康称为人体"第一状态"，把身患疾病称为人体"第二状态"，亚健康是指介于健康与疾病之间的边缘状态，又叫慢性疲劳综合征或第三状态。慢性疲劳综合征是美国疾病控制中心建议使用的一个疾病名称。是指健康人不明原因地出现严重的身心倦怠感，伴有低热、头痛、肌肉痛、抑郁、注意力不集中等精神症状，有时淋巴结肿大而影响正常生活的一种临床综合征。以前对这种疾病的认识不足，很多这样的患者都被误诊为神经衰弱。可以说，慢性疲劳综合征已成为人类健康的大敌。

自测：你累吗？

疲劳症的早期是有信号的，我们可根据信号进行自检，以确定自己的疲劳程度与状况。专家列举了以下20种症状：

1. 早晨懒得起床。
2. 公共汽车开来了，也不想跑着赶上去。
3. 上楼时常常绊脚。
4. 不愿与上级和陌生人见面。
5. 写文章或做报告时，总爱出差错。
6. 说话声音细而短。
7. 不愿与同事们谈话。
8. 总是发呆。
9. 过多地喝茶或咖啡。
10. 不想吃油腻的东西。
11. 很想在饭菜中撒上辣味的调料。
12. 总觉得手脚发硬。
13. 眼睛睁不开。
14. 老是打哈欠。
15. 想不起朋友的电话号码。
16. 把脚伸到桌上。
17. 对烟酒过度嗜好。

18. 不明原因地肥胖或体重下降。

19. 容易泻肚子或便秘。

20. 想睡觉，但上床后却不易入睡。

上述情况如果你有 2 点，说明疲劳是轻微的；如果有 4 点，就是中度疲劳，可以称为慢性疲劳了；如果你有 6 点以上，那就是过度疲劳了，必须引起足够的重视。

你属于哪种疲劳？

从引发疲劳的原因上来看，可分为体力疲劳、脑力疲劳、心理疲劳和混合性疲劳。

体力疲劳：体力疲劳就是人们常说的累。从事体力劳动或运动时间较长、强度较大，都会产生累的感觉。累的感觉是怎样产生的呢？当人体在持续长时间、大强度地进行体力活动时，肌肉（有骼肌）群持久或过度收缩，在消耗肌肉内能源物质的同时，产生乳酸、二氧化碳和水等代谢废物。这些代谢废物在肌肉内堆积过多，就会妨碍肌肉细胞的活动能力，最终使人产生疲乏无力以及不快乐的感觉，体力虚弱，甚至对工作失去兴趣，疲劳就产生了。

脑力疲劳：脑力活动持续时间过久，也会产生疲劳。当我们用脑过度时，会感到头昏脑胀，记忆力下降，思维变得迟钝了，这就是脑力疲劳。它产生的机制与体力疲劳相仿，是细胞活动所需的氧气和营养物质供不应求的结果，也是活动中产生的代谢物堆积造成的。

◎突发横财

驻扎非洲沙漠的法国士兵接到上级的悬赏令：捉住一个阿拉伯游击队员，可得黄金 100 两。

米歇尔和尤里开始在沙漠里搜索猎物。几天劳顿下来，两人筋疲力尽地进入了梦乡。

当米歇尔醒来时，发现他们被一百多个持枪的阿拉伯游击队员包围了，他急忙推醒尤里说："快起来，我们发大财了！'

◎酒鬼开车

两个酒鬼在开车回家的途中……

甲：注意，前面有个弯道……

乙：啊！不是你在开车吗?!

◎老王的许愿

老王夫妻同赴欧洲旅游，参观一座古堡时，老王在古堡前的许愿池投了硬币许愿，太太随后也依样而行，但在丢硬币时。突然不小心跌进许愿池里。老王惊讶得目瞪口呆，直说："太灵验了！太灵验了！"

心理疲劳：心理疲劳也称为精神疲劳或心因性疲劳。它与体力疲劳和脑力疲劳不同，不是发生在劳动或学习进行之中，而往往在刚刚开始甚至还没开始时，就已出现。感到很累、不想活动、对劳动或学习失去兴趣，严重者会感到厌烦。有些人刚上班，还没开始工作，就觉得周身乏力、四肢倦怠，甚至心烦意乱；有些人刚上课，手一拿起书本，就觉得头昏、厌倦、打不起精神来等等。这些都属于心理疲劳。所以，心理疲劳的人不是不能做，而是不愿意做。心理疲劳大都是由情绪低落引起的，而且是常见的长期性疲劳。比如讨厌自己的工作、学习或婚姻生活不愉快，闷在心里成为一种思想上的负担，从而惴惴不安，形成精神上的痛苦而出现疲劳。

混合性疲劳：又名综合性疲劳，即几种疲劳现象同时存在。最常见的是体力疲劳与脑力疲劳并存、脑力疲劳与心理疲劳并存。当然，体力疲劳可与心理疲劳并存。其形成的原因较为复杂，因此，消除这种疲劳不能靠一种方法，而是应根据不同情况，采取综合性的方法。

易感人群

生活方式不健康者：由于慢性疲劳综合征的成因与生活方式密切相关，日常生活中的一切不健康的生活方式，经过长期积累均可引发病症。这些方式包括：睡眠不足或过多、生活无规律、长期吸烟、酗酒、饮食结构不合理、缺乏体育运动或体力劳动等。

精神压力过大者：这种精神压力来自多方面，如：工作、经济、婚姻、就业、学业等。我们生活在一个生存竞争十分激烈的时代，在我们一生当中不知要遭遇多少各种各样的挑战。现代社会越来越多的是以脑力劳动替代体力劳动，这需要我们不仅要有强健的体魄，而且需要有健全的心智来应对一系列高强度、持续性、多样化的刺激。人脑负荷能力是有限的，神经系统过度的兴奋将导致神经、内分泌、免疫系统功能紊乱，如果不能及时得到舒缓，则会使身心陷入慢性疲劳状态。

独身者与寂寞者：此类人群由于长期缺乏亲情关爱或情感交流，情绪往往不稳定或长期处于情感障碍状态。心理学研究表明，独自从事体力或用脑不多的劳动时，由于孤独、心理压力大及未能与外界交换信息，很容易使人对工作产生单调的感觉，从而很快出现厌烦和疲劳。大脑长期抑郁不仅有损神经系统而且将引发一系列以躯体症状为表现的疾患，这就是所说的心身疾病。

特别提示：关于"疲劳"的新学说

有人认为：疲劳是一种"中毒"现象。因为当人体肌肉活动时，肌肉会产生乳酸，假如除去乳酸，疲劳的肌肉则可重新活跃起来。活动中肌肉还会产生"疲劳毒素"的其他物质，这些物质经血液带往肌肉乃至整个身体，尤其带至大脑产生疲乏感。

科学家做过这样的试验：把一条筋疲力尽而酣然入睡的狗的血液输入另一条狗的身体，居然使后者很快就觉得"疲劳"而熟睡不醒。把一条活泼清醒的狗的血液输入另一条疲乏且入睡的狗的身体，后者即刻清醒且疲乏顿消。

还有一种学说认为疲劳本身不是病，而是身体免疫力低下，肌体各方面功能减弱的体现，容易生病，且不易康复。疲劳是体质弱的原因，同时也是结果，因为身体抵抗力差的人也就容易产生疲劳感。如缺铁性贫血者、长期便秘、肠道毒素繁殖者，慢性病患者……都容易感觉疲倦。不少专家认为，由于劳累，可使肌体乏力，心脏负荷过大，五脏功能削减直至丧失，衰竭而亡。从细胞分析来看，人体内细胞在进行复杂的新陈代谢时会产生一种活性很高的氧气化合物，这就是人们常说的"自由基"。在正常情况下，自由基能保护身体，使体内免受微生物、细菌等有害物质的侵害，是人体免疫系统中相当重要的一环。但是，当人们遭受环境严重污染、巨大压力、过度劳累时，体内自由基大大增加，这就十分不妙了。过多自由基会成为人体内的破坏分子，它攻击细胞，影响蛋白质、核甘酸、脂肪的合成，使人体协调能力减弱。

● 心理疲劳

正如英国心理学家海德费所言："绝大多数疲劳，都是由于心理的影响，纯粹由生理引起的疲劳是很少的。"所谓心理疲劳，是指人们长期从事一些单调、机械的工作活动，伴随着肌体生理方面的变化，中枢局部神经细胞由于持续紧张而出现抑制状态，致使人们对工作和生活的热情及兴趣明显降低，直至产生厌倦情绪。心理疲劳常常带有主观体验的性质，并不完全是客观生理指标变化的反映。

诱　因

1. 长期处于紧张状态，过度疲劳，以致身体和精神上无法承受。

2. 由于家庭不和、工作受挫、学习不顺利等因素的影响，使人心情抑郁、焦虑。

3. 对所从事的工作不感兴趣。

4. 缺乏良好的工作和学习环境，比如周围有很强的噪音干扰，或总有人在身边打扰。

5. 长期从事单调、重复、枯燥的活动，产生心理饱和。

"积劳"必"成疾"

心理疲劳的主要表现有：神经衰弱、失眠多梦、记忆力下降、肢体软弱、精神疲乏、性功能下降等，持续时间一般较长。

"心累"对身体健康的危害主要是造成"内耗"，形成不易觉察到的身体内在器官（尤其是心、脑、胃等重要器官）及功能的慢性削弱和损伤，心理疲劳是由长期的精神紧张压力、反复的心理刺激及复杂的恶劣情绪逐渐影响形成的，它动摇了人体健康的"根本"，如果得不到及时疏导化解，长年累月，会造成心理障碍、心理失控甚至心理危机。

——它是心血管类疾病的主要诱因。引起的常见病症有高血压、动脉硬化、动脉栓塞、冠心病等，后两种导致临床猝死的情况较为多见。

——它是脑血管类疾病的主要诱因。容易导致脑血栓、脑溢血（中风）等高死亡率疾病的发生。

——它是消化道疾病的主要诱因。容易导致慢性胃炎，胃、十二指肠溃疡、胃肠肿瘤等迁延性疾病的产生。

◎革命基金

前苏联时期，一位男子来到酒馆……

男子：来瓶儿伏尔加！

侍者：10 卢布。

男子：上次来还是 5 卢布，怎么……

侍者：伏尔加 5 卢布，另外 5 卢布是党的革命基金。

男人不情愿地掏出 10 卢布递给侍者，奇怪，侍者又找了他 5 卢布。

男子：怎么又找了 5 卢布？

侍者：酒都卖光了。

心理故事

华先生自己也不知道究竟从何时起成为一个忙碌者的。

他本是个喜爱田园牧歌风格的人，向往悠闲自在的生活方式。可是身处于要求快节奏的现代社会，他以往的生活节奏和方式不得不有所改变。他不得不在早上起床后快速处理家务，上班途中加快步伐，工作时要保持高效率高质量，下班后又得急着赶回家干家务。为了应付这个信息爆炸的时代，他还利用业余时间学习新知识，收集处理各种各样的信息。身为父亲的他还要辅导儿子的功课，有时他在业余时间又去兼职打工，干"第二"、"第三"职业。

最初他常想的一个问题是："我这样忙碌究竟是为了什么？值不值得？"第一问的答案很快就找到了——为了家庭和事业。于是，第二问的答案也就似乎是显而易见的了——当然值得。这样，他就不再让这些问题困扰自己，而是用更多的工作来充实自己，让自己不再想这些"无聊"问题。

渐渐地华先生发现自己被疲劳感纠缠住了。开始时是轻微的疲劳，休息一下就能恢复，但后来就没那么容易对付了。在通常情况下，他发现自己尽管白天容易产生疲乏感，可夜间睡眠却不是十分好，有轻微的失眠，早上也醒得很早。他服用一些补品补剂，比如西洋参、蜂王浆等，希望使白天精力充沛、精神抖擞，但很快就没什么效果了，人又回到委靡不振的状态之中。他猜想也许是因为自己每天工作的时间太长了，工作太累了，于是辞去了兼职工作，提早上床睡觉，但效果依然不太大。有时刻意休息很长时间，睡眠时间很充足，可一起床仍觉得疲劳。

故事解读

人们的工作节奏、工作负担、生活内容都在不断发生着变化，这些变化又会进一步导致人们时间观念、行动速度、人际关系状况的改变。有些人甚至会觉得自己一下子陷进了一个全新的环境中，一时不知道如何去调整自己，适应环境了。在这种状况下，人们承受了巨大的心理压力。华先生辞去兼职，增加休息时间，为什么依然觉得疲劳？其实，道理很简单。他的心理疲劳需要由心理学方法和手段去消除，仅仅每天多睡几小时，只能对正常的由运动过量造成的疲劳起作用。

"过劳死"的十大信号

"过劳死"是一种未老先衰、猝然死亡的生命现象。据调查，三种易"过劳死"的人为：

——有钱（有势）的人，特别是其中只知消费不知保养的人；

——有事业心的人，特别是称得上"工作狂"的人；

——有遗传早亡家族史又自以为身体健康的人。

日本"过劳死"预防协会列出了关于"过劳死"十大信号：

1. "将军肚"早现。30～50岁的人，大腹便便，是成熟的标志，也是高血脂、脂肪肝、高血压、冠心病的伴侣。

2. 脱发、斑秃、早秃。这是工作压力大、精神紧张所致。

3. 频频去洗手间。如果你的年龄在30～40岁之间，排泄次数超过正常人，说明消化系统和泌尿系统开始衰退。

4. 性能力下降。中年人过早地出现腰酸腿痛，性欲减退或男子阳痿、女子过早闭经，都是身体整体衰退的第一信号。

5. 记忆力减退。如开始忘记熟人的名字。

6. 心算能力越来越差。

7. 做事经常后悔，易怒、烦躁、悲观，难以控制自己的情绪。

8. 注意力不集中，集中精力的能力越来越差。

9. 睡觉时间越来越短，醒来也不解乏。

10. 经常头疼、耳鸣、目眩，检查也没有结果。

具有上述两项或两项以下者，则为"黄灯"警告期，目前尚无需担心。具有上述3～5项者，则为一次"红灯"预报期，说明已经具备"过劳死"的

◎假装是夫妻

火车上，一男一女萍水相逢，他们共处同一个卧铺车箱，开始当然很尴尬，但是很快，疲劳还是使他们各自睡着了，男的睡在上铺，女的睡在下铺。

半夜，男的醒来，把睡在下铺的女的叫醒："对不起，我在上面快冻死了，能不能麻烦你给我再递一条毯子上来？"

女的看着那个男的，眼光流动着，对那男的说："我有个更好的办法，让我们假装是夫妻，怎么样？"

男的一愣，但是随即答应："好啊，太好了，我真没想到！"他明显有点兴奋得不知所措，"那么现在我们怎么做？"

女的在铺上转了转身，面朝车厢壁，说："你他妈自己不会去拿呀！"

征兆。6 项以上者，为二次"红灯"危险期，可定为"疲劳综合征"——"过劳死"的预备军。

特别提示：一组关于"过劳"的数字

35%：全球约 35%的人处于疲劳状态；

1 万人：日本每年有 1 万人因过度劳累而猝死；

20%：1988 年死于心脏病的 21 万日本人中，至少有 20%的人属于"过劳死"；

500 万：美国有 500 万人患有"疲劳综合征"；

1/4：俄罗斯有 1/4 的人患有"疲劳综合征"；

10～20%："疲劳综合征"在我国城市的发病率；

52.23 岁：中国科学院在职科学家因长期疲劳而英年早逝者的平均年龄，而同一时期北京市人平均寿命为 73 岁；

10 岁：前不久国家体改委公布的肩负重任的我国知识分子平均寿命仅 58 岁，较全国人均寿命低 10 岁左右。

● 心理疲劳的自我调整

正确认识"快节奏"

对"快节奏"要有一个正确的思想认识，社会向现代化发展，作为社会的主人，更应该和着社会的节拍，适应社会的需要，抛弃一切陈规陋习和一切落后的、懒散的生活、工作方式，积极从思想上迎接"快节奏"的到来。认识到"快节奏"的重要性和必要性后，在"快节奏"到来时或处于"快节奏"之中时，思想上对"快节奏"所带来的种种不适就有了心理准备，同时，也可以采取一些预防措施。

培养健康个性

健康的个性指的是具有宽广的襟怀，对未来充满信心，同时又实事求是地着眼于现实，分清主次做好每项工作。你应该做到：

1. 为人坦荡、宽宏大度，而不是虚伪浮夸或自命清高。

2. 富于创新、勇于负责，而绝非消极懈怠、墨守陈规。

3. 要有豁达开朗的精神和乐观无忧的情绪。

4. 遇到困难要有信心，有主见。

5. 具有坚强的意志，在不幸与挫折面前，不怨天尤人，也不悲观失望，而是从中学习经验，从逆境中看到希望，坚定自己战胜挫折的信心，把克服每一个挫折都当做前进道路上即将被搬走的一块石头。只有这样才能适应生活，跟上社会和时代的步伐。

6. 待人处事要随和，避免由于生闷气、无端发怒而引起心理疲劳。

7. 平时不可为一些细碎琐事而耿耿于怀，也不可为一时的紧张忙碌而心事重重。

这样，在进入"快节奏"生活、工作、学习时，就能够消除紧张情绪，保持松弛的状态，从心理上得到自我解脱。

避免不必要的心理浪费

生活中不尽如人意的事很多，当你意识到某些令人烦心的事不能改变时，最好还是面对它，这并不意味着懦弱，反而说明你有勇气、有信心，应避免那些无休止的让人筋疲力尽的苦思冥想和不切实际的幻想，这是节省，心理能量、减少心里疲劳的最佳方法。

善待压力

心理学家认为，人之所以感到疲劳，首先是情绪使人们的身体紧张，因此要学会放松，让自己从紧张疲劳中解脱出来。

一是要找出导致心理压力的原因，如家庭不和、人际关系紧张、工作不顺利、身处逆境等，要尽可能先将那些恼人的事丢开，待心理状态恢复之后再考虑对策。

二是要树立正确的处世观，把压力看做是生活中不可分割的一部分，做好抗压力的心理准备。遇到突如其来的困难和压力，不要惊惶失措，要静下心来，审时度势，理顺思绪，从困境中找出解决问题、缓解压力的办法。

三是要确立切实可行的目标定向，切忌由于期望值过高，无法实现而导致心理压力，倘若目标经过积极努力有可能实现，无论出现何种艰难和困厄，都不要退缩和逃避，要借助压力的刺激，不断强化自己的意志，充分发挥全身的能量，达到目标。

四是要学会适度卸减压力，以保证健康、良好的心境，逐渐摆脱慢性疲劳综合征的困扰。

明确目的

无论从事什么活动，首先要弄清活动目的，并确立行动的小目标，这样能了解自己的活动成效，使自己不断获得激励，以维持较高的兴奋水平。

心理学家做过一个实验：将一批被试者分为三组，分别沿三条路步行，目的地是 10 公里外的一个村子。第一组不知道此行的目的地和行程远近，只跟着向导走。走了两三里就有人开始叫苦，走到一半时大多数人都抱怨为什么要走这么远，何时才能走到。越往后情绪越低落，有的人干脆躺倒不愿再往前走了。第二组知道目的地有 10 公里，但公路边没有里程碑。走到一半时，开始有人叫苦，以后虽然有些人情绪较低，但当向导告知目的地快到了时，大家的情绪又振作起来了。第三组不仅知道道路里程远近，而且路边有里程碑，人们知道走了多少路，还有多少路，虽然都感到疲乏，但情绪一直很饱满，而且兴致越来越高，最后几里路，速度反而加快了。这个实验充分证明了目的、目标明确与否对心理疲劳的影响极大。

劳逸结合

要有劳有逸，劳逸结合，科学用脑。顺应大脑活动的生理节律，切忌长时间以各种强制手段增加脑力劳动的负荷。尽管 8 小时工作时间内使人应接不暇、头晕眼花，但 8 小时之外还是自己的自由天地。不论体力劳动者，还是脑力劳动者，都要学会忙里偷闲，让精神和体力有足够的恢复时间，每周应至少有一天这样的休息时间。同时，科学地利用闲暇时间也很重要。它可以使人们从精神到肉体保持轻松状态，排除各种不利因素的刺激，使人们豁达开朗、气血调和、身心健康，在心理上感到乐趣、有奔头、有自信心。

◎闲人免进

丈夫意外受伤，进医院住了一个月。妻子有一次去看他，弯身和他亲吻。他的伤势已稍好转，很强烈地回吻了妻子一下。恰好此时一位护士走进房间，看见当时的情景便马上回身把门带上。

结果这次探访时间很长，护士及其他医务人员也没有进来打扰。他们觉得很奇怪，直到妻子开门出去时才明白，原来门上挂着块牌子，写着："正在进行治疗，闲人免进。"

疲劳前休息

休息是消除疲劳、恢复精力的一种有效补偿方式，但何时休息很有讲究。许多人都觉得时间不够用，不分昼夜忙着挣钱、应酬、玩乐，到了累得实在不行时才美美地睡上一大觉，以为这样就能养息宁神，殊不知，可能此时越睡越困，睡得时间越长越觉得疲劳，这是因为身体失去有规律的作息，生物钟被打乱，对健康十分不利。

疲劳的产生是有一定物质基础的，这就是机体在新陈代谢过程中，产生的二氧化碳、乳酸等。当体内的这些疲劳物质积累到一定程度，到达"疲劳阈值"时，人就会感到疲劳。当然，体内也有消除、转化这些疲劳物质的机制，但有一个规律，疲劳物质的数量在"疲劳阈值"以下时，这些物质会被很快消除掉。疲劳物质的数量达到或超过"疲劳阈值"时，消除它们所需时间就大大延长。这个规律提示人们不应感到疲劳了才去休息，如果在尚未产生劳累感时即休息，体内积蓄的代谢废物较少，很快即可消除，故此种休息方式的保健效果最好，保健专家称之为主动休息。有人曾经做过这样的观察：一个工人一天8小时内连续往货车上装生铁，可装12.5吨，而下班时已筋疲力尽了；后来，让他换种工作法，每干26分钟后休息3~4分钟，结果，在同样的8小时内装了47吨，下班时这个工人显得很轻松，几乎没有疲劳的感觉。

怎样才能做到疲劳之前就休息呢？每个人都要根据自己的具体情况，合理安排时间，忙里偷闲。工作学习一段时间后可适当做做操、坐办公室久了应该到室外散散步、喝茶水的时候愉快地哼上两段小曲，做家务劳动时可以听一段音乐等。并不是什么都不做才算是休息，用脑累了可以换种需要体力的事情做，用体力累了可以换种脑力劳动，这种主动休息对消除疲劳很有帮助。

主动休息能发挥和调节全身器官功能、增强机体免疫水平与抗病能力，清除各种致病隐患，是防范疲劳特别是体力性疲劳与脑力性疲劳的"灵丹"。及时放松，将会大大有助于提高效率，且有利于保护你的健康，使你能更快乐地享受人生。

用多样化避免心理饱和感

枯燥、单调、重复性的工作或学习，易使大脑皮层产生抑制作用，出现心理饱和。例如，大考前突击复习，达到一定程度以后，就会有一种饱和感，似乎大脑里已经装满了，再努力也装不进，也不想努力了，产生了一种厌烦疲倦情绪，这实际上就是心理疲劳。要克服这种现象，就应当做到活动与休息相结合，注重活动的多样性，各种活动交错进行。这种变换刺激，可以保持大脑皮层的兴奋，推迟或克服疲劳感，即使身体感到疲劳，但心理上仍可保持愉快状态。

合理安排自己的生活

现代生活虽纷繁复杂、瞬息多变，但若合理安排，对自己的身心健康也会起到保护作用。所谓合理，即根据自己的生活、工作、学习的实际情况、一年四季的气候变化、身体的健康状况及对工作、学习的应变能力安排好一天、一周、一月乃至更长时间的生活内容。明确什么时候应该做什么事，什么事应该什么时候做，不随意变动。

当然，合理安排好生活可使自己忙而不乱，有条不紊，但重要的还在于使自己的合理生活成为一种制度加以落实，使之成为良好的生活习惯。

适时放慢生活节奏

不要一天到晚埋头工作，有人甚至连周末也在"拼命"。专家忠告：工作再忙也要学会忙里偷闲，不时地放慢生活节奏。可利用周末到野外的自然环境里呆上几小时，或参加园艺劳动，或不定期地到乡村度假，让自己得到充分休息，有效地缓解心理疲劳，积聚新的力量。休息会使人变得更有创造力，调查结果表明，在得到很好休息的情况下，产生直觉和情感的右侧大脑会变得活跃，而休息少的人更容易出差错。从事半天工作的人生活效率要比全日制工作者高 $1 \sim 20\%$。得到充分休息的人处事更加慎重，时间利用效率高，工作起来头脑更清醒。

◎一辆马车

一天，有一个美国人打算横穿一个大沙漠，突然，他看到一个阿拉伯人横躺在地上，一只耳朵紧靠着地面，显出一副痛苦的表情。

美国人上前去问："你，你怎么了？发生了什么事？"

那个阿拉伯人说："有，有一辆马车……里面有四个人！"

那个美国人听了后非常地吃惊，他问："马车？周围没有马车啊！你能听见马车的声音吗？"

那个阿拉伯人说："不，那辆马车……刚，刚从我身上压过去啊！！"

💬 **心理故事**

马克思的工作很繁重，生活节奏很快，这种高速的生活节奏，很容易使人烦躁不安，并产生心理疲劳。马克思经常有意识地以旅游、下棋、唱歌、跳舞等活动来放慢生活节奏。马克思在伦敦期间，星期天常常同全家人到普林娄斯山后的荒原上郊游，有时还邀请朋友一起去。在郊游中，他与同伴和孩子们打闹、赛跑、背诵剧本，玩得不亦乐乎。第二天则以充沛的精力再次投入革命工作。据马克思的好友李卜克内西回忆，马克思还喜欢下棋，常在工作之余玩象棋、跳棋，他的棋艺不高，为弥补这个缺点，他常运用"出其不意"的策略，向对手进攻，对方被弄得很被动。马克思把棋赛称为"聪明人的游戏"。

➕ **故事解读**

放慢生活节奏，把"无所事事"的时间也安排在日程表中，要明白悠然和闲散并不等于无聊，无聊才没有意义。这是生活的艺术。

◎小孩子懂什么

有一位妈妈带着奶奶和两个女儿乘坐的飞机不幸失事，四人靠着一个大皮箱漂流到一个小岛上，小岛上住着一群年龄不等的士兵。

这时有一位壮年的士兵过来强行把妈妈捉走，小女儿抱着他的腿说："不要捉走我妈妈！"士兵一脚把她踢开并说："小孩子懂什么！"这时又有一个年轻的士兵过来把姐姐捉走，小女孩又抱着他的腿说："不要捉走我姐姐！"年轻的士兵也一脚把她踢开并说："小孩子懂什么！"

这时有一个年老的军人过来，小女孩正要冲过去的时候，奶奶一脚把小女孩踢开并说："小孩子懂什么！"

◎瞎子和瘸子

瞎子和瘸子两人共骑一辆摩托车，瞎子骑，瘸子看路，一路无事。转过一道弯，瘸子忽然发现路上有一道沟，连忙大声喊道："沟！沟！沟！"瞎子一听来了劲，接着唱道："噢咧，噢咧，噢咧……"结果瞎子和瘸子两人连人带车一起跌进沟内。

◎结婚的原因

两位已婚男士闲聊，一位提议谈谈各自的求婚动机。

"我是在夏天见她穿了一身薄衣服，美腿隐隐若现，于是就向她求婚了。"

"我正好相反，"另一位接着道："我老婆总是穿长裙，我想知道她的腿究竟长得怎么样．于是就向她求婚了！"

按生物钟作息

所谓生物钟，是指人体内各器官所固有的生理节律。人体内的生物钟约有 100 多种，在大脑的统一指挥下协调各器官的功能，并规范着人的活动，如睡眠与觉醒、记忆与思维的涨落、体力与精力的兴衰等。一个人必须按照自身的节律来安排作息，不能违反、干扰这种节律。例如：

晚上 10 点准时上床入睡；

早上 6 点左右起床；

7 点吃早餐；

上午 9 ~ 11 点精力充沛、记忆力强，是你工作或学习的大好时机；

13 ~ 15 点体温下降，荷尔蒙水平趋弱，人需要放松，故最好午睡半小时；

15 ~ 17 点乃是继上午 9 ~ 11 点之后的又一个精力与体力的高峰期；

18 点进晚餐；

19 ~ 21 点的记忆力最佳，是一天中第三个学习或工作的黄金时间段；

10 点又到该入睡的时候了。

如果你反其道而行之，晚上熬夜，中午不睡午觉，三餐不定时，则将整天昏昏沉沉，疲惫不堪。

留出机动时间

产生心理疲劳的又一个因素是满负荷的工作安排，可以通过早做计划来解决。每天在自己的时间表中留出半个小时的时间，利用这半个小时你可以打电话、浏览信件、和朋友交谈等，使自己获得喘息。

培养工作与学习兴趣

心理学家告诉我们，兴趣的形成与大脑皮层产生的强烈兴奋相联系，并伴有愉快、喜悦的积极情绪体验。而心理疲劳的产生正是因为大脑皮层处于抑制和消极状态引起的，因而兴趣的培养是克服心理疲劳的关键。如果工作任务或学习内容本身缺乏趣味性，就应当提高对工作或学习目的的认识，培养间接兴趣。有了兴趣才会有积极性、自觉性、主动性，才能使心理处于一种良好的竞技状态。反之，则无创造性可言，处处被动适应，心理疲劳就不请自来了。

不要对自我的期望值过高

对自我要有一个客观正确的估计和期望值，不能对自己要求过高过急，凡事要讲求适度，根本办不到的事不要硬拼蛮干，避免长期超负荷运转。若心理疲劳是由于工作过于单调机械所致，就说明所从事的工作并未把你的价值和潜能充分地发挥出来，使你产生了厌烦的心理，在这种情况下，最好的方法是改变工作的性质，或者去另求发展。

宽容、不攀比

宽容是人生难得的佳境。学会宽容，意味着不再患得患失。宽容地对待自己，就是心平气和地、一步一个脚印地生活和学习，不急于求成，不盲目与他人攀比，把这些造成心理疲劳的诱因从生活中清理出去。

心理故事

西晋年间，石崇和王恺的斗富是颇为奇特的一幕。石崇，渤海郡人，是当时全国闻名的大富豪。王恺，东海郯郡人，晋武帝司马炎的舅舅，也是当时全国屈指可数的大富豪。石崇平时的生活是"丝竹尽当时之选，庖膳穷水陆之路。"甚至他家的厕所，都站有浓妆艳服的婢女，为入厕的达官贵人擦洗更衣。但王恺不买石崇的账，石崇也不买王恺的账，两人相互争豪比富，都试图让对方折服。

王恺家用麦酒洗锅，石崇家就用白蜡烧火；王恺用绿色的绫裹着紫色的丝布，做成步障50里，石崇则用绮丽的绸缎装饰舆服。人们还是说王恺不如

◎该死的，又换新锁了！

我的妻子在精神专科医院工作，一天她递送完检验报告后正要离开门禁森严的精神科病房，几位男病人拦住出口说："先报上暗号！"她正感为难时，守卫探头说："别理他们！"于是她大声跟着说："别理他们！"电动铁门应声而开。她离开之前只见病人纷纷掏出笔来记下新的"密码"，口里咒道："该死的，又换新锁了！"

◎女儿的问题

5岁的女儿不明白妈妈的肚皮为什么有一个疤痕，妈妈向女儿解释说："这是医生割了一刀，把你取出的地方。"

女儿想了一会儿，很认真地问妈妈："那你为什么要吃掉我？"

石崇，王恺听了很不服气，晋武帝也想帮帮舅舅的忙，就把一株珍贵的珊瑚树赐给王恺。珊瑚树高二尺许，枝条扶疏多姿，真是稀世珍品。王恺得意地拿着它向石崇炫耀，岂知石崇抢起铁如意就砸，"当啷"一声，珊瑚树被砸得粉碎，王恺见状如同身上被剜了一块肉，心痛万分，他以为这是石崇心存妒意，便厉声责怪。石崇却轻描淡写地说："马上还你。"他让仆人回家取了一批珊瑚来，让王恺随意挑选，其中三四尺高的就有六七株，株株光彩夺目，至于王恺那种二尺左右的，就更多了。

➕ 故事解读

一直在左顾右盼与别人攀比，怎能不心烦呢？在生活中屡屡不能如意，从而丧失自信和自尊所引起的心烦，也会导致心理疲劳。石崇和王恺的斗富搞得鸡犬不宁，他们的内心也无法保持平和与从容。有人生性好攀比，怎么办？有一种办法就是牢记"比上不足，比下有余。"

建立良好的人际关系

人际关系似乎与心理疲劳无关，实际上二者有着密切关系。现代社会生活中，单独从事某种活动的情况较少，多数是一种团体活动，尤其是一些艰巨的枯燥单调的工作更需要集体的协作力量。在长途旅行时，人们总会邀几个伙伴，并不是因为有伙伴路途就会变短，而是人多可以提高旅行的兴致，防止心理疲劳。再如复习功课，如果独自复习就常感到困倦。如有三五好友一起复习，就会觉得愉快、兴奋，不知疲倦。另外，如果与你所不喜欢的人一起从事某种活动，你会感到没意思，有一种压抑感。所以，融入团体之中，拥有良好的人际关系，可以防止或减轻心理疲劳。

发泄、自控

心理疲劳伴随着情绪烦躁、焦虑厌倦等消极情绪。如果心里已经积压了许多抑郁之情，如悲伤、委屈、苦闷、烦恼、愤愤不平等，最好让它们合理地发泄出来，不要长期积压在心理。可以找自己最尊重、最信得过的知心朋友谈一谈，以得到他人的同情、理解、开导或安慰。也可以找个没人的地方，痛快地哭一场，将心中的郁闷通过声音、眼泪和表情宣泄出去，把内心的冲突与忧伤清理出来，保持心理平衡。

最重要的是要学会自觉地控制自己的思维活动，用理智来驾驭自己的情感，努力强迫自己少想或不想那些不愉快的事，当然压抑不能过度。当你情绪不佳时，还可以参加一些体力劳动，使肌肉承受一定负荷引起生理疲劳，然后洗个热水澡，睡上一觉，第二天醒来，随着生理疲劳的消除，心情也会变得好起来。

主动求乐

南斯拉夫一位心理学家认为消除心理疲劳的"锦囊"是多笑。他认为笑是最佳的"精神松弛剂"，10分钟大笑能使人全身放松45分钟，男子每天应笑14～17次，女子应笑13～16次。当然，这种笑应是发自内心、自然坦诚。幽默能驱散烦恼，使痛苦变成欢乐，使尴尬变为融洽。幽默是生活的调味剂，工作中有了幽默，便有了轻松前进的法宝；家庭中有了幽默，便有了欢乐和幸福；夫妻间有了幽默，便能相知、默契。一笑解千愁，笑是心理健康的润滑剂，生活中有了笑声，就有了美的呼吸。在亲友们心情不快时，你不妨逗他一笑；自己处于苦恼中时，你不妨想一件亲历的趣事引自己一笑。

此外，采取"合理化"的方法，用幽默、风趣、诙谐的语言和动作解释自己的长相、体态及行为。为自己找到自嘲的借口，给自己搭个光彩的"下台阶梯"。尽量从光明面看问题，看到美好的一面，使自己变得心安理得，乐观开朗。

因此，应多与有幽默感的人接触，并学做一个幽默的人，多看相声、小品、富有喜剧色彩的影视节目、读些笑话等都是培养幽默感的养料。

参加文娱活动

休息可以是睡觉，也可以是参加文娱活动，而后者这种积极的休息更有利于身心健康。丰富的精神生活可以使人增长知识，发挥才能，感到充实和

◎一丝不挂

两个朋友领到工资决定去喝酒。

其中一人有些担心："我的妻子很厉害，很可能不让我进家门。"

"学学我的方法吧，"另一个人说道："我喝醉了回家，先在门外把衣服脱光，再按门铃。当妻子打开门，我赶紧把衣服扔进屋里。她看到我一丝不挂，立刻让我进家门。"

第二天，两人相遇。

"喂，昨天你妻子怎么对待你？"

"咳，别提了。我走到门口，脱光衣服。门开了，我把衣服扔进门里……这时听见门里传来声音："请注意，现在关门。下一站是人民广场。"

愉快。多参加文体活动，可以让紧张的情绪得到松弛，心情得到缓解。多姿多彩的精神生活亦能陶冶情操，调节心理。

——烦恼时听上几首轻音乐可以冲淡烦恼；

——悲伤时听一段相声会使之烟消云散；

——情绪低落时看名人传记及英雄题材的书刊、电影、电视剧会使你精神大振；

——必要时开个善意友好的玩笑，可以调节、活跃气氛。

集体活动给人创造了融洽、亲切的气氛，给人以温暖和精神的力量，使人开朗、活泼，有益心理健康的发展。总之，精神生活丰富了，人就有所寄托，心理疲劳也会随之减轻。

抽出时间锻炼

人的健康躯体也是一种形与神的有机结合，而健康主要来自于自身的思想意志，即要通过适当的运动来养护自己，使思维、内脏各器官功能都保持旺盛状态，因而要做到动养兼顾。所谓动就是指要积极参加力所能及的体育锻炼或体力劳动，这对从事脑力劳动的人更为重要。运动医学专家认为，要想保持持久旺盛的精力，需要经常运动，以增加体能储存。所谓养则指闭目养神或打个盹之类的消极休息方法。相对而言，从事肌肉负荷不重的运动或体力劳动要比单纯静养更能有效地消除慢性疲劳。

也许你请不起私人教练，也没有大把的时间锻炼身体。但这并不意味着你就挤不出一点儿时间来活动活动筋骨。选择的形式可依个人兴趣和体质而定，逐渐增大运动量，以第二天不感到无法恢复为宜。每周散步 4 ~ 5 次，每次 30 ~ 45 分钟，或一星期进行 3 ~ 4 次温和的户外活动，每次 30 分钟，都是

◎你用什么喂猪？

一个人问农夫道："你用什么喂猪？""用吃剩的东西和不要的菜皮。"农夫回答。"这样说来我该罚你，"那人道，"我是大众健康视察员，你用营养欠佳的东西去喂供大众吃的动物是违法的。罚金 1 万元。"

过了不久，另一个穿着整齐的人走来问农夫道："多肥大的猪啊！你喂它们什么？""鱼翅、鸡肝、海鲜之类。"农夫回答。"那么我该罚你，"那个人说，"我是国际食物学会的视察员。世界上有三分之一的人饿肚子，我不能让你用那么好的食物喂猪。罚你 1 万元。"

过了数个月来了第三个人。一如前两个人，他在农夫的围栏上探头问道："你用什么喂猪？""老弟，"农夫回答，"现在我每天给它们 10 块钱，它们想吃什么就自己买什么。"

必要的。最好每周进行 2～3 次有氧运动（快走、晨跑、游泳、骑车都是简单易行而且效果不错的有氧运动），每次 20 分钟到 1 个小时就足以恢复你的能量了。刚开始时，你也许会感到运动后更为疲劳，这正说明你的机体需要调整，坚持一段时间后便会慢慢适应，体能会逐渐增加，抵抗疲劳的能力会得到强化（可参见《压力篇》中关于运动解压的内容）。

保证充足的睡眠

1. **检查你的睡眠习惯。**睡多久才够？人与人不同。可以这样测量：如果你在不想瞌睡的时候瞌睡，或者周末时睡到很晚，那说明你没有得到充足的睡眠，不妨争取在以后的几个星期里每晚多睡一个小时或少睡一个小时，然后看看你的感觉如何。也许结果是，适合你的睡眠时间并不是七八个小时——而应该是 6 个小时或 9 小时左右，因为只有这样你在第二天能感到神清气爽。

2. **保障睡眠时间和质量。**随着社会的变革和人们生活方式的改变，睡眠不足也已成为当今最普遍的健康和社会问题。睡眠和每个人的身体健康密切相关，世界卫生组织确定"睡得香"为健康生活的重要客观标志之一。当感到情绪不佳或者身体不适时，美美地睡上一觉后，会觉得精神倍增，身体的不适感也会有所减轻。

3. **不要以为牺牲睡眠可以为你赢得更多的工作时间。**由于疲劳造成的效率低下只会让你得不偿失。如果你入睡很慢或每晚的睡眠质量都不理想，你就有必要改变一些生活习惯了。许多人在临睡前都需要 1～2 小时的放松时间，你可能也不例外。除非迫不得已，一般不要在晚上干容易引起兴奋的工作。你可以利用临睡前的这段时间听听音乐或看点小说，一整夜良好的睡眠会让你第二天精神倍增、事半功倍。

◎童言童语

一年级的老师教小朋友认识家禽动物。

老师："有一种动物两只脚，每天早上太阳公公出来时，它都会叫你起床，而且叫到你起床为止，是哪一种动物？"

小朋友："妈妈！"

◎措辞不同

红衣主教驾车飞驰，一名警察骑摩托追上来把他拦住。

主教问："我的车开得太快了吗？"

警察："不，主教大人。您的车不是开得太快，而是飞得太慢。"

4. 如果同居一室的人每晚鼾声如雷，你一定要采取一点措施。测验表明，和每晚打鼾的人睡在一起，睡眠受到的影响不亚于少睡一个小时。想办法帮助室友或家人消除鼾声或离他们远一点儿睡觉。

饮 食

1. 科学进餐。人的精力与体力的能量来源是食物，因而科学进餐能从根本上防治疲劳症。不要少吃一日三餐中的任何一顿饭。超过 3 个半小时以上不进食，你的血糖浓度就会急剧下降，如果没有及时得到补充就非常容易引发疲劳和厌倦的情绪。在实在没有时间吃饭时，你也应该吃点水果或低脂饼干以补充能量，但这必须是在万不得已的情况下。不吃早餐或吃得太少是绝对错误，到了上午 10 点左右便免不了会疲倦，在血糖降低的情况下，身体和大脑都无法保持活力。要想上午精力充沛，须吃糖分低而蛋白质含量高的早餐，午餐也应如此。切记，多吃甜食并不能增加体能，反可使精神更差。

2. 均衡营养。没有任何一种食物能全面包含人体所需的营养。西方营养学家提倡每人每天需要摄取 5 种以上食品。既要吃山珍海味、牛奶鸡蛋，也要吃粗粮、杂粮、蔬菜、水果，这样才符合科学的均衡营养观念。饮食合理，疾病就不易侵入。还要注意饮食方法，勿暴饮暴食，大饥大饱，一定要做到定时定量，有针对性，均衡消化，保证营养。

3. 节制饮食。要么几顿不吃，要么大吃一顿似乎是年轻人的习惯。但这两种情况都非常容易造成疲劳。要养成良好的饮食习惯，该吃的时候即使不饿也要强迫自己吃点东西；饥肠辘辘的时候即使见到自己最爱吃的食品也不要暴饮暴食。

4. 不吸烟，饮酒适量。吸烟对健康有百害无一利，被动吸烟者更是受害无穷。有人认为吸烟能解除疲劳，提神醒脑，理由是吸烟有轻度的麻痹作用，可使人暂时周身轻松，特别是在疲乏、烦闷的时候，吸烟似乎有此功效，但

◎妙答

银幕上正映出一对恋人热烈抱吻的"特写"镜头，剧中男主角正在表演拿手好戏。这时，妻子轻轻地推推她的丈夫说："你从来没有这样爱过我，这是什么原因呢？"

"嘿，"丈夫答道，"你知道那家伙干这种事，一个月能拿多少薪水吗？"

◎安静

老师说道："现在，孩子们，我要你们保持绝对安静，要静得连一根针落到地上都听得见。"

过了一会儿，学生们全都静下来了，一个小男孩尖叫道："扔针吧！"

这只是暂时的表面现象，连续吸烟最终只能使人感到非常疲劳。酗酒不仅直接伤害胃粘膜，而且有损肝脏和大脑，还容易引发意外伤害。因此要想摆脱疲劳，戒烟和适量饮酒是必不可少的。

5. **每天至少喝 8 杯水或适量不含咖啡因的饮料。**无论是否感到口渴，你都要坚持喝大量的水。多喝水能促进体内毒素随尿液和汗液排出，并能有效地润滑体内的各个器官，让你觉得神清气爽。但白天不要靠喝含有咖啡因的饮料来提神，这些饮料的兴奋作用只是暂时的，它们还会造成体内水分的流失。

6. **注意在快餐店中的饮食。**我们中的许多人都在快餐店里解决午餐，长此以往肯定保证不了所需的营养。最好的办法是尽量减少吃快餐的次数，但这对许多人来说几乎是不可能的。即便这样，你也应该变换每天快餐的种类，或在饭后自己补充一点水果、蔬菜沙拉、鸡蛋或酸奶。

7. **订一本饮食或健康杂志。**一份饮食或健康杂志能及时提醒你关注自己的健康状况，改善不良的生活习惯，并让你无偿吸取专家们的建议、忠告和其他人的健身心得，如果你连这点时间也抽不出来，那你至少应该留心平常所接触到的报纸杂志中有关健康的内容。

特别提示：疲劳时的食物补充

通过食物，补充抗氧化剂。

疲劳的最大表现就是免疫力下降，抗氧化能力弱，人体容易衰老、衰竭，可通过食物补充抗氧化剂营养素或抗氧化剂，维生素 C、E、胡萝卜素等都是抗氧化剂，是免疫系统不可或缺的营养素。在各种黄绿色蔬果中因含有类黄酮素，也具有抗氧化能力。维生素 B1、B2 和 C 有助于把人体内积存的代谢产物尽快处理掉，故食用富含维生素 B1、B2 和 C 的食物，能消除疲劳。

富含胡萝卜素的食物：胡萝卜、菠菜等黄绿色瓜果蔬菜及乳酪、牛油、蛋黄；

富含维生素 C 的食物：石榴、橙子、葡萄、柚子、木瓜；

富含维生素 E 的食物：豆类，绿色蔬果；

富含维生素 B2 的食物：牛奶、酵母、动物内脏；

富含锌的食物：海产品。

要保证体内有足够的抗氧化能力，最重要的是不要偏食，保持饮食均衡，以便从各种食物中摄取全面的营养素。同时，由于食物煮熟后，养分容易流失，新鲜蔬菜和水果最好生吃，不要偏食只含某一种营养成分的食物。当然，这些说起来和做起来都太复杂，最简单的方法还是吃保健品，尤其是能针对自由基产生作用的一些益寿茶，可以有效增强免疫力，起到强身延寿作用。

多吃含铁高的食物。尽管过量的维生素和微量元素不能给健康的人提供更多的能量，但维生素和微量元素不足却极易造成疲劳。孕妇、节食者和素食者容易觉得疲劳就是缺铁的典型症状。但食物中铁含量过多也是有害的，所以除非血液检测证明你需要额外补铁，一般不要借助于微量元素补给品，加强饮食中富含铁的食品就足够了。

富含铁的食物：鸡肉、动物肝脏、血、蛋类、紫菜、豆类食品。

多吃碱性食物。当你出现疲劳感时，宜增加蔬菜、水果、奶类等碱性食物，以便中和体内过多的乳酸，不宜多吃肉、糖等酸性食品，以免增加酸性代谢产物而加重疲劳感。

喝热茶及吃适量巧克力。茶中含有咖啡因，它能增强呼吸的频率和深度，促进肾上腺素的分泌而达到抗疲劳的目的。对于脑力劳动者而言，可在三餐之外吃点巧克力，及时提高血糖浓度，防止脑细胞活力因血糖下降而下降导致脑疲劳。咖啡也有类似作用。

进食高蛋白食品。人体热量消耗太大也会感到疲劳，故应多吃富含蛋白的豆腐、牛奶、猪牛肉、鱼、蛋等。

注重中草药的效用。人参、银耳、田七、灵芝、五味子、刺五加等都具有扶正固本、补气活水的作用，能改善神经系统功能，减轻疲劳。

音乐疗法

音乐与人的生活息息相关，它能通过心理作用影响人们的情绪，陶冶性情，从而达到消除疲劳和振奋精神的目的。美妙动听的音乐不仅可以使人心情舒畅，从中得到美的享受，还可以使注意力集中，情绪松弛。

能够消除疲劳的音乐：《梁祝》、《田园交响曲》、《水上音乐》、《春江花月夜》、《蓝色多瑙河》、《青年圆舞曲》等。

身心放松法

采用一种特定的身心放松方法，可降低人的紧张和焦虑意识，使人的脑力劳动效率提高，抗疲劳能力增强。其具体步骤如下（详见《压力篇》中的放松技巧）：

1. 选择一个空气清新，四周幽静的环境。

2. 暂时有意识地放下或忘记自己的日常学习功课和一般性工作事务。

3. 选择一种自我感觉较舒适的姿势，站、坐、躺均可。

4. 活动身上的一些大的关节与肌肉，动作不需要规范或固定格式，但做的速度要均匀、缓慢，直至关节放开，肌肉放松。

5. 保持呼吸自然、流畅，尽可能不用意识支配呼吸，并达到在悠然自得中忘掉呼吸的境界。

6. 意识放松。集中注意力，把意念归于某一对象或有意识地注意放松整个身体，想像一些美好的事情，以达到忘我的境界，这是调节身心平衡，战胜疲劳的关键。

注意站姿

当你无精打采地走路时，是因为你把重量从身体的中心处移开了，使你不得不耗费更多的气力来保持身体的平衡。一位心理学家的观点是："我们一天中搬运的物体就是自己的身体，只要保持它在我们支撑点的中心，我们就不会那么疲劳。"

保持平衡的简单方法：

——保持你的头在骨盆的正上方，耳朵在肩膀上方，腰背部向前倾。

——如果你坐在计算机前，你的眼睛应该与屏幕的中间在同一水平线上。

——女人们，请脱下高跟鞋，把沉重的手袋留在家里，因为这两样东西都会使你的身体偏离重心。

按劳宫穴

人一旦陷入紧张的心理疲劳，可通过按压劳宫穴来解除。劳宫穴在手掌正中的凹陷处。心包经是由植物神经系统所控制，当人心理疲劳时，心包经的功能就会紊乱，进而会引起全身的植物神经失调。用对侧的拇指按压劳宫穴，可达到调理的目的。

● 如果你属于白领一族

白领一族是最容易受心理疲劳影响的群体之一，要根据自身的特点，及时缓解。

1. 学会自我调试，有效地放松自己，保持心理的平衡和宁静。

由于工作忙碌，精神长期高度紧张，白领应学会自我调试，及时放松自己。如参加各种体育活动；下班后泡泡热水澡；与家人、朋友聊天；双休日出游；还可以利用其他各种方式宣泄自己压抑的情绪。另外在工作中也可以放松，如边工作边听音乐；与同事聊聊天、说说笑话；在办公室里来回走走，伸伸腰；打开窗户，临窗远眺，做做深呼吸等等。

与此同时，在复杂紧张的工作中，应保持心理的平衡与宁静。这就要求白领养成开朗、乐观、大度等良好的性格，为人处事应该稳健，要有宽容、接纳、超脱的心胸。

2. 合理安排工作和生活，制订切合实际的追求目标，正确处理人际关系。

白领之所以精神高度紧张，一方面是由于工作量大引起的，另一方面也和白领自身处理问题的态度和方法有关。如众多白领以为只有拼命干，才能得到上司的赏识和加薪、晋升；还有的对工作缺乏信心，常常担心自己被炒鱿鱼，或被别人超过等等。在工作方法上也有问题，如工作不分轻重缓急，事无巨细都亲自干，工作效率低等。对此白领应学会应用统筹方法，以提高工作效率。在工作和生活上，应有明确界限，下班后就充分休息，而不应还惦记着工作，多参加体力活动，以做到劳逸结合、脑力劳动和体力劳动结合。

如果长期感到力不从心，白领就要重新为自己进行角色定位，重新评估自己的能力和自己的价值目标，如目标过高，就应调整目标，使之切合实际。一些有工作狂倾向的人，应经常问问自己："是工作为了生活呢，还是生活为了工作？""是健康和生命重要呢，还是事业重要？""以健康和生命为代价换取事业的发达是否值得？"使自己意识到问题的严重性，回到正常的生活、工作轨道上来。

复杂的人际关系也是诱发白领心理疲劳的因素，为此白领应积极调整与他人、与单位的关系，让自己、同事、单位处于一种良好的状态中，以保持平衡的心态。

◎演说

当邱吉尔在下议院前走出那辆出租车时，对司机说："我在这里大约耽搁一个钟头，你等我一下吧。"

"那可不行呀！"那司机回答说："我一定要赶回家去，好收听邱吉尔的演说。"

那位下台的首相一听这话大为惊喜，便重重地赏了他一笔可观的小费。

"我想了一下，"那司机见钱眼开，便改口说："还是在这里等着送你回去吧，管他妈的邱吉尔！"

3. 增强心理品质，提高抗干扰能力，培养多种兴趣，积极转移注意力。

由于客观原因，白领大多不得不处于一种工作压力较大的状态下，这就要求一方面要积极调适放松，另一方面也应积极增强自己的心理品质。如调整完善自己的人格和性格，控制自己的情绪波动，以积极的心态迎接工作和挑战，对待晋升、加薪应有得之不喜、失之不忧的态度等等，全方位提高自己的抗干扰力。生活中白领应有意识地培养自己多方面的兴趣，如爬山、打球、看电影、下棋、游泳等等。兴趣多样，一方面可及时地调适放松自己，另一方面可有效地转移注意力，使心态由工作中及时地转移到其他事物上，有利于消除工作的紧张和疲劳。

4. 寻求外部的理解和帮助。

白领如产生心理问题，可经常向家人、知己倾诉，心理问题严重的可去寻求心理医生的治疗。寻找机会，参加有关心理学的培训和学习，如美国和加拿大等国的许多大企业就要求员工参加工作压力管理和减压等心理训练课程的学习，同时这些国家也要求企业提供心理学习、训练的机会。

💬 心理故事

王小姐在一家网站做编辑快3个月了，每天工作十几个小时，至少要看几十份报刊，从中挑选出有趣的文章制成网页，还要阅读和回复几十封读者的电子邮件。一向健康的王小姐近来常感到头昏眼花、胸闷气短，还经常失眠。一位学心理学的朋友提醒王小姐：你这是由于信息消化不良，引起了"心理疲劳"，如果不尽快改善你的工作环境和工作方式，后果不堪设想。

✚ 故事解读

这位学心理学的朋友的话并非耸人听闻。现代社会竞争激烈，生活节奏快，工作繁重，再加上加班、应酬、熬夜等，长期没有规律的生活会导致头

◎因时而异

瓦西和彼得一起散步，瓦西突然从地上捡起一枚胸针，高声叫道："瞧，我发现了一样宝物！"

彼得对他说："不对，是'我们'发现了样宝物！"

这时，那个丢失胸针的人找来了，指责瓦西偷了她的东西，并扬言要叫警察。

瓦西惊恐地嚷道："这回我们可完了！"

彼得慢吞吞地说："不对，不要说'我们'，应该说'我'完了。"

疼、腰酸、疲乏……不适的感觉越来越严重。这种现代社会的通病不仅使身体上疲惫，也使心灵上不堪重负。

特别提示：如何消除身心疲劳为人所关注

如何消除身心疲劳已成为当今健康保健中的一个重要课题。近年日本已形成了一种消除身心疲劳的新产业，推出各种解除身心疲劳的住宅、办公设备、音乐椅、香味空调、解乏浴室等。东京的"和平岛浴所"，设有 13 种独特的浴池，入浴后会使人进入"冥想状态"，再通过声波调节身体上的疲劳点，据称对身心疲劳效果卓著，各种消除身心疲劳的按摩、理疗、中药也备受青睐。